KB170420

THE
인물과사상

THE
인물과사상
02

발칙한 이준석

강준만 지음

인물과
사상사

차 례

제3장

왜 BTS는 '살아 있는 자기계발서'인가? —129
위로, 긍정, 희망, 연대를 위한 행진

비판은
'소탕'이 아니라
'소통'이다

우리 민주주의가 번성하려면
비판이 있어야 하고,
우리 정부가 제대로 기능하려면
반대 의견이 존재해야 한다.
오직 전체주의 정부만이 순응을 고집하며,
알다시피 그렇게 고집을 부리다가 결국은
위험에 빠진다.[1]
●미국 역사가 헨리 스틸 코머저

.

"저는 저하고 생각이 다른 입장에 있는 사람들의 일방적인 공격에 대해서는 정말로 눈 하나 깜짝하지 않습니다."² 대통령 문재인이 지난 대선 직전에 출간한 『대한민국이 묻는다』에서 한 말이다. 실제로 그는 눈 하나 깜짝하지 않는 모습을 보여왔다. 지지자들이 보기엔 담대한 모습이고, 비판자들이 보기엔 둔감한 모습일 게다. 어디 문재인만 그렇겠는가. 반대편의 공격에 눈 하나 깜짝하지 않는 건 정치인의 필수 자질이 되고 말았다.

사회적 참여를 하는 지식인들도 다를 게 없다. 미국 좌파 지식계의 거두인 놈 촘스키는 "행동하고 싶다면 주변의 소리에 귀를 막아야 한다. 주변의 소리를 무시할 수 있어야 한다. 정당하다고 생각하는 것을 자유롭게 행동에 옮길 수 있는 유일한 방법이다"라고 말한다.³

이런 발언들의 맥락을 살펴보자면 다 그럴 만한 근거를 갖고 한 말임을 이해한다. 그럼에도 모두 "개가 짖어도 기차는 간다"는 자세를 가질 때에 소통은 어떻게 가능하며 비판의 목적은 과연 무엇이란 말인가? 그 어떤 비판과 비난에도 견뎌낼 수 있는 '멘탈'을 강화하고 '맷집'을 키우는 것도 좋겠지만, 그게 공론장에 뛰어드는 사람들이 갖춰야 할 가장 중요한 능력이라는 게 상식으로 통용되는 세상은 너무 서글프지 않은가.

비판은 반대편을 향해 하는 것이라고 보는 비판 모델에 대해 다시 생각해보자. 예컨대, 우리는 진보가 보수를 비판하고 보수가 진보를 비판하는 것이 당연한 동시에 옳다고 생각한다. 그렇듯 진영으로 편을 갈라 양산해내는 비판의 효용은 무엇인가? 어차피 상대는 눈 하나 깜짝하지 않거나 귀를 막아버릴 텐데 누구 들으라고 하는 비판인가? 어느 진영에도 속하지 않은 구경꾼들인가? 아니면 단지 자기 존재 증명인가?

나는 비판의 종류를 크게 두 가지로 나눈 바 있다. 단순하고 거칠긴 하지만, "너 죽어라"와 "너 잘돼라"다. 우리는 비판을 "너 죽어라"로 이해한다. 여당이 야당을 비판하거나 야당이 여당을 비판할 때 그 비판을 "너 잘돼라"로 생각할 사람이 얼마나 있겠는가. 서로 "너 죽어라" 비판을 하다보면 정치가 갈 길은 뻔하다. 문자 그대로 이전투구泥田鬪狗가 벌어지기 마련이다. 이대로 좋은가? 좋지 않다! 상대편이 모든 비판을 악의적인 것으로만 생각하는데 무슨 변화며 발전이 있겠는가.

오랜 세월 '소통의 중재자'로 살아온 토론 진행자 정관용이 『나는 당신의 말할 권리를 지지한다』에서 지적했듯이, 우리는 '소통'보다는 '소탕'을 지향하는 삶을 살고 있다. "지금 우리의 현실은 서로

'소통'하기는커녕 상대방을 '소탕'하려는 분위기입니다. 그런 사람들을 억지로 소통하게 만드는 방법은 없습니다. 그런 사람들이 자연스럽게 갈등을 해소하고 상대방을 이해하도록 유도하는 묘안도 없습니다."[4]

여태까지 거의 모든 선거가 "누가 더 좋은가"가 아니라 "누가 더 나쁜가"라는 기준에 의해 결정되어온 것도 바로 그런 '소통의 소탕화'와 무관치 않다. 구체적인 방법과 묘안이 없는 상황에선 기존의 비판 패러다임을 의심하는 것이 유일한 탈출구다. 때는 바야흐로 '뉴 노멀'의 시대가 아닌가. 반대편을 비판하는 게 비판의 본질이라는 부족주의적 고정관념에서 벗어나 같은 편을 비판하는 게 비판의 본질이 되어야 한다는 '비판의 뉴 노멀'은 어떨까?

진보가 진보를, 보수가 보수를 비판하는, 즉 같은 편 내부에서 비판하는 '비판의 뉴 노멀'이 정립되면 세 가지 좋은 점이 있다. 첫째, 비판에서 악의적 요소를 배제할 수 있다. 둘째, 비판 대상에 대한 오해나 무지의 한계를 넘어서 비교적 정교한 비판을 할 수 있다. 셋째, 악의·오해·무지에서 자유로운 비판은 눈 하나 깜짝하지 않는다거나 아예 귀를 막고 무시해버리는 수용 태도에 변화를 가져와 잘못된 것을 교정하는 영향력의 가능성을 높일 수 있다.

진보의 진보 비판에 대한 반발로 나온 '어용 지식인·시민 모델'의 신봉자들은 그 몹쓸 과거로 되돌아가잔 말이냐고 펄펄 뛰겠지만, '어용 모델'의 공과를 냉정히 따져볼 필요가 있다. 진보의 진보

11

비판이 안고 있는 문제는 정서적으로 과장된 것이었으며, '어용 모델'이 그 대안이 될 수는 없다. '어용 모델'은 진영의 일사불란한 추진력에 기여하는 장점이 있지만, 오류에 대한 자기교정 기능이 없다는 치명적인 약점이 있다. 오류를 깨달은 일부 사람들이 뒤늦게나마 자기교정을 시도하려고 해도 이미 강고한 집단적 경로가 형성된 상황에서 변화는 기대하기 어렵다. '소탕'이 아닌 '소통'의 자세로 잘 생각해보면 좋겠다.

나는 '소탕'이 아닌 '소통'을 지향하는 비판(비평)을 하고 싶다. 나는 적어도 최근 수년간 그런 비판을 해왔다고 생각한다. 동의하지 않을 사람들도 있겠지만, 나는 그런 분들껜 혹 비판을 "너 죽어라"로 오해하고 있는 건 아닌지 묻고 싶다. 그러나 이런 질문이 별 의미를 갖진 못할 것이다. 그들은 나의 비판 대상이 문재인 정권 인사들에게만 집중된 걸 문제삼을 테니까 말이다. 나는 국정 운영의 책임을 진 사람들이기에 그들을 집중적으로 비판하는 건 당연하다는 뜻을 밝힌 바 있지만, 기존 비판 문화에 익숙한 사람들에게 그걸 납득시키는 건 쉽지 않았다.

생각해보면 참 이상한 일이 아닐 수 없다. 나는 『부족국가 대한민국』이란 책에 이렇게 썼다. "나는 보수에 애정이 없다. 나는 보수의 수준이 진보의 수준을 결정하고, 진보의 수준이 보수의 수준을 결정한다고 보는 관점에서 보수가 잘되길 바라지만, 보수가 잘되게끔 애를 쓰고 싶은 생각은 없다. 따라서 보수 비판보다는 진보 비판에 더 끌린다." 그런데 일부 진보적인 사람들은 내가 보수 비판도 해야한다고 그러니 나로선 좀 의아하다. 그들은 정녕 보수가 잘되기를 원해서 그런 요구를 한 걸까? 그 뜻이 무엇이건 나는 그런 요구에 부응해 보수에 대해서도 애정을 갖기로 했다.

정치인에게만 이미지가 중요한 건 아니다. 나 같은 글쟁이에게도 이미지는 중요하다. 나는 나의 이미지를 위해 예정보다 빨리 이번 호부터 보수 비판도 같이 하기로 했다. 물론 보수 잘되라는 비판이다. 그래, 보수-진보의 구분이 무엇이 중요하랴. 누가 잘되건 나라와 국민만 잘되면 그만 아닌가. 더불어 이번 호부터 정치 분야 이외의 인물들도 다루기로 했다. 비판은 '소탕'이 아니라 '소통'이라는 주장을 죽는 날까지 실천하면서 살고 싶다. 독자들께서 '소통'이라는 관점에서 이 책을 읽어주시기를 바라마지 않는다.

2021년 9월

강준만 올림

1   몬트세라트 귀베르나우(Montserrat Guibernau), 유강은 옮김, 『소속된다는 것: 현대사회의 유대와 분열』(문예출판사, 2013/2015), 234쪽.
2   문재인, 『대한민국이 묻는다: 완전히 새로운 나라, 문재인이 답하다』(21세기북스, 2017), 116쪽.
3   노암 촘스키(Noam Chomsky), 강주헌 옮김, 『촘스키, 누가 무엇으로 세상을 지배하는가』(시대의창, 2002), 171쪽.
4   정관용, 『나는 당신의 말할 권리를 지지한다』(위즈덤하우스, 2009), 8쪽.

제1장

발칙한
이준석

시험대에 오른
'싸가지 면책특권'

자신감에 얽매이지 마라.
성공하기 위해선
'능력, 노력, 겸손'이 가장 중요한데,
이 세 가지는 자신감이 부족해야 발전한다.
● 『위험한 자신감』의 저자인 영국의 성격심리학자
　토마스 차모로-프레무지크

●

이준석을 키운 상계동과 목동의 추억

"저는 어릴 때 상계동이라는 서민 주거 지역에서 자랐습니다. 아버지는 시골에서 올라와 대학을 졸업하고 직장을 구해 다닌 평범한 회사원이었습니다. 제가 당시는 되게 가난한 동네였던 상계동에 살았던 것도 아버지의 경제력 때문입니다.……저는 부잣집 아들로 태어나 드라마 〈SKY 캐슬〉에 나오는 것처럼 어마무시한 사교육 덕분에 과학고를 가고 하버드대를 다닌 것이 아니에요."

철없는 부잣집 아들처럼 보이는 얼굴과 하버드라는 꼬리표 때문에 늘 '스카이 캐슬파'로 오해받는 것에 한이 맺혔던 탓인지 이준석은 그런 이야기를 자주 한다. 1985년 3월 31일 서울 한양대학교병원에서 태어나 상계동 오성빌라 반지하 층에서 살면서 상계동의 온곡초등학교를 다닌 어린 시절의 추억이 많은 탓일까? 이준석의 어릴 때 장래 희망은 상계동의 지하철 노선인 지하철 4호선 기관사였으며, 아직까지 못 했지만 꼭 하고 싶은 취미는 "드론을 날리면서 상계동의 풍경을 유튜브에 올리는 것"이라고 했다.

이준석의 아버지는 대구 출신으로 서울대학교 경제학과를 나와 금융회사와 증권사 직원으로 일하다가 50대 중반에 조기 퇴직을 했다. 아버지가 직장 생활을 하던 때 해외로 발령이 나서 이준석은 싱가포르와 인도네시아에 1년씩 살아본 경험을 했다. 다시 한국에 돌아와서 정착한 곳은 목동이었고 이준석은 목동의 월촌중학교에 진학했다.

『강남의 탄생』이라는 책의 저자들은 여의도는 '강남의 원조'이 며, 노원은 '실패한 강남'이고, 목동은 '성공한 강남'이라고 했다. 아는 사람들은 잘 알겠지만, 목동의 교육열은 강남의 교육열과 비슷하거나 오히려 강남을 능가하는 곳이다. 강남을 따라잡으려는 욕망이 워낙 강한 곳이기 때문이다.

이준석은 『공정한 경쟁』(2019)에서 월촌중학교를 가리켜 "오직 공부로 서열이 매겨지는 곳"이었다며 "좀 잔인한 측면도 있지만 저는 그 시절의 공부가 내 인생의 중요한 전환점이 되었다고 생각합니다. 지금 생각하면 완벽하게 공정한 경쟁이었고요"라고 했다. 이말은 나중에 그의 '공정한 경쟁' 개념을 비판하는 사람들의 표적이되지만, 이준석이 이어 "이런 살벌한 경쟁 속에 무슨 창의성이 발현되겠습니까?"라고 말했다는 걸 감안할 필요가 있겠다.

이준석은 중학교 졸업 후 서울과학고등학교에 진학했다. 7세 때부터 컴퓨터 학원을 다니면서 그곳에서 프로그램을 짜고 자격증도

땄던 '컴퓨터 광'으로선 당연한 선택이었다. 이곳엔 중학교 시절과 같은 경쟁은 없었다. 그는 서울과학고등학교 학생들은 사실상 카이스트에 입학이 예정되어 있어서 경쟁할 필요가 없었기 때문이라며 "제게 중학교가 공정한 경쟁이었다면 과학고 시절은 다양성을 추구해볼 수 있는 시기"였다고 했다.

이준석은 서울과학고등학교에서 학생회 활동을 했다. 별로 기대도 안 했는데 부회장 선거에서 한 표 차이로 덜컥 당선되었다고 한다. 당시 서울과학고등학교는 1997년 빌 게이츠가 방문했을 때 사주고 간 컴퓨터를 사용하고 있었는데, 너무 낡아 거의 못 쓸 지경이었다. 하루는 교내 컴퓨터들이 고장 났는데 아무도 바꿀 생각을 안 하는 걸 보고서 자신이 나서기로 했다. 그는 지인으로부터 2002년 부산 아시안게임에 사용되었던 컴퓨터들이 처분된다는 이야기를 듣고 부산 아시안게임의 공식 후원업체인 삼성전자 홍보팀에 전화를 걸어 그 컴퓨터들을 서울과학고등학교에 기증해달라고 집요하게 부탁했다.

삼성전자에서 학교로 확인 전화를 하는 바람에 이준석은 엄청 욕을 먹었다. 이유는 "우리가 거지냐? 그런 구걸을 하고 다니게!"라는 것이었다. 막상 삼성전자로부터 2,000만 원 상당의 컴퓨터를 기증받은 후 그렇게 혼내던 학교 측이 어떤 반응을 보였을지 궁금하다. 이준석은 그 신형 컴퓨터들을 사용하는 친구들을 보면서 정말 뿌듯한 기분을 느꼈다는데, 이건 그가 "내가 무엇을 시도하면 세상을 바꿀 수도 있구나"라는 자기효능감을 만끽한 중대 사건이었다.

●

하버드대학에서 한껏 흡입한 '자유'의 기운

이준석은 서울과학고등학교를 2년 만에 조기 졸업한 후 카이스트에 진학해 1~2달 남짓 다니다가 미국 하버드대학으로 유학을 떠났는데, 하버드대학 입학의 1등 공신은 삼성전자 컴퓨터 기증 사건이었다. 그는 이 사건을 중심으로 자기소개 에세이를 썼는데, 이 에세이가 합격에 결정적이었다는 것을 나중에 확인했다고 하니 말이다. 그는 훗날 가장 자랑스러웠던 일은 "하버드대학 합격증 받았을 때"라고 말했다.

달리 보자면, 하버드대학 입학의 1등 공신은 김대중이 대통령 퇴임 직전에 만든 과학장학재단이었다. 자비 유학은 넘보기 어려웠던 처지에서 이곳에서 전액 국비 지원을 받았으니 말이다. 노무현 대통령 취임 후 1회 수혜자가 되어 대통령 명의의 장학증서를 청와대에 가서 노무현에게 직접 받았다고 한다.

국비 지원은 학비에만 국한된 것이어서 이준석은 생활비를 벌기 위해 학기 중에도 주 20시간씩 컴퓨터 수리 알바를 했다. 그는 나중에 '하버드 엄친아'라는 부정적인 별명을 얻게 되자 "사교육을 거의 받지 않았고 내 힘으로 국비 장학금을 받고 하버드를 입학한 것에 대해 자부심을 갖고 있는데 사회의 냉담한 시선이 억울했다"고 토로했다. 남들은 그런 오해를 할지 몰라도 그가 하버드대학에서 한껏 흡입한 공기는 '자유'의 기운이었다. 그의 인생철학 슬로건인 "다른 사람에게 간섭하지 말고, 다른 사람에게 간섭받지 말자"도 하버드대학의 영향이 아닌가 싶다.

이준석은 2004년 방학을 이용해 유승민 의원실에서 인턴으로 일하기도 했다. 유승민은 아버지의 고등학교·대학교 동기동창이었다. 훗날 이준석은 인턴으로 일한 이유는 정치에 대한 관심이 아니라 여자 친구 때문이었다고 주장했다. 당시 여자 친구가 당산동에 살았는데, 그 친구 집 가까운 곳에서 방학 동안 일을 하고 싶어 무작정 일을 찾았는데 그게 의원실 인턴이었다는 것이다. 그는 당시엔 의원실 인턴이 인기가 별로 없어 2명을 뽑았는데 지원자가 자신밖에 없었다는 말도 덧붙였다.

이준석은 하버드대학에서 복수전공으로 컴퓨터과학과 경제학 학사 학위를 받은 후, 국내 이미지브라우저 개발업체인 이노티브에서 산업기능요원으로 2007년 11월부터 2010년 9월까지 복무했다. 산업기능요원의 복무 기간은 법적으로 34개월이지만 이준석은 회사의 요청도 있었고 창업 자금을 하루라도 빨리 마련하고 싶어 1년을 더 근무하고 퇴사했다. 그리고 2011년 인터넷 교육 서비스 벤처기업인 '클라세 스튜디오'를 창업했다.

이준석은 산업기능요원 시절인 2007년 6월 '배움을 나누는 사람들(배나사)'이라는 교육 봉사 단체를 만들어 2008년 1월부터 서울과학고등학교 출신으로 산업기능요원을 하는 후배들을 동원해 저소득층 아이들을 모아 공부를 가르쳤다. 가난 때문에 교육을 받지 못해 계층 상승의 사다리가 끊어지면 안 된다는 생각으로 시작한 일이었는데, 그 바탕엔 상계동에 살던 시절에 직접 겪은 경험이 있었다.

이준석과 동참한 후배들은 처음엔 순진한 마음에 학벌을 숨겼다. 그런데 학부모들과 학생들이 그들을 믿지 못해 어느 대학 출신이냐고 계속 캐묻기에 어쩔 수 없이 사실대로 말할 수밖에 없었다고 한다. 이게 성공 비결이 될 줄이야! "그러고 나니 '배움을 나누는 사람들'에서는 서울대, 하버드대 출신이 가르친다는 소문이 나 아이들이 많이 오게 되었습니다. 저희가 열심히 가르쳐 20점 받던 아이들이 90점, 100점을 받게 되자 더 많은 아이들이 모여들었어요."

2009년 이명박 정부가 교육 기부 활성화 정책을 내세우면서 '배움을 나누는 사람들'과 강성태의 '공부의 신'에 주목한 덕분에 이준석과 강성태는 청와대에 가서 이명박으로부터 표창장을 받았다. 이를 『조선일보』가 대서특필하면서 널리 알려지자, 대우증권에서 연간 1억 원씩 6년간 후원을 하기도 했다. '배움을 나누는 사람들'은 전국으로 확대되면서 400명이 넘는 대학생 교사가 활동하는, 국내 최대 규모 대학생 비영리 교육 봉사 단체가 되었다.

4년 넘게 한 주도 거르지 않고 교육 봉사를 해온 이준석으로선

2012년 "내가 27년을 살아오면서 가장 자부심을 갖는 이력은 바로 배나사다"라고 말할 만했다. 배나사가 지킨 철저한 원칙 중의 하나는 "정해진 분량의 공부를 마치지 못하면 집에 못 간다"는 것이었는데, 진보적인 교육 단체들이 볼 때엔 선뜻 이해하기 어려운 원칙이었을 게다.

이준석은 기존 진보적 교육 단체들의 '배려를 가장한 방치'에 분노하면서 이렇게 주장했다. "배나사의 성공 비결은 '참교육의 마수에 빠지지 않는다'는 데 있다. 아이들이 수학을 싫어하면 그 과정이 조금 힘들더라도 어떻게든 극복할 수 있도록 도와줌으로써 자신감을 갖게 해주는 게 우리의 교육 방식이다."

●

'좌익' 딱지가 '젊은 수구 보수 꼴통'으로

2012년 대선을 염두에 두고 젊은 인재 영입을 모색하고 있던 박근혜가 2011년 11월 어느 날 '배움을 나누는 사람들'의 현장을 찾아왔다. 전에도 정치인들이 자주 찾아왔지만 얼굴 도장 찍고 기념사진 찍으며 10분 정도 머물다가 훈계하듯 연설하고 떠나는 게 대부분이었기에 그러려니 했는데, 박근혜는 전혀 다른 모습이었다고 한다. 수업 시작할 때 조용히 들어와 맨 뒷자리에 앉더니 한 시간이고 두 시간이고 수업을 들으면서 필기까지 하는 모습을 보여주었으며, 수업이 끝나도 계속 남아서 봉사하는 대학생들과 토론도 했다는 것이다. 이준석에게 "저런 정치인도 있구나"라는 감명을 준 사건이었다.

2011년 12월 1일 드디어 말도 많고 탈도 많았던 조선·중앙·동아·매경의 종합편성채널(종편) 4곳이 합동 축하쇼를 열고 일제히 개국했다. 이준석은 "종편의 시작이 제 정치의 시작과 똑같다"고 했다. 논객으로 출연하면서 얼굴과 이름을 널리 알린 것이다. 이미 서울과학고등학교 선후배들이 만나는 커뮤니티 사이트의 정치 토론장에서 오랫동안 치열한 토론을 해온 내공을 갖고 있던 그는 "나를 키운 건 토론의 경험과 종편"이었다고 했다.

청와대에서 이준석의 토론 실력을 본 걸까? 박근혜와의 만남은 그렇게 끝난 걸로 생각했는데, 이준석의 '인생을 완전히 바꿔버린 변곡점'이 그해 12월 23일에 일어났다. 박근혜로부터 새누리당 비상대책위원회 비대위원 제의를 받은 것이다. 이준석은 "할 말은 하겠다"는 조건을 붙여 수락했지만, 12월 26일 명단 발표 후 그의 인생은 상상도 못했던 화제와 갈등의 소용돌이에 휘말려들었다.

"정치부 기자들로부터 한꺼번에 200통이 넘는 전화를 받았다. 그리고 내가 쓴 2,000여 개의 트위터 글이 털렸고, 이 가운데 문제의 소지가 있는 10~20여 개가 집중 포화를 맞았다. 조금 과격하게 말하면 긴 고민 없이 끼적였던 낙서 수준의 글에 대해 사람들은 먹잇감을 본 맹수처럼 미친 듯이 달려들었다. 그리고 젊은 나이에 새누리당 당원이 됐다는 이유만으로 나는 하루아침에 '수구 보수 꼴통'이 되었다."

이준석은 황당했다. 그는 '배움을 나누는 사람들' 활동을 하면서 '좌익 사상을 가진 젊은이'라는 비난을 받아왔기 때문이다. 2011년 여름엔 늙수그레한 남자 2명이 배나사의 서울 용산 교육장에 갑자기 뛰어들어 "이건 김대중 추종하는 단체 아니야?" 하면서 기물을 파손한 사건마저 있었으니 말이다. 그는 자신이 박근혜의 제의를 수락한 건 배나사 활동을 하면서 청소년 보호가 절실하며, 이를 위해선 정치가 필요하다는 생각 때문이었다며, 이런 에피소드를 소개했다.

" '배움을 나누는 사람들'에서 2년 동안 관심을 가지고 열심히 가르쳤던 여중생 한 명이 있었다. 평소 밝은 태도로 수업에 열심히 참여했다. 어느 날 상담해 달라고 해서 만났는데 갑자기 내 앞에서 치마를 확 걷어 올리더라. 깜짝 놀라 '너 왜 그러느냐'고 소리쳤더니 허벅지 위를 봐달라고 했다. 회초리를 맞은 듯한 흉터투성이였다. 알고 보니 어머니에게 어린 시절부터 아동학대를 당했더라. 순간 멍했다. 상처가 많은 친구였는데 나는 아무것도 몰랐구나 하는 생각에 슬프고 화가 났다. 그래서 우리 집에서 여동생과 함께 머물게 했다. 며칠 뒤엔 쉼터 시설을 알아봐 줬다."

그러나 그걸 누가 알랴. 이준석은 졸지에 '젊은 수구 보수 꼴통'의 아이콘이 되었다. 그는 악의적인 악플 공격에 엄청나게 시달린 나머지 "이런 사람들은 도대체 영혼이 있기는 한 걸까?"라고 탄식하기도 했다. 그는 "취업이나 여러 가지 문제로 고민하는 20대들에게는 정말 죽도록 미운 '엄친아'의 전형이었을 것이다"고 해석했다.

이준석은 "다시 태어나면 순수 컴퓨터 프로그래머로 살아보고 싶다"라거나 "정치를 하지 않았으면 벤처 사업가가 되었을 것이다"고 말한다. 이미 물 건너 간 이런 꿈이 의미하는 건 무엇일까? "제게 중요한 가치는 실용성이나 효용성 혹은 공정성, 한마디로 합리주의입니다. 과학을 공부하면서 저도 모르게 제 몸에 밴 정신 같아요." 이는 그의 정치관에도 큰 영향을 미친 것 같다.

이준석은 "우리나라 정치에는 율사가 너무 많아요. 그들은 항상 옳고 그름을 판단하는 사람들인데, 그것만으로는 그다음 단계가 뭔지 말할 수가 없어요. 비하할 생각은 없습니다만, 율사들은 실제로 새로운 것을 만들어본 경험이 없어요. 그들은 판단을 내리는 것이 직업이니까요"라면서 다음과 같이 말한다.

"저는 세상을 바꾸는 것은 법과 제도가 아니라 과학적인 진보 혹은 발전이라고 봐요.……저는 한국의 정치는 율사들의 카르텔이 정치 발전을 막고 있는 측면이 있다고 생각해요. 한국의 정치판은 다양성을 상실한 집단이에요. 저는 중국의 급성장은 실용적인 공학도가 나라를 운영하는 것과 어느 정도 관계가 있다고 보거든요."

이런 정치관이 그의 윤석열과의 갈등에도 영향을 미쳤을까? 그건 알 수 없지만, 그가 "새로운 것을 만들어보는 경험"에 집착한다는 건 분명한 것 같다. 이는 그가 8년 전 '박근혜 키즈'라는 호칭에 대해 털어놓은 고민에서도 엿볼 수 있다. "요즘 매일 걱정한다. 내가 '박근혜'라는 꼬리표를 떼낼 수 있을까. 그저 '좋은 게 좋은 거다'라는 식으로 산다면 난 평생 '박근혜 덕 봤다'는 말을 들어야 할 거다. 그런 삶은 싫다." 우리 역사에서 본받고 싶은 인물로 정도전을 꼽는 이준석이 무난한 관리자의 역할에 만족할 리는 만무하다.[1] 이준석의 성장 과정에 대한 이야기는 이 정도로 끝내고, 이제 본론으로 들어가보자.

●

이준석을 히틀러로 비난한 민주당의 위기의식

"새로운 체질을 가진 세대로의 교체를 원하는 민심은 오래전부터 한국 사회라는 병을 가득 채우고 있었다. 병따개가 없어서 갇혀 있었을 뿐이다. 이준석의 병따개 역할은 그간 일부 문제에도 불구하고 전반적으로 보아 꽤 훌륭했다."

이른바 '이준석 돌풍'이 거세게 불던 6월 초 나는 『UPI뉴스』에 기고한 「이준석은 세대교체 민심 여는 병따개」라는 제목의 글에서 위와 같이 말했다. 그로부터 70여 일이 지난 8월 중순 현재 국민의힘은 "한국 정당사 초유의 다중분열"의 수렁으로 빠져들었고,[2] "이준석의 목표는 정권 교체인가, 자기 장사인가"라는 말까지 나왔다.[3] 누구의 책임이 가장 크건, 이런 상황에서 수개월 전 정점을 찍었던

'이준석 돌풍'을 소환하는 건 좀 어색해 보인다. 그럼에도 차분하게 지난 수개월간 벌어진 일을 복기해보면서 '이준석 돌풍'의 의미와 한계를 평가해보는 것도 의미 있는 일이라 믿어 의심치 않는다.

이준석은 "세대교체를 뛰어넘는 큰 체질 변화가 있을 것"이라고 했다.[4] 물론 뜻대로 할 수 있는 일은 아니었다. 중요한 건 '이준석 돌풍' 덕분에 정치권 전체가 흔들렸다는 점이었다. 5월 25일 전 국무총리 정세균은 '이준석 돌풍'에 대해 "대선 관리라는 게 그렇게 간단하지가 않아 경륜 없이 할 수 있겠는가. 거기다 우리나라의 특별한 문화인 '장유유서' 문화도 있다"며 부정적인 반응을 보였다. 그러자 이준석은 "제가 말하는 공정한 경쟁이라는 것이 이런 것이다. 시험 과목에서 '장유유서'를 빼자는 것"이라고 반박했다.[5]

이를 두고 『동아일보』 대기자 김순덕은 "발칙하다"고 했다.[6] 그렇다. '발칙'이야말로 이준석을 압축해 표현할 수 있는 최상의 단어다. '발칙하다'의 원래 의미는 "하는 짓이나 말이 매우 버릇없고 막되어 괘씸하다"는 뜻이지만, 권위에 도전하는 상황에서 쓰일 땐 긍정적 의미다. 대기업 신입 사원이 회장이 참석한 입사식에서 기회가 주어져 회장에게 매우 당돌하지만 의미 있는 질문을 했다면, 그게 바로 좋은 의미의 발칙함이다. 김순덕 역시 그런 좋은 의미로 쓴 것이다.

물론 구태에 찌든 꼰대들은 발칙함을 좋아하지 않는다. 5월 31일 발칙한 이준석이 국민의힘 당 대표 선거 예비경선을 1위로 통과하자 더불어민주당 상근 부대변인 박진영은 "이준석의 논리를 보면 사회적 약자나 소수에 대한 배려가 전혀 없다"며 "그 남자에게서 히틀러의 향기가 난다"고 했다. 그는 "보수의 급진화는 자칫하면 극우가 된다"며 "페미니즘과 사회 갈등이 최고조에 오를 것인데 전형적인 히틀러의 수법"이라고 했다.[7]

굳이 히틀러까지 동원할 필요가 있었을까? 그만큼 당혹스럽고 두렵다는 뜻이었을 게다. 여권 원로인 전 국회 사무총장 유인태는 "이준석 돌풍을 정치권이 충격으로 받아들이고 특히 민주당 쪽 사람들은 굉장한 위기감을 느끼더라"며 "이준석이 되면 내년 대선 끝난 거 아니냐고 걱정하는 목소리들도 있다"고 전했다. 그 이유로 그는 "젊은 이준석 후보는 그동안 방송이나 매체에 나와서 상식에 근거한 얘기들을 많이 해왔기 때문"이라며 그가 국민의힘 대표가 되면 국민의힘이 '늙은 꼰대' 정당의 이미지를 벗을 것으로 봤다.[8]

●

세대교체 민심 여는 '병따개'인가, '분화구'인가?

작가 공희준은 『UPI뉴스』(6월 10일) '정치 방담'에서 "우리 사회에는 분노와 불만으로 가득 찬 거대한 마그마 용암이 깔려 있다. 용암은 항상 가장 얇은 지각을 뚫고 나온다. 이준석 현상으로 보면 우리 정치사회의 얇은 지각이 국민의힘이다. 현재 기득권 세력이 누구냐? 사회과학적으로 거대 자본이라 하지만 대중의 인식에서 기득권은 50대 남성, 진보, 엘리트다"며 다음과 같이 말했다.

"그럼 왜 이준석이냐? 문재인 정권 싫어! 여의도 국회 싫어! 엘리트(지식인) 싫어! 라는 세 가지 반감에서 이준석이 나온 것이다. 이준석의 역할은 분화구다. 중요한 것은 분화구를 통해 분출되는 용암이지 분화구 모양만 따지는 것은 의미 없다. 분화구가 근본이 있고 없고, 이게 중요한 게 아니고, 강준만 교수도 표현이 소심했는데 이준석은 병따개가 아니라 분화구다. 용암이 쏟아져 나올 것이다. 용암에 주목해야 한다. 그래야 사태의 전모가 파악된다.⁹

'병따개'라는 표현이 소심했다는 공희준의 평가에 일면 동의한다. 아닌 게 아니라 6·11 국민의힘 전당대회는 이준석이 병따개를 넘어서 분화구인 것처럼 보이게 만들었다. 이준석은 당원 투표(70퍼센트)와 여론조사(30퍼센트)를 합산한 결과에서 43.82퍼센트를 득표해 새로운 당 대표로 선출되었기 때문이다(나경원 37.14퍼센트, 주호영 14.02퍼센트, 조경태 2.81퍼센트, 홍문표 2.22퍼센트).

'이준석 돌풍'의 수명은 한 달이었을까? 7월 13일 이준석이 민주당 대표 송영길과 전국민 재난 지원금 합의를 해놓고 국민의힘 내부 반발에 번복한 사건 이후 '이준석 리스크'가 현실화되었다며 비판하는 목소리가 언론을 중심으로 용암처럼 분출했으니 말이다. 이준석은 '번복'이 아니라고 반론을 폈지만, 진실이 무엇이건 그런 모양새로 비친 건 분명한 사실이었다. 보수와 진보를 막론하고 등장한 다음과 같은 신문 사설 제목들이 말해주듯이 말이다.

「'어설픈 합의'로 재난 지원금 혼란 키운 이준석 대표」,「전 국민 재난 지원금 합의 100분 만에 뒤집은 국민의힘」,「취임 한 달 만에 확연해진 이준석 리스크」,「이준석 전 국민 재난 지원금 덜컥 합의, 실수로 넘길 일 아니다」.[10]

'병따개'라는 표현이 소심했다는 공희준의 평가에 일면 동의할 수 없는 것은 나는 앞으로도 이와 유사한 사건들이 자주 일어날 것이라고 보기 때문이다. 그런 사건들을 다 잘 극복해내느냐 하는 건 이준석 개인의 역량에 달린 문제겠지만, 이준석이 촉발시킨 세대교체의 모든 과정이 용암의 분출처럼 거침없는 모습은 아닐 거라는 게 내 생각이다. 그러니 '병따개' 정도로 만족하고 향후 추이를 계속 지켜보기로 하자.

●

'정글 보수주의자'라는 진보 진영의 딱지 붙이기

'전 국민 재난 지원금 사건' 이전에 이준석에게 타격을 입힌 사건은 이준석이 '정글 보수주의자'라는 진보 진영의 딱지 붙이기였다. 최초의 딱지 붙이기는 국민의힘 전당대회가 열린 6월 11일 아침 『한겨레』에 게재된 강원대학교 명예교수 이병천의 「역풍의 시간: 이준석 현상, 제대로 보고 있는가」라는 제목의 칼럼이었다. 이병천은 이준석의 책『공정한 경쟁』의 한 대목을 다음과 같이 인용했다.

"모두가 자유로운 세상은 정글이죠. 또한 정글에는 나름의 법칙이 있습니다. 약육강식입니다. 강자가 다 먹는 세상이죠. 미국은 이런 정글의 법칙, 약육강식의 원리를 최소화하려는 노력을 별로 하지 않아요.……그것이 자연의 섭리라고 보는 것이죠.……저는 한국이 경제적으로 다시 도약해 선진국으로 가야 한다고 생각하기 때문에 미국식 자유의 가치를 사회 전반에 받아들이는 것을 심각하게 고민해봐야 한다고 생각합니다."

이렇게 인용을 한 이병천은 "이런 정글 보수주의자가 보수 혁신의 아이콘, 세대교체의 기수란 말인가"라면서 "이준석의 정체란 혹시 대한민국을 진짜 '헬조선'으로 만들려는 자가 아닐지 묻게 된다"고 했다.

다음 날엔『한겨레』선임기자 정의길이「역차별을 주장하라…이준석이 트럼프와 공유하는 것들」이라는 제목의 칼럼에서 이준석은 "모두가 자유로운 세상은 정글"이고, "정글의 법칙, 약육강식의 원리……그것이 자연의 섭리"라고 본다고 주장했다. 그러면서 정의길은 "트럼프와 이준석이 약육강식, 정글의 법칙이 공정한 경쟁이라고 주장하는 것은 그들이 그 논리의 승자이기 때문에 당연하다고 할 수 있다"며 "그러나 그런 현실에서 뒤처지고 불만을 품은 사람들이 트럼프와 이준석을 지지하고 있다"고 개탄한다.

나는 이 두 칼럼의 선의엔 공감하면서도 뭔가 좀 이상하다는 생각이 들었다. 이준석의 『공정한 경쟁』을 꼼꼼히 읽었던 나로선 위와 같은 주장들에 동의할 수 없었기 때문이다. 정의길이 『공정한 경쟁』을 직접 읽은 건지 아니면 이병천의 글에서 재인용한 것인지는 알 수 없다.

6월 14일엔 『중앙일보』 주필 이하경이 「'이준석 현상'의 운명은 이준석에게 달렸다」는 제목의 칼럼에서 줄임표까지 제거하면서 이병천의 인용을 그대로 소개한 뒤 '합당한 비판'이라고 말한다. 이 칼럼은 "하지만 대중이 선택한 것은 '이준석'이 아니라 '이준석 현상'이었다"며 '이준석 현상'에 대해 긍정적 평가를 내렸지만, '정글 보수주의'와 '이준석 현상'을 분리할 수 있는지는 의문이다.

이후 여러 필자들에 의해 이준석은 계속 "정글의 법칙, 약육강식의 원리"의 신봉자로 비판받았다.[11] 이 필자들 역시 『공정한 경쟁』을 직접 읽은 건지 아니면 이병천의 글에서 재인용한 것인지는 알 수 없다. 만약 이병천의 처음 인용이 미친 영향 때문이라면, 이 얼마나 황당한 일인가.

●

적을 미워하면 판단력이 흐려진다

진실은 좀 다르다. 『공정한 경쟁』은 질문에 답하는 대담집 형식으로 구성된 책이다. 이병천의 인용에서 앞의 여섯 문장은 '미국 사회에서의 경쟁의 의미'에 대해 말해달라는 대담자의 요청에 따라 나온 것이다.[12] 정확한 묘사라고 생각한다. 그런데 이준석이 곧장 그런 미국 사회를 그대로 따라가자고 주장하진 않았다. 마지막 문장은 "미국식 자유의 가치가 우리 실정에 적합하다고 보느냐"는 다른 질문에 답한 것으로, 생략된 부분을 포함해 단락 전체를 인용하자면 다음과 같다.

"우리나라가 미국의 제도를 다 받아들일 필요는 없습니다. 건강보험 같은 경우는 박정희 정권이 단독으로 결정한 것이지만 이미 충분한 사회적인 합의가 이루어져 공적 보조로 잘 진행되고 있는 것이지요. 하지만 저는 한국이 경제적으로 다시 도약해 선진국으로 가야 한다고 생각하기 때문에 미국식 자유의 가치를 사회 전반에 받아들이는 것을 심각하게 고민해봐야 한다고 생각합니다."[13]

이준석이 미국식 자유의 가치를 매우 긍정적으로 보는 건 분명하지만, '정글 보수주의자'라기보다는 전형적인 '부국강병론자'로 보는 게 더 옳을 것 같다. 이 책엔 자유의 가치 때문에 생길 수 있는 낙오자에 대한 고민, 계층 상승의 사다리 구축, 기본소득제 도입, 실업급여제 확대, 고교 무상·의무교육, 국립 지방대 지원 강화, 보육의 국가 책임 등 '정글 보수주의'와는 거리가 먼 주장들이 꽤 등장하기 때문이다. 이준석은 4년간 교육 자원봉사 활동을 치열하게, 그것도 성공적으로 해냈는데, 이게 '정글 보수주의'와 어떻게 양립할 수 있다는 것인지 모르겠다.

부국강병론은 진보 지식계에선 전형적인 보수 담론으로 비판받는 것이지만, 보수는 말할 것도 없거니와 진보 정치 세력을 지지하는 일반 국민들까지 과연 그런 건지는 의문이다. 이와 관련, 잠시 웃기는 에피소드 하나 소개하고 넘어가자. 내 칼럼에 달린 어떤 댓글 하나를 보고 웃음을 빵 터트렸다. 내가 이준석을 부국강병론자로 미화했다는 비판이었다. 문파인 듯한 그 네티즌은 자신을 진보라고 여기면서도 부국강병론마저 진보의 담론으로 생각했던 것으로 보인다.

'이준석 현상'을 긍정적으로 보는 사람들이 그의 정체를 몰라서 잘못된 평가를 하고 있다고 보는 건 진보 진영이 빠져 있는 독선과 오만이다. '이준석 현상'은 진보적으로 '한 번도 경험해보지 못한 나라'를 만들겠다고 큰소리쳤던 문재인 정권의 실패라는 토양에서 핀 꽃(또는 독버섯)이기도 하다는 점을 인정한다면, 진보가 먼저 해야 할 일은 반성과 성찰이 아닐까?

진보 논객들이 '이준석 현상' 비판으로 치우치고 있는 안타까운 상황에서도 『한겨레』 논설위원 곽정수가 6월 9일자 칼럼에서 '진보의 반성과 성찰'을 요청하고 나선 게 반갑다. 그는 "한-미 FTA, 신공항, 고속철도는 모두 한국 사회·경제에 큰 영향을 끼친 역사적인 일들이다. 진보 진영이 이들 사안에 모두 부정적 태도를 취한 것은 놀랍기까지 하다"며 다음과 같이 말한다.

"최근 문재인 정부 4년의 경제정책을 비판한 개혁진보 성향 소장파 학자를 인터뷰하면서 떠오른 생각이다. 최저임금 인상, 부동산 정책이 '시장 수용성'을 무시하다가 실패했다는 지적에 공감하면서도, 학자들은 지난 4년간 뭐했냐는 질문을 했다. 순간 이 질문은 학자뿐만 아니라 진보 진영 모두에게 던져야 하는 것 아니냐는 생각이 머리를 내리쳤다."[14]

이병천은 이준석을 '극우 성향의 시장주의자'라고 했지만, 진보 지식인이 더 분노해야 하는 건 '시장 수용성'이라는 개념조차도 인정하지 않았던 진보 정권의 아집과 무능이 아닐까? 이미 충분히 '헬조선'을 겪고 있는 젊은이들에게 이준석으로 인해 '진짜 헬조선'이 올 수 있다고 경고하는 건 이준석과 보수 세력에 대한 과대평가인 동시에 어느덧 진보의 특기가 된 내로남불일 수 있다는 걸 유념할 필요가 있지 않을까? 때론 영화 대사 한마디에서도 진보가 나아가야 할 길의 지침을 얻을 수 있다. "절대로 적을 미워하지 마라. 판단력이 흐려진다."[15]

●

이준석이 확산시킨 '능력주의 논쟁'

이준석에게 붙여진 '정글 보수주의자'라는 딱지를 좀 정중한 논의의 장으로 끌어낸다면, 그건 바로 '능력주의meritocracy' 문제다. 최근 능력주의를 둘러싼 찬반 논쟁이 뜨겁다. 이준석이 능력주의를 강하게 내세움으로써 논쟁의 확산에 기여한 점은 있지만, 사실 논쟁은 이미 오래전부터 진행되어온 것이다. 지난 수년간 주로 미국에서 생산된, 능력주의에 대해 맹공을 퍼붓는 책들이 국내에서 널리 읽힌 탓도 있을 게다.[16] 국내에선 지난해에 출간된 『능력주의와 불평등』이란 책이 그런 논쟁의 대표적인 성과물이다. 10명의 필자가 참여한 이 책은 "능력에 따른 차별은 공정하다는 믿음에 대하여"라는 부제가 시사하듯이, 능력주의를 심도 있게 비판한 탁월한 작품이다.[17]

나는 그간 능력주의에 대해 많은 글을 써왔는데, 내 입장 역시 단호한 비판이었다. 그런데 능력주의와 관련된 '갈등'이나 '사건'이 터졌을 땐 좀 다른 자세를 취하기도 했다. 이론적이고 일반론적인 비판을 현실 세계의 개별 사례에 곧장 적용해도 괜찮은가 하는 의문 때문이었다.

우리는 이미 능력주의의 철저한 지배하에 살고 있다. 한국은 세계에서 둘째가라면 서러울 '시험 공화국'이 아닌가. 그게 잘못되었다고 비판할 순 있지만, 그런 비판이 이미 현실 세계에서 벌어지고 있는 '능력 겨루기 경쟁'의 공정성이 중요하지 않다는 뜻은 아니다. 어느 나라에서건 전근대, 근대, 탈근대의 특징이 공존하는 '비동시성의 동시성'이 나타나긴 하지만, 압축성장을 겪은 한국에선 그런 현상이 두드러진다.[18] 이는 능력주의 비판을 균일하게 적용하기 어려운 주요 이유가 되고 있다.

능력주의는 한때 세습 귀족주의에 대항하는 진보적 이데올로기였다. 하지만 이후 자본주의 체제하에서 계급 역시 세습되며 계급이 개인의 능력에 미치는 영향이 절대적이라는 게 확인되면서 보수이데올로기로 전락하고 말았다. 우리 모두 이걸 모르는 건 아니지만, 다른 대안이 존재하지 않는 상황에서 '능력 겨루기 경쟁'에 순응할 수밖에 없는 게 현실이다. 어떻게 할 것인가? 능력주의에 대해 맹공을 퍼부은 마이클 샌델의 『공정하다는 착각: 능력주의는 모두에게 같은 기회를 제공하는가』라는 책에 그런 고민이 잘 녹아 있다.

미국이건 한국이건 능력을 제조하거나 결정하는 최고 공장은 바로 대학이다. 대학 입시는 응시생 개인과 더불어 응시생의 가족이 동시에 참전하는 계급 전쟁이다. 이런 전쟁의 살벌함을 넘어서기 위한 샌델의 대안은 무엇인가? 흥미롭게도 1969년부터 1973년까지 한국에 존재했던 대학 입학 예비고사와 추첨제의 결합이다.

예비고사는 대학 입학 자격시험이었다. 일단 이 시험을 통과해야 각 대학의 본고사에 응시할 자격이 주어졌다. 1974년부터는 예비고사 성적이 대학 본고사 성적과 함께 입학 시험 성적에 반영되었지만, 1973년까지는 통과 여부만 중요할 뿐 성적은 알려주지도 않았다. 샌델은 바로 이런 유형의 시험을 실시한 후 대학 본고사는 추첨제로 하자는 제안을 하고 있다. 그는 "이 대안은 능력주의를 완전히 부정하지는 않는다"며 다음과 같이 말한다.

"능력이 있는 사람만 합격 가능하다. 그러나 능력을 극대화되어야 할 이상으로 보기보다 일정 관문을 넘을 수 있는 조건으로만 본다.……그렇게 함으로써 능력의 폭정과 맞설 수 있다. 일정 관문을 넘는 조건으로만 능력을 보고, 나머지는 운이 결정토록 하는 일은 고등학교 시절의 건강함을 어느 정도 되찾아줄 것이다."[19]

이 대안에 대해 어떻게 생각하시는가? 꽤 그럴듯하다고 보시는가? 아니면 초라하고 황당하기까지 하다고 보시는가? 최소한의 능력주의를 수용하면서 타협책을 찾아보려는 샌델의 고민이 인상적이긴 하지만, 큰 설득력을 얻긴 어려울 것 같다. 예비고사라는 능력주의에 대한 반발도 있겠지만 예비고사를 통과한 응시생들의 추첨제에 대한 반발이 더 거셀 것 같다. 세상이 확 바뀌어 선출직 공직자를 추첨으로 뽑는 '추첨 민주주의'가 도입된다면 모를까.

●

2030 세대가 능력주의를 원하는 이유

대안이 없다고 해서 비판을 멈출 필요는 없겠지만, 능력주의의 대안이 변변치 않은 건 분명한 사실이다. 이준석이 수없이 쏟아지는 능력주의 비판에 대해 당당한 자세로 "능력주의를 대체할 대안이 있나?"라고 반문하는 것도 바로 이 점을 노린 것인지도 모르겠다.[20]

일부 사람들로부터 비웃음을 샀던 국민의힘 대변인 선발 토론대회 '나는 국대다'만 해도 그렇다. 이게 의외로 많은 사람들의 큰 관심과 호응을 얻었던 것도 많은 분야, 특히 정치 분야에선 능력주의라는 개념조차 없었던 현실과 대비되었기 때문이라는 걸 무시할 수 없다. 2030세대 탈락자들 사이에서 "실력과 능력에 따라 기회를 주겠다는 이런 경쟁은 환영"이라는 말이 나온 것도 바로 능력주의에 대한 갈증을 말해준 게 아니었을까?[21]

더불어민주당 소속인 인천 연수구 의원 조민경(29세)은 "우리가 정치는 아무나 못 한다고 생각하지만 '시험 쳐서 국회 들어가야 돼'라는 말을 공적으로는 하지 않는다. 그런데 이 대표는 공적인 자리에서 중진 의원들을 앞에 두고 그렇게 말했다"며 긍정 평가했다.[22] 청년의 정치 진입 장벽이 오죽 높은가. 물론 그간 궂은일을 도맡아 해온 기존 정당원들의 노고와 능력을 간과해선 안 되겠지만, 폐쇄적 시스템으로 운영되어온 정당이 국민적 불신과 혐오의 대상으로 전락한 것도 분명한 사실이 아닌가. 시험을 쳐서 정치인이 된다는 건 난센스지만, 청년을 배제하는 정당의 강고한 기득권 체제에 균열을 내는 한시적 용도가 있는 난센스가 아닐까?

이준석이 믿는 구석은 또 있다. 2030세대들 사이에서 기존의 '능력 겨루기 경쟁'이 공정하지 않다는 불만의 목소리가 매우 높다는 점이다. 지식인들은 주로 '능력 겨루기 경쟁' 자체가 구조적으로 불공정하다는 점을 강조하지만, 구조의 한계를 인정하는 선에서 보더라도 불공정한 일이 너무 많이 자행되고 있다는 게 중요하다.

예컨대, 기업 입사 시 응시자의 출신 학교에 등급제 서열을 매겨

가산점을 주는 방식으로 차별하는 게 능력주의인가? 아니다! 그건 능력주의가 아니다. 기업이 명문 학교를 나온 사람이 우수할 것이라는 '통계적 차별'을 암묵적으로 저지르는 것까지야 막을 순 없다 치더라도 채용 과정에서 합리적인 기준과 절차를 준수하지 않는다면, 이때 불이익을 받을 수 있는 응시자들이 외칠 수 있는 무기가 바로 능력주의다.

전 법무부 장관 조국은 서울대학교 교수 시절인 2008년에 출간한 『성찰하는 진보』라는 책에 쓴 「'서울대 폐지론'을 대학 개혁의 계기로 삼자」라는 제목의 글에서 지방대와 실업고의 성공 사례를 소개하면서 이렇게 말한다. "이와 같은 지방대와 실업고의 사례들은 청소년 시절 성적만으로 사람을 재단하고 규정하는 일이 얼마나 잘못된 것인지, 학벌주의가 아닌 '실력 본위주의meritocracy'가 왜 필요한지를 보여 주는 좋은 예이다."[23]

당시 조국이 능력주의의 문제를 몰라서 한 말은 아닐 게다. 『K-를 생각한다: 90년대생은 대한민국을 어떻게 바라보는가』의 저자 임명묵은 "능력주의가 과연 그 자체로 나쁜 것일까?"라고 물으면서 "능력주의 자체보다도 시험을 통해 단 한 번의 지위를 획득한 다음에 그것이 추가적 평가 없이 계속해서 '능력의 증거'로 기능한다는" 것이 문제라고 말한다.[24] 이는 얼마든지 동의할 수 있는 주장이 아닌가.

도널드 트럼프는 "나는 덜 배운 사람들을 사랑한다"며 '반反능력주의'를 자신의 대선 전략으로 삼아 큰 재미를 보았지만,[25] 한국에서 이런 선거 전략이 먹힐 거라고 보긴 어렵다. 한국과 미국의 능력주의 양상이 좀 다르다는 뜻이다.[26] 한국처럼 시험에 의한 공채 제도가 발달하지 않은, 아니 발달할 필요가 없었던 미국이나 영국에선 meritocracy를 학벌주의를 포함하는 개념으로 쓰기도 한다. 하지만 시험이라는 객관성을 절대적으로 중요하게 여겨온 한국에선 능력주의가 학벌주의를 넘어서자는 뜻으로 사용되기도 한다. 이런 용법이 옳건 그르건, 그런 현실이 능력주의 비판에 대한 광범위한 지지를 어렵게 만들고 있다는 건 분명하다.[27]

이와 관련, 검사 정명원의 말도 들어보는 게 좋겠다. 그는 사법연수원 시절 "평소 마음에 두고 있던 몇 개 로펌에 지원했으나 모두 면접도 한 번 보지 못하고 탈락했다"며 이렇게 말한다. "여성, 지방대 출신, 아무런 법조 인맥도 정보력도 없는 풋내기를 선뜻 채용해주는 법률사무소는 없었다. 공부해서 성적만 받으면 인정받을 수 있는 세상에서 갑자기 리얼한 세상으로 나와 마주하게 된 현실 인식은 참혹했다. 그 와중에, 그 당시만 해도, 특별한 결격사유만 없으면, 오직 성적만으로 채용해주는 곳은 결국 국가밖에 없었다."[28]

●

능력주의는 불평등의 '원인'이 아닌 '증상'이다

우리는 그 어떤 어려움에도 불구하고 능력주의의 대안이나 해결책을 모색하는 일을 포기할 수는 없다. 나는 수년 전 발표한 논문에서 "능력주의에 따른 특권과 특혜의 규모와 수준을 줄여나가는 것이 현실적이고 구체적인 해법"이라며 민심 또는 여론의 중요성을 역설한 바 있다. 능력을 무엇으로 보건, 어떻게 평가하건 능력 격차에 따른 사회적 보상, 즉 불평등의 크기를 줄여나갈 걸 요구하는 여론을 확산시켜 나갈 필요가 있다는 것이다.[29]

교육평론가 이범이 『경향신문』(6월 10일)에 기고한 「'능력주의 비판'을 비판한다」는 칼럼에서 비슷한 주장을 한 걸 보고 반가웠다. 그의 결론은 이렇다. "결국 해법은 '지위의 격차', 즉 결과의 불평등을 줄이는 데에서 나온다. 이 지점에서 진보는 실패했고, 여기서 공정 열풍과 이준석 신드롬이 싹튼 것이다. 그러니 섣불리 능력주의를 비판하지 말라. 이는 진보를 무덤으로 재촉할 뿐이다."

"그대가 말한 능력주의는 쉽게 말해 1등만 살아남는 사회를 추구하자는 것"을 비롯해 이 칼럼에 달린 몇 개의 비판 댓글을 보고서 어이가 없었다. 칼럼을 읽기는 한 건가 하는 생각이 들어서 말이다. 마지막 두 문장이 거슬려서 반감을 표출한 것인지는 모르겠지만, 그건 진보 정치 세력이 결과의 불평등을 줄이는 데에 실패해놓고 불평등의 '원인'이 아닌 '증상'에 집중하는 것에 대한 강한 이의 제기로 보는 게 옳을 것이다.

게다가 세습과 세대 문제에 관한 한 보수와 진보는 아무런 차이가 없잖은가. 능력주의는 세습과 세대의 특혜에 대한 도전이기도 하다는 말이다. 『머니투데이』 기자 김태은이 이준석의 능력주의를 긍정하는 이유도 바로 그것이다. 그는 "이준석의 '능력주의'는 경쟁의 결과가 '나', 개인으로 귀속되는 사회를 말한다"며 다음과 같이 말한다.

"부모의 능력도, 권력도, 여기에 세대의 기득권까지 걷어내는 사회다. 기성세대가 결코 뛰어넘을 수 없는 '디지털 네이티브' 세대의 경쟁력을 갖고서도 '아날로그 세대'인 '86세대' 기득권에 막혀 취업과 임금 등 불평등의 벽에 가로막혀 있는 이들에게 이준석의 '능력주의'는 큰 위력을 발휘할 잠재력을 지니고 있다."[30]

그럼에도 이준석의 능력주의가 '약육강식의 정글'과 같은 세상을 불러올 것이라고 걱정하는 분들이 많다. 나는 그런 걱정은 현 한국 사회를 '약육강식의 정글'로 보지 않는 과도한 낙관론이라고 생각한다. 매일 7명의 노동자들이 노동 현장에서 죽어나가고 있음에도 권력자들과 세상은 크게 분노하지 않는데, 이게 '약육강식의 정글'이 아니면 무엇이란 말인가. 그러니까 잠자코 있자는 게 아니라, 결과의 불평등을 줄이는 방향으로 우리 모두의 노력을 집중하자는 것이다. 이준석과 국민의힘은 이런 근본적인 대안엔 별 관심이 없는데, 그게 바로 보수의 한계다. 그런데 문제는 진보를 자처하는 민주당 역시 전혀 다를 게 없다는 점이다.

부동산 가격 폭등에 의한 '서민 약탈'은 능력주의와 무관한 게 아니다. 능력주의는 불평등을 정당화하는 데에 동원되지만, 우리가 분노하면서 타격해야 할 지점은 불평등의 원인이 되어야 한다. '거시적 공정'과 '미시적 공정'이 충돌할 때에 '미시적 공정'을 외치는 사람들을 도덕적으로 훈계하거나 비판하는 건 옳지 않다. "구조의 책임을 나에게 묻지 말라"는 2030세대의 항변처럼,[31] 이 세상을 그렇게 만든 기성세대의 책임이기 때문이다. 능력주의 신봉자나 지지자들에겐 그들의 능력을 칭찬해주면서 더불어 같이 살면 안 되겠느냐고 부드럽게 설득하는 게 좋다. 이들까지 지원 세력으로 끌어들여 불평등을 줄여나가는 것이 능력주의의 폐해에 대처하는 더 쉽거니와 나은 해법일 수 있다는 것이다.

스위스 작가 알랭 드 보통은 "능력주의 체제하에서는 가난이라는 고통에 수치라는 모욕까지 더해진다"고 말한다.[32] 옳은 말이지만, 정직한 말은 아니다. '능력주의'보다는 '자본주의'라는 말이 더 들어맞기 때문이다. 글로벌 시장을 무대로 활동하는 작가에게 자본주의 비판은 위험하지만 능력주의 비판은 안전하다. 탁월한 능력을 가진 이들의 능력주의 비판은 겸양의 표현이겠지만, 지금과 같은 식의 자본주의가 지속되는 한 자본의 요구에 부응하는 능력을 갖추기 위한 2030세대의 전쟁은 결코 멈추지 않을 것이다. 능력주의는 증상이지 원인은 아니다. 서둘러 포기하지 말고 불평등을 줄이기 위해 우리 모두 애써보자.

●

이준석이 누린 '싸가지 면책특권'

이젠 너무 진부해진 표현이지만, 이준석의 적은 이준석이다. 특히 넘치는 자신감으로 인한 오만과 싸가지 문제가 가장 큰 약점이다. 앞서 언급한 '전 국민 재난 지원금 사건'만 해도 그의 과잉 자신감 이 빚어낸 것인데, 앞으로도 그 자신감이 싸가지의 문제로 비화될 가능성은 매우 높다고 봐야 할 것이다.

"저는 사람이 누군가를 싫어하면 그다음에 이유를 갖다 붙인다 고 본다. 저한테는 딱히 할 말이 없어서 그냥 싸가지 없다고 하는 거 다. 뒤집어 말하면 이준석을 좋아하는 대부분의 이유는 '할 말은 한 다'인데, 할 말을 하는 게 싸가지 없으면 이 모순을 어떻게 해야 하 나. '단정하고 섹시하게 입어라', '캐쥬얼하고 엄숙하게 입어라'는 것과 같은 거다. 할 수가 없는 거다."[33]

이준석이 국민의힘 전당대회 9일 전 『더팩트』(6월 2일) 인터뷰에 서 싸가지 문제에 대한 질문을 받고 내놓은 답이다. 이준석이 5월 초 당 대표 경선에 출사표를 던진 이후 내내 싸가지 문제에 시달 린 피로감이 잘 표현된 답이라고 할 수 있겠다. 그는 자신이 이른바

'이중구속double bind'에 처해 있다는 걸로 그 문제를 정면 돌파해보려는 것이었겠지만,[34] 흔쾌히 동의하긴 어렵다. 젊은 나이 때문에 두드러져 보일 순 있었겠지만, 이준석이 싸가지가 없는 건 분명한 사실이라고 보기 때문이다.

다만 이준석에겐 싸가지 문제에 대해 나름의 이유와 비전까지 있다는 걸 감안하는 게 공정할 것이다. 우선 그가 미국 하버드대학 재학 시절에 느낀 충격을 이해하는 게 필요하다. "교수와 학생이 계급장 떼고 논쟁하는 분위기였습니다. 지식인 사회에 그런 문화가 있다는 사실에 저는 엄청나게 충격을 받았죠. 그런 일은 그대로 사회로 옮겨갑니다.……우리 사회는 그런 문화가 많이 부족한 것 같아요."

이준석은 그걸 문화의 상상력의 문제로 연결시킨다. 그는 페이스북보다 훨씬 좋은 가능성을 가졌던 한국의 싸이월드가 페이스북처럼 발전하지 못한 이유를 '상상력의 결핍'에서 찾는다. "우리나라에서는 학창 시절에 상상력을 키울 기회가 없는 거예요. 그것은 또한 일사불란을 강요하는 권위주의적인 문화와 관련이 있다고 봅니다."[35]

옳은 지적이다. 나는 한국 사회가 상상력을 키우기 위해선 무엇보다도 '계급장 떼고 논쟁하는 분위기'를 보장하고 키워야 한다는 그의 생각에 전적으로 동의한다. "나는 정치인들이 겸손해져야 한다는 대명제는 동의하지만, 반대로 모두가 기계적으로 겸손해져서, 진정 겸손한 사람이 누군지 알 수 없게 된 상황에는 안타까운 생각이 든다"는 그의 생각에도 전폭적인 지지를 보낸다.[36] 그런데, 이제 곧 자세히 설명하겠지만, 내가 여기서 말하는 싸가지는 그런 문제와는 좀 다른 성격의 것이다.

중요한 건 이준석의 싸가지 없음에 개의치 않는 사람들이 훨씬 더 많았다는 사실이다. 달리 말해, 그의 싸가지 없음을 싫어하는 사람들도 있었지만, 이들보다는 오히려 좋아하는 사람들이 더 많았으며, 따라서 이준석은 그간 싸가지 문제로 인해 전혀 타격을 받지 않았다는 것이다. 그렇다면 진보 진영이 싸가지 없음으로 인해 큰 타격을 받은 것과 어떻게 다르냐는 질문이 제기될 수 있겠다. 이 질문에 답해보련다.

싸가지에 대한 오해가 만만치 않다. 싸가지 없는 게 무조건 나쁜 게 아니다. 강고한 기득권 질서에 도전하는 약자가 싸가지가 흘러 넘치는 어법으로 무엇을 이룰 수 있단 말인가? 50년 전 김영삼과 김대중이 '40대 기수론'을 내세웠을 때, 그들에게 싸가지가 있었다고 생각하는가? 싸가지는 맥락이 중요한 개념이다. 이준석의 당 대표 도전은 거의 모든 사람들이 '절대 불가'를 외쳤을 정도로 처음엔 비웃음을 샀던 프로젝트였다. 싸가지 없는 사람을 싫어하는 유권자일지라도 도저히 일어날 것 같지 않은 변화를 위해 돌진하는 사람에겐 '싸가지 면책특권'을 부여하는 법이다.

유권자들이 그런 '면책특권'을 허용하지 않으면서 싫어하는 건 자신이 소속된 부족의 보호막 속에서 반대편 부족을 향해 일삼는 싸가지 없는 발언이다. 싸가지가 없을수록 자신의 부족에선 열화와 같은 지지를 받는다. 물론 그게 바로 그 부족의 자멸로 가는 길이지만 말이다. 싸가지 없는 언행이 부족 내부를 향할지라도 대통령 권력이나 조직화된 강성 지지자들 등과 같은 강력한 후원 세력을 갖고 있는 경우엔 '면책특권'은 허용되지 않는다. 이준석의 경우에도 후원 세력 논란이 벌어지긴 했지만, 사실 여부와 무관하게 그 후원 세력에게 '절대 불가'로 여겨지던 프로젝트를 성사시킬 만한 힘이 있다고 믿는 사람은 거의 없었다는 점이 중요하다.

●

강성 지지자들에게 굴복한 민주당 초선 의원들

이준석의 싸가지 없음이 단점이라기보다는 장점으로 여겨지는 데에 큰 기여를 한 사람들도 있었으니, 그들은 바로 민주당의 초선 의원들이다. 이들은 4·7 재보궐선거 참패 직후 쇄신의 목소리를 내겠다고 나섰다가 민주당내 기득권 질서를 옹호하는 강성 지지자들의 거센 반발에 직면하자 싸가지 있는 자세로 맥없이 주저앉고 말았다. 「대통령 '예스맨' 與 초선, 왕조 때도 안 그랬다」는 제목의 칼럼이 나올 정도였으니,[37] 이 정도면 싸가지가 없는 게 문제가 아니라 오히려 싸가지가 너무 많은 게 문제라고 보아야 하지 않을까?

담대하거나 무모한 도전을 한다고 해서 무조건 '싸가지 면책특권'

을 누릴 수 있는 건 아니다. 도전의 콘텐츠가 좋아야 한다. 이준석이 외친 "세대교체를 뛰어넘는 정치권의 큰 체질 변화"는 기성 정치를 혐오하는 유권자들이 바라던 바였다. 어디 그뿐인가. 이준석은 6월 3일 대구·경북 합동 연설회에서 "정치권에 영입해 준 박근혜 대통령에게 감사한 마음이지만, 탄핵은 정당했다고 생각한다"고 했다.[38]

다른 곳도 아닌 대구·경북에서 한 말이다. 그간 기성 정치인들에게선 보기 힘든 용기였다. 용기도 콘텐츠인가? 그렇다. 진보와 보수를 막론하고 지도자가 되겠다는 정치인들이 민심에 영합하기 위해 무책임한 공약公約을 남발하는 게 정치의 문법이 된 지 오래이기 때문이다. 대다수 유권자들은 아무리 공약의 콘텐츠가 좋아도 그게 공약空約에 불과하다는 걸 질리도록 보아오지 않았던가.

흥미로운 건 진보 진영의 이준석 비판은 그의 콘텐츠 가운데 일부인 '능력주의 예찬'과 '페미니즘 비판'에 집중되어 있다는 사실이다. 나는 그의 '능력주의 예찬'과 '페미니즘 비판'에 동의하지 않는다. 하지만 동시에 이와 관련된 진보 진영의 거친 비판에도 동의하지 않는다. 모순인가? 그렇진 않다. 진보 진영의 일부 비판이 비판의 자세에 있어서 선의 해석의 여지를 조금도 인정하지 않은 채 '이념성'과 '정파성'에 너무 경도되어 있다고 보기 때문이다. 이건 별도의 장문의 글로 다뤄야 할 복잡한 주제이기에, 여기선 진보 진영의 그런 비판과 우려를 낳게 만든 책임이 이준석의 싸가지 문제와 관련되어 있다는 지적만 하고자 한다.

　이준석의 '능력주의 예찬'과 '페미니즘 비판'은 그간 진보 진영이 당위적 차원에서 '능력주의 비판'과 '페미니즘 옹호'를 해온 것의 한계를 보완할 수 있는 좋은 의제를 제시한 것으로 볼 수 있는 점이 있다. 게다가 세월의 변화에 따라 2030세대는 전혀 다른 환경에서 성장해왔다는 특수성을 전혀 인정하지 않은 채 기성세대의 경험만으로 천하통일을 해보고자 했던 과욕에 대한 성찰의 기회도 제공한다. 즉, 비판이나 비난 이전에 차분하고 정중한 대화가 필요하다는 뜻이다. 진보는 속도 조절, 디테일, 뒷마무리에 약하기 때문에 더욱 그렇다.

　이준석이 비판하는 '정치적 올바름'을 보자. 이는 '능력주의 예찬'과 '페미니즘 비판'과 연결된 주제다. 나는 '정치적 올바름'의 지지자이지만, '정치적 올바름'을 왜곡시켜 망칠 수도 있는 위험을 제공할 수 있는 쪽은 진보라고 생각한다. 과유불급過猶不及의 원리를 잘 지키지 않기 때문이다. '정치적 올바름'의 본고장인 미국에서 '정치적 올바름'에 대한 부정적 인식은 진보주의자들 사이에서도 매우 높아졌다. 2018년 예일대학 조사에선 심층 인터뷰를 한 3,000명 중에서 80퍼센트가 "정치적 올바름이 문제"라는 부정적인 답변을 한 것으로 나타났다.[39]

　즉, 당위적으로 옳다고 해서 무조건 지지하는 동시에 이의 제기를 도덕적으로 비난하는 것만이 능사는 아니라는 이야기다. 아무리 정치적으로 올바른 발언을 한다고 해도 위선과 독선을 범하는 것은 듣는 사람들에게 불편한 동시에 거부감을 불러일으킨다.[40] 이에 대한 문제 제기조차 보수의 논리라며 비판하는 건 '진보의 완장화'에 지나지 않는다는 게 나의 생각이다.

●

"이준석은 영리하고 영악하고 영특하다"

이제 이준석의 문제로 들어가보자. 이준석의 싸가지 없음을 증언해줄 수 있는 최고의 인물은 박근혜 시절 이준석과 갈등을 벌였던 전의원 전여옥이다. 그는 최근 『중앙일보』(2021년 7월 30일) 인터뷰에서 "내가 박근혜를 한창 반대할 때 토론 방송에서 '박근혜 키즈'로 나온 이준석을 처음 봤다"며 다음과 같이 말한다.

"'전여옥 의원 처음 봤는데 어떤 사람 같냐'는 사회자 질문에 굉장히 가까운 거리에서 내 얼굴을 똑바로 바라보더니 '배신자죠' 딱 이러더라. 그래서 속으로 '네가 언젠간 후회할 거다'라며 그냥 '네가 어리니까'라면서 논쟁을 끝냈다. 최근 이준석이 어느 방송에서 '(심사 참여를) 고맙게 생각한다. 그리고 그때(토론 당시) 내게 그랬던 건 자신이 어리바리해서, 정치에 들어온 지 얼마 안 돼서 그랬다'는 식으로 말했는데, 안 믿는다. 이준석은 영리하고 영악하고 영특하다."

전여옥은 "최근엔 이준석 대표를 지지한다고 했다"는 기자의 질문엔 이렇게 답했다. "탄핵 이후 진짜 박근혜를 배신한 건 '박근혜 키즈' 이준석이다. 이 과정에서 '저 친구가 참 애어른이구나. 권력 추종을 굉장히 유능하고 매끄럽게 한다' 싶었다. '앙팡 테리블 Enfants terribles', 무서운 아이라고 생각했다. 최근엔 이런 이준석이 보수 정당을 젊게 하는 유인책이 되겠다는 판단에서 개인감정을 내던지고 지지했다. 10년 동안 (국회의원 선거에) 세 번씩 낙선하며 '그래 너 나름대로 열심히 (정치)했다'고 평가받을 만하기도 했고."[41]

이준석의 문제 제기 방식이나 화법엔 싸가지가 없으며, 비판도 거칠고 오만할 때가 많다. 그의 흘러넘치는 자신감이 주범이다. 그간 대선 주자들을 소에 비유한 건 발칙의 진면목을 잘 보여준다. 그는 5월 12일 CBS라디오 〈김현정의 뉴스쇼〉 인터뷰에서 윤석열의 국민의힘 합류 시기가 빠르면 빠를수록 좋다며 "차기 대선까지 버스 정류장이 2개 있는데 버스는 당내 대선 과정에서 한번 서고, 단일화 판이 벌어질 때 또 한번 선다. 앞에 타면 육우, 뒤에 타면 수입산 소고기가 된다"고 했다.[42]

이런 비유가 스스로 생각해도 재미있다고 생각했던 걸까? 그는 5월 20일 KBS라디오 〈오태훈의 시사본부〉에선 합당 논의와 관련해 "안철수 대표가 국민의당 전력의 99.9%라고 생각하기에 굳이 비유하자면 소 값은 후하게 쳐드리겠지만 갑자기 급조하고 있는 당협 조직이나 이런 것들은 한 푼도 쳐드릴 수 없다"고 했다.[43]

이른바 '비읍시옷 사건'은 어떤가? 2019년 3월 당시 안철수(대표)와 함께 바른미래당에 몸담고 있던 이준석은 당 연구원 소속 청년정치학교 관련 행사에서 당원들에게 "안 대표가 그렇게 하면 XX 되는 것"이라고 비난했다. 이후 같은 해 10월, 바른미래당 대표 손학규와 이준석이 속한 바른정당계 간 내홍이 깊어진 가운데 해당 녹취록이 한 유튜버를 통해 뒤늦게 공개되었다. 당시 바른미래당 윤리위원회는 최고위원이던 이준석의 직위 해제 징계를 결정했고, 바른정당계는 "손 대표의 사당화"라고 반발하며 분란이 일었다.

이게 2021년 6월 1일 국민의힘 당 대표 후보자 2차 TV토론에서 다시 불거졌다. 나경원은 "이 후보가 당 대표가 되면 안철수 대표와 합당이 어려워지겠다고 이해하면 되느냐"며 말문을 열었다. 그러면서 "그동안 안 대표와 이 후보 사이에 감정의 골이 되게 깊은 것 같다. 과거 (안 대표를 향해) 적절치 않은 단어를 사용해 징계도 받았다"고 지적했다. 이에 이준석은 "제가 안 대표에게 했던 발언은 사석에서 한 발언이고, '안 대표가 그렇게 하면 비읍시옷 되는 것'이라고 한 것"이라며 "문제가 될 발언이라고 생각하지 않는다"고 맞받았다. 그러자 국민의당에선 강한 반발이 나왔다. 한 국민의당 관계자는 "장애인 혐오 표현을 담은 폭언을 본인 입으로 다시 내뱉으면서 '문제가 없다'고 하는 걸 보고 경악했다"고 말했다.[44]

●

'윤석열 훈계 사건'과 '상도덕' 발언

그럼에도 이준석은 당 대표가 되고 난 이후엔 더욱 '앙팡 테리블'의 오만함을 보여주었다. 이준석은 7월 22일 MBC라디오 〈김종배의 시선집중〉에 출연해 윤석열의 최근 지지율 추이가 위험하다고 지적하며 "(윤 전 총장의) 아쉬운 지점에 뭐냐 하면 과거에 안철수 대표가 정치에 대해서 미숙했을 때 또는 정치에 처음 참여하셔서, 방향성을 설정하는데 어려움을 겪으셨을 때 했던 판단들과 아주 비슷한 판단을 한다"고 말했다.[45]

사실상 윤석열에게 훈계의 메시지를 던진 이 발언은 국민의당은 말할 것도 없고 국민의힘 내부에서도 반발을 불러일으켰다. 국민의힘 의원 정진석과 권성동이 "당 대표의 발언이 극히 우려스럽다"고 비판하고 나서자, 이준석은 다른 말의 꼬투리를 잡는 동문서답東問西答으로 대응했다. "(4·7 재보궐선거가) 윤석열 총장에 의해 이뤄낸 승리라고 말씀하시니까 그건 저는 너무 선을 넘었다 이렇게 생각하고, 중진 의원들께서는 정중동의 자세로 가셔야 되는 것이 아닌가……."[46]

그렇다면 제3자의 말을 들어보자. 명지대학교 교수 김형준은 이준석의 발언은 '굉장히 실수한 것'이라며 이렇게 말했다. "두 가지 면에서 잘못됐다고 보는데요. 첫 번째는 결국은 안철수라는 특정한 인물을 직접적으로 대고 당신 굉장히 좀 솔직한 얘기로 경쟁력이 없는 후보라는 것을 윤석열을 얘기하면서 안철수를 갖다가 얘기를 하는 거잖아요. 그러한 무례한 법이 어디 있습니까? 지금 국민의힘과 국민의당이 합당을 얘기하고 있는 상황 속에서."[47]

이준석의 '상도덕' 발언도 마찬가지다. 이준석은 7월 25일 공개된 윤석열 캠프 소속 일부 인사들을 향해 "양심의 가책을 느꼈으면 한다"고 비판했다. 윤 캠프 사람인데도 방송에 객관적 위치에 있는 평론가로서 출연해 윤석열과 자신의 입당 관련 신경전에 대해 언급한 것은 기본을 어긴 행태라는 것이다. 그는 "유튜브에서 상품 광고를 할 때 본인이 협찬을 받았음을 알리고 방송하는 것은 기본적인 예의"라면서 "지난 서울시장 선거 때도 그런 일이 있었지만 특정 캠프에 소속되었던 인사들이 중립적인 양 방송을 했던 것이라면 상도덕이 땅에 떨어졌다"고 주장했다.[48]

이에 대해 국민의힘 최고위원 김재원은 "윤석열 캠프에 참여한 우리 당 인사들의 불공정성을 꾸짖는 이준석 대표의 말씀은 정권교체를 바라는 제 입장에서는 동의하기 어렵다"며 "당 대표가 같은 진영에 있는 대선 주자를 공격하고 나서는 일 자체가 바로 상도의에 반한다고 생각한다"라며 이준석을 비판했다. 이어 그는 "정권 교체라는 대의는 어디로 갔는지, 기가 막힌다"라며 "윤석열 개인을 지지하는 게 아니라 그가 정권 교체의 도구로 필요한 존재이므로 함께 가자는 것"이라 밝혔다.[49]

이 문제를 어떻게 보아야 할까? 사실 이준석의 문제 제기는 한국 방송의 전반적인 문제다. 나는 한때 방송에 나와 정치에 대해 논평하는 사람들은 "앞으로 정치를 하지 않겠다"는 각서를 써야 한다고 주장하기도 했다. 물론 실현 가능성이 없는, 농반진반으로 한 말이었지만, 그만큼 정치 논평을 자신의 정계 진입 수단으로 쓰는 사람들이 너무 많아서 해본 생각이었다.

그런 점에선 이준석의 문제 제기엔 일면 동의하지만, 쟁점은 문제 제기의 선택성이다. 그런 문제가 어제 오늘의 일도 아니고 윤석열에게 국한된 문제도 아니건만, 왜 하필 윤석열과 관련해 '상도덕'과 '양심의 가책' 운운하는 강공을 편 걸까? 그것도 하필 윤석열과 한 치킨집에서 치맥(치킨+맥주) 회동을 하는 날에 말이다. "나는 윤석열이 싫다"는 메시지로 읽힐 가능성은 염두에 둔 걸까? 공정한 경선 관리를 책임져야 할 당 대표로서 그 점에 대해 마땅히 신경을 썼어야 했던 게 아닐까?

●

'존재 증명'이나 '리더십 강박관념'을 넘어서

이준석이 자신의 휴가 일정을 앞세워 윤석열·안철수의 입당을 압박한 것도 마찬가지다. 이준석은 7월 29일 페이스북에 자신의 휴가를 고려해 입당 시기를 결정하라는 압박을 가하는 것에 윤석열 측이 불쾌감을 내비쳤다는 보도를 소개하면서 "이미 몇 주 전에 정한 일정으로 당 대표가 휴가 가는데 불쾌하다는 메시지를 들으면 당 대표가 불쾌해야 한다"고 했다. 그는 "윤 전 총장과 저는 만날 때마다 이견 없이 대화가 잘되는데 캠프에서 익명 인터뷰로 장난치는 것에 벌써부터 재미 붙이면 안 된다"며 "캠프에 감정 조절이 안 되는 분이 있나 보다"라고 했다.[50]

이준석이 국민의당에 대해서도 휴가 타령을 하는 바람에 국민의당의 분노가 폭발하고 말았다. 7월 31일 국민의당 대변인 안혜진은 "자신의 휴가 일정을 이유로 합당 시한을 일방적으로 정해 통보하는 모습에서 합당의 진정성을 찾기 어렵다"며 "제1야당 진정성의 무게가 깃털처럼 가볍고 포용성이 벼룩 간만큼 작아 보인다"고 이준석을 비난했다.[51]

이에 정치 컨설턴트 박성민은 "걸핏하면 휴가를 말하면서 유력 대선 주자들을 압박하는 것은 무례다"고 했다.[52] 이준석은 도대체 왜 그런 무례를 당당하게 저지른 걸까? 두 가지 해석이 가능할 것 같다. 첫째, 그간 기성 정치는 이런 일에 대해 서로 '밀당'을 하면서 지루할 정도로 긴 시간을 끌곤 했는데, 그걸 바꿔보겠다는 젊은 정치인 이준석의 패기는 긍정 평가할 만하다. 둘째, 이준석은 행여 어린 나이로 인해 우습게 보여선 안 된다는 강박으로 인해 자신의 '존재 증명'을 위한 일에 너무 집착한다.

어떤 평가를 내리건, 이런 일련의 사건은 이준석의 싸가지 없음이 이전과는 달리 부정적인 방향으로 나타난 것이었다. 윤석열의 미숙함을 지적한 것만 해도 그렇다. 맞는 말일망정, 좀 이상하다. 불과 9일 전 '전 국민 재난 지원금 사건'으로 자신의 미숙함을 드러내 논란을 빚었던 이준석이 그걸 까맣게 잊고 새로운 자신감으로 무장한 발칙함은 인상적일망정 뻔뻔하다. 뻔뻔함도 지나치면 독이 되는 법이다. 이준석은 나이가 어리다고 깔보임을 당하는 게 아니라 오히려 그런 가능성을 자신의 무기로 역이용하고 있는 건 아닐까?

진중권은 "이 대표가 리더십을 가져야 한다는 강박관념이 있는 것 같다"고 했다.[53] 이에 이준석은 "남들이 9월 말 경선 출발론 이야기할 때 혼자 8월 경선 출발론 이야기하면서 경선 일정 당기고 후보들이 빨리 활동할 수 있는 공간을 만들어 주려고 했던 사람이 누군데 적반하장 하는지 모르겠다"고 반박했다. 또 그는 "정작 후보들이 주목받지 못하면 '대표는 후보 안 띄우고 뭐하냐'고 할 분들이 지금 와서 '대표만 보이고 후보들이 안 보인다'는 이야기하는 것 자체가 어불성설"이라고 했다.[54]

이준석의 항변도 수긍할 점이 있지만, 그건 미시적으로 볼 때만 그렇다. 자신의 '존재 증명'이나 '리더십 강박관념'은 이미지의 문제지 실체의 문제가 아니다. 거시적으로 보거나 그간의 일련의 행태를 종합적으로 볼 때에 이준석이 그런 이미지를 풍겼다는 건 인정하는 게 좋을 것 같다.

●

"윤석열 대통령 되면 지구 떠난다" 사건

"윤석열 대통령 되면 지구 떠난다" 사건은 어떤가. 뒤늦게 공개된, 3월 6일 방송된 유튜브 채널 '매일신문 프레스18'에서 이준석이 한 말을 들어보자. "유승민 후보를 대통령 만들려고 대표에 출마한 것"이라는 발언은 새로울 게 없지만, "안철수 국민의당 대표가 서울시장되고 윤 전 총장이 대통령이 되면 어떡할 거냐고 물었는데 (두 사람이 당선되면) 지구를 떠야지"라고 했다.

이준석은 "난 문재인이 대통령이 되면 이민 가겠다고 한 사람이다"며 웃자고 하는 말임을 강조했으며,[55] 실제로 웃으면서 한 말이었지만, 그는 당 대표를 해보겠다고 나선 사람이 아니었던가. 이준석도 자신이 대표가 될 거라곤 생각하지 않았기에 하고 싶은 말을 다한 것이겠지만, 문제는 그가 당 대표가 된 이후에도 그런 자유분방한 태도를 계속 보여왔다는 점일 게다. 이준석이 8월 11일 윤석열 측 중진 의원인 정진석을 겨냥해 사실상 "권력욕을 부추기는 하이에나"라고 한 것도 선을 넘은 발언이었다.[56]

사과할 일이 자꾸 쌓여가고 있던 차에 이준석은 그걸 덮어버리고 오히려 역공을 취할 수 있는 호재를 하나 발견했다. 그건 바로 11일 저녁 CBS라디오 〈한판승부〉에 출연한 윤석열 캠프 총괄 부실장 신지호의 발언이었다.

신지호는 "당 대표 결정에 대한 후보들 간의 입장이 엇갈린다"는 사회자의 질문에 "당 대표의 결정이라 할지라도, 아무리 대한민국의 대통령이라 할지라도 헌법과 법률에 근거하지 않은 것은 탄핵도 되고 그런 거 아닌가"라고 했다. 그는 또 "공화국이라는 것은 권력자의 권력 행사를 자의적으로 하지 말라는 것 아니겠나"라며 "(예비후보 토론회는) 제도적 근거도 없고, 전례도 없다"고 비판했다. 당 경선준비위원회가 18일 정책 토론회를 여는 것을 '권한 밖의 일'이라고 평가하면서, 이준석 책임론을 꺼낸 것이다.

이준석은 즉각 반응했다. 그는 12일 아침 페이스북에 신지호의 발언 내용이 포함된 사진 파일을 게시하고 "탄핵 얘기까지 드디어 꺼내는 것을 보니 계속된 (봉사 활동) 보이콧 종용과 (지도부) 패싱 논란, 공격의 목적이 뭐였는지 명확해진다"며 "대선 앞두고 당 대표를 지속적으로 흔드는 캠프는 본 적이 없다 했는데 알겠다"고 했다. 그러면서 "하시고자 하는 일들에 건승하십시오"라고 비꼬았다. 이준석이 '탄핵'을 부각시키면서 공세의 주도권은 어느새 이준석에게 넘어가고 말았다.

신지호는 "오해의 소지가 있는 발언으로 풀이되어 당과 당 대표께 부담을 드리게 된 점 심심한 사과의 말씀을 드린다"며 두 번에 걸쳐 사과문을 기자단에 보냈으며, 윤석열도 기자들에게 해명하는 동시에 이준석에 전화를 걸어 해명했다.[57] 겉으로만 보면 이준석의 KO승이었다. 그러나 이게 과연 이준석과 국민의힘에 정녕 좋은 일

61

이었는지는 별도로 따져볼 문제였다.

●

"이준석의 오만과 독선, 좌시하지 않겠다"

신시호의 CBS라디오 〈한판승부〉 인터뷰 당시 패널로 참석했던 진중권은 "현장에서 들었을 때는 그냥 일반론 얘기한 것으로 들렸는데 자고 일어나니 뉴스가 돼 있다"며 "인터뷰 자리에서 앵커와 나, (출연진인) 노영희 변호사, 김완 기자가 있었는데 누구도 이 말을 '이준석 탄핵하겠다'는 뜻으로 받아들이지 않았다"고 했다.

진중권은 탄핵 논란이 된 발언에 대해서 "그 자리에선 아예 화제도 되지 않았는데, 다소 당혹스럽다"며 "이 대표가 과잉해석한 듯하다"고 적었다. 그러면서 "아무튼 대표 귀에 기분 나쁘게 들렸다니, 일단 신지호씨가 사과하는 것으로 사태를 마무리 짓는 게 좋을 듯하다"며 "지는 게 이기는 것"이라고 조언했다.

이어 "그리고 대표의 역할은 당내 갈등을 해소하는 것이지 생성하는 게 아니라고 본다"며 "있는 갈등도 밖으로 드러나지 않게 관리를 해야 하는데, 없는 갈등을 만들어내니, 원"이라고 했다. 그러면서 "각 캠프의 참모들이 호가호위하듯이 불필요하게 오버 액션하는 것도 문제다. 자중들 하시라"고 했다.[58]

진중권이 잘 봤다. 이준석은 이긴 것처럼 보이지만 사실상 진 게임을 한 것이었다. 세상 사람들이 다 안다. "윤석열 대통령 되면 지구 떠난다"와 '하이에나' 발언에 대한 해명이나 사과는 하지 않은 채 '탄핵' 발언을 빌미로 역공을 취한 것에 대해 "정치 게임에만 몰두한다"는 비판이 나오지 않았던가. [59]

신지호가 문제 삼았던 경선준비위원회의 정책 토론회만 해도 그렇다. 이건 대변인 토론 배틀로 재미를 본 이준석의 일방적이고 고압적인 구상일 뿐, 당헌·당규에 어긋나는 '월권'이었다.[60] 대선 후보 원희룡도 "토론회 백번이라도 하고 싶고 진면목을 보여줄 자신이 있다. 그러나 당헌·당규상 아무런 근거도 없는데 당 대표의 아이디어라고 밀어붙이는 독단에 대해선 절대 동의할 수 없다"라고 했다.[61]

원희룡은 '이준석 대표의 오만과 독선, 좌시하지 않겠다'는 글에서 "그간 우리 당이 무엇 때문에 망했었는지 모르는가? 지도자의 오만과 독선 때문이었다"라고 했다. 그는 "이 대표는 당의 민주적 운영이 얼마나 중요한지 잊고 있다. 경선 룰을 정하는 것처럼 중대한 사항은 구성원들의 의사를 널리 수렴하고 당헌·당규상 최고 의사 결정 기구인 최고위원회에서 결정해야 한다"며 다음과 같이 말했다.

"지금 이 대표는 이러한 과정과 절차를 무시하고 있다. 오만과 독선의 당 운영이라 하지 않을 수 없다. 지금이라도 '경선 룰 제정과 흥행은 나에게 맡기라'는 독단을 멈추라. 공정한 선거관리위원회를 구성하기 위해 최고위원들과 머리를 맞대라. 그리고 눈을 돌려 문재인 정권의 무능과 독선에 맞서 달라. 당 대표가 경선 후보들과 사

사건건 집안 싸움할 때가 아니다. 최전선에서 문재인 정권과의 싸움을 진두지휘해 달라."[62]

참 묘한 일이 아닐 수 없다. 이준석이 당 대표가 되었을 때 많은 사람들이 걱정했던 건 국민의힘의 꼰대들이 젊은 이준석을 우습게 보고 함부로 대하지 않을까 하는 점이었다. 그런데 오히려 정반대의 일이 일어나고 있었다. 대선 후보들 간, 계파 간 이해관계의 차이와 갈등을 이용해 독단적 리더십을 밀어붙이는 데에 일단 성공한 것처럼 보이니, "이준석, 정말 대단하다"고 칭찬을 해야 할지 개탄을 해야 할지 모르겠다.

●

말이 너무 많은 것도 싸가지 없는 행태다

지금까지 드러난 이준석의 가장 큰 문제는 무엇보다도 과잉, 특히 말의 과잉이었다. 그는 8월 들어 12일까지 페이스북에 40여 건의 글을 올렸는데 당 내부 문제에만 몰입했을 뿐 백신 수급 불안정, 한미 연합훈련, 언론징벌법 등 현안에 대한 입장은 없었다. 그러니 "사령관이 부대 지휘를 안 하고 소총을 들고 쏘고 있으니 전선이 넓어질 수밖에 없다"는 말이 나올 만했다.[63]

"유승민 대통령 만들겠다"는 이준석의 어린애 같은 발언으로 인해 오히려 오해와 더불어 피해를 볼 소지마저 생긴 유승민도 "(이준석이) 말을 줄이고 생각할 시간을 좀더 많이 가지면 좋겠다"고 했다.[64] 후보 캠프의 정파성과 무관하게 정권 교체를 바라는 야권의 주요 인사들은 이미 이 사건 이전부터 이준석의 '말의 과잉'을 지적하고 나섰다.

2007년 한나라당 대표로 이명박(MB)·박근혜 대통령 후보 경선을 관장했던 강재섭은 이렇게 말했다. "이 대표가 (후보들) 부족한 얘기는 사적으로 하면 좋겠다. 너무 밖으로 얘기를 많이 한다. 방향을 잡아주는 일을 해야지, 본인이 말을 많이 하면 안 된다. 후보들 각자 개성을 살리도록 놓아두어야 한다. 다 자신의 품 안에 넣으려고 하면 안 된다."[65]

전 국민의힘 비대위원장 김종인은 "국민의힘은 제1야당으로서 야권이 어떻게 대권을 장악할 수 있는지 전략을 세우고 모든 노력을 경주해야 한다"며 "이를 위해 잡음 없이 가는 것이 중요한데 지금처럼 감정 대립으로 가면 곤란하다"고 냉정을 찾으라고 충고했다. 그는 "당 대표는 말을 많이 하면 실수를 할 수밖에 없으니 가급적이면 안 하는 것이 좋다"며 "남들이 뭐라고 한다고 일일이 답할 필요가 없다"고 권했다.[66]

보수 논객이자 변호사인 전원책은 "당내 후보들과 각을 세우는 게 당 대표의 일이 아니다. 당 대표가 리스크가 되면 안 된다. 지금 당 대표는 후보들 광光내 주는 일만 하면 된다. 본인이 또 원외 당 대표 아닌가. 그런데 이 대표는 자꾸 (후보들) 줄을 세운다. '자, 뭐합시다'며 폼을 잡는다"며 다음과 같이 말했다.

"그리고 당 대표가 왜 자꾸 시도 때도 없이 방송에 나와 토론을
하나. 백신 부족부터 한미 연합훈련 연기 논란까지 정부·여당을 공
격할 거리가 많은데, 당 대표가 제대로 말을 안 한다. 공부가 안 됐
는지, 당 대표를 어떻게 해야 하는지 아직 몰라서 그런지……정치
인 이준석이 더 크게 성장하려면 '끊임없이 겸손해도 남이 더 알아
준다. 겸손할수록 남이 더 알아준다'는 걸 배웠으면 한다. 최고위원
회의 도중 유력 주자인 윤 전 총장이 찾아오면 잠시 양해를 구하고
마중 나가면 된다. 그러면 '15분 동안이나 대기시켰다'는 말도 안
나왔겠지. 아직 부족한 면이 보인다."[67]

이런 문제는 누가 더 옳건 그르건 당 대표에게 1차적인 책임이
있는 것이다. 싸울 만한 무슨 대단한 이슈가 있었던 것도 아닌데, 그
런 내분이 벌어지고 있다는 게 이상하지 않은가. 이게 바로 이준석
자신의 싸가지 문제일 수도 있다는 걸 아는지 모르겠다. 자신이 가
장 똑똑하다고 믿으면서 말을 너무 많이 하는 것도 싸가지 없는 행
태임은 두말할 나위가 없다.

●

이준석의 최대 과제는 '싸가지 차별화'

앞서 거론한 '능력주의 예찬'과 '페미니즘 비판'도 마찬가지다. 이

건 일부 열성 지지자들을 제외하곤 '싸가지 면책특권'을 누리기 어려운 주제임에도 이준석은 차별화를 하지 않는 돌직구 일변도로 대응해왔다. 특히 '페미니즘 비판' 문제가 심각하다. 그는 4·7 재보궐 선거 이후 결과를 두고 "대선에서도 젠더 이슈를 선점하는 후보가 선택받을 것"이라고 전망했는데,[68] 엄청난 착각이다. 젊은 남성들을 끌어들여 큰 재미를 본 자신의 성공 경험에 매몰된 '터널 비전tunnel vision'의 극치다.[69]

한국갤럽이 지난 7월 27~29일 전국 만 18세 이상 1,000명을 대상으로 실시한 여론조사에 따르면 국민의힘의 여성 지지율은 24퍼센트로, 민주당(39퍼센트)에 15퍼센트포인트 뒤처진 반면 남성 지지율은 국민의힘 32퍼센트, 민주당 32퍼센트로 같았다.[70] 여론조사 결과야 늘 변하기 마련이지만, 이준석이 계속 지금과 같은 '반反페미' 자세를 밀어붙여 국민의힘을 그 함정으로 몰고 가면, 그의 전망은 정반대로 국민의힘을 죽이는 데에 기여할 게 분명하다.

나는 그간 이준석의 활동을 지켜보면서 향후 이준석의 최대 과제는 '싸가지 차별화'라는 생각을 하지 않을 수 없었다. 돌직구로 해야 할 말이 있고, 좀더 정교하게 해야 할 말이 있다는 걸 인정하고 실천해야 한다는 것이다. 그간 양 젠더 진영의 경직된 자세로 불필요한 갈등이 고조된 현실에 주목해 화해와 통합으로 나아갈 수 있는 해법을 모색하고 주창해도 모자랄 판에 '페미니즘의 적'이 되기를 자처하는 그런 어리석은 일을 왜 해야 한단 말인가?

나는 2030세대의 반反페미니즘 성향에 대해 비판적이었지만, 박원익과 조윤호의 『공정하지 않다: 90년대생들이 정말 원하는 것』(2019)이라는 책을 읽고, 태어나면서부터 여성과의 공정한(또는 그들이 보기엔 남성에게 불리한) 경쟁 체제하에서 살아온 그들의 경험을 이해할 수 있게 되었다. 그래서 『쇼핑은 투표보다 중요하다: 정치적 소비자 운동을 위하여』란 책에서 그들의 '반反페미니즘'을 위한 변명을 하기도 했다.[71]

이준석이 2030세대의 일원으로서 페미니즘에 대한 자신의 생각을 마음대로 말하는 건 그의 자유다. 그러나 그 어떤 제약도 없이 그 자유를 누려야겠다면, 국민의힘 대표직은 맡지 말았어야 했다. 이는 매우 공정한 게임이다. 꼰대가 대표가 되었다고 해서 자신의 꼰대 기질을 마음껏 발산하다간 정당을 말아먹기 십상이며, 이는 비판받아 마땅하니까 말이다. 이준석 역시 마찬가지다.

당 대표가 된 이후의 이준석은 이전과 같은 수준의 '싸가지 면책 특권'을 누리기 어렵기 때문에 '싸가지 차별화'를 해야 할 필요성은 더욱 커졌다고 볼 수 있다. 혹 다변과 급한 성격 때문에 그게 쉽지 않다고 하더라도 자꾸 애쓰다 보면 얼마든지 할 수 있는 일이다. 그의 성공이 '이전투구泥田鬪狗'에서 '선의의 경쟁'이라는 정치 패러다임 전환에 큰 기여를 할 수 있다고 믿기에 드리는 말씀이다.

이준석이 실패한다 하더라도 결코 실패할 수 없는 건 집단적으로 과거의 경험과 사고에 사로잡혀 한 치의 진보도 이루지 못한 채

싸움질만 하는 현재의 정치 패러다임을 갈아엎을 수 있는 가능성을 포기하지 않는 민심이다. 이준석이 실패함으로써 오히려 세대교체의 가능성과 의미를 죽이는 역풍이 부는 게 아니냐는 반론도 가능하겠지만, 그 반대의 해석도 가능하다. '이준석 돌풍'이 많은 사람들에게 선사한 '자기효능감'과 '정치적 효능감'은 결코 사라질 수 없다는 것이다.[72]

한국인은 '위험 감수'를 겁내지 않는 국민이다. 젊은 세대의 한계와 문제를 아무리 열심히 지적해도 소용없다. 선배 세대는 그보다 훨씬 큰 한계와 문제를 안고 있다는 걸 질리도록 보여줬기 때문이다. '이준석 돌풍'의 의미는 성패와 무관하게 바로 이 사실을 드라마틱하게 확인해줬다는 데에 있는 게 아닐까? 발칙한 이준석이 흘러넘치는 자신감을 잘 통제하면서 부디 자신의 '싸가지 관리'에 유념하면 좋겠다.

이준석이 가장 조심해야 할 것은 성공의 이유가 곧 실패의 이유가 되는 '성공의 저주'다. "내가 이런 식으로 해서 이 자리에 올랐는데, 왜 바꿔?"라고 생각하는 함정에 빠지기 쉽다는 것이다. 옛 사람들이 '소년급제' 또는 '소년등과'의 저주를 조심하라고 경고한 건 케케묵은 꼰대의 목소리가 아니다. 충분한 과학적 근거가 있는 말이다. 계속 발칙하면서도 겸손해야 할 때 겸손한 이준석을 보고 싶다.

1　지금까지의 글은 다음 자료를 참고한 것이다. 이준석, 『공정한 경쟁: 대한민국 보수의 가치와 미래를 묻다』(나무옆의자, 2019); 이준석, 『어린 놈이 정치를?: 이준석이 말하는 25 이슈』(중앙엠앤비, 2012); 이준석·손아람, 강희진 엮음, 『그 의견에는 동의합니다』(21세기북스, 2018); 손국희, 「이준석, 지하철 요금 묻는 대학생에게 발끈하며」, 『중앙일보』, 2013년 1월 5일; 한종수·강희용, 『강남의 탄생: 대한민국의 심장 도시는 어떻게 태어났는가?』(미지북스, 2016); 「이준석/생애」, 『나무위키』.

2　허진, 「韓 정당사 초유의 다중분열…국민의힘 원로들 "부끄럽고 암담"」, 『중앙일보』, 2021년 8월 13일.

3　「[사설] 이준석의 목표는 정권 교체인가, 자기 장사인가」, 『중앙일보』, 2021년 8월 13일.

4　김은중, 「이준석 "호랑이 등에 탔다"…세대교체 넘는 체질 변화 있을 것」, 『조선일보』, 2021년 5월 31일.

5　김혜린, 「정세균 "장유유서 있다"…이준석 "그걸 빼는 게 공정 경쟁"」, 『동아닷컴』, 2021년 5월 25일.

6　김순덕, 「이준석과 '10원 한 장'의 公正」, 『동아일보』, 2021년 6월 10일.

7　김은중, 「與 부대변인, 이준석에 "히틀러의 향기가 난다"」, 『조선일보』, 2021년 5월 31일.

8　최규민, 「유인태 "이준석 돌풍에 여권 내부서 '대권 끝났다'는 위기감"」, 『조선일보』, 2021년 5월 31일.

9　김당·이준엽, 「"이준석, 당 대표 안 되면 큰일" vs "당 대표 이후 실패할 것"」, 『UPI뉴스』, 2021년 6월 10일.

10　「[사설] '어설픈 합의'로 재난 지원금 혼란 키운 이준석 대표」, 『한겨레』, 2021년 7월 14일; 「[사설] 전 국민 재난 지원금 합의 100분 만에 뒤집은 국민의힘」, 『경향신문』, 2021년 7월 14일; 「[사설] 취임 한 달 만에 확연해진 이준석 리스크」, 『중앙일보』, 2021년 7월 14일; 「[사설] 이준석 전 국민 재난 지원금 덜컥 합의, 실수로 넘길 일 아니다」, 『조선일보』, 2021년 7월 14일.

11　진중권, 「이준석 당선은 보수의 위기(?)」, 『매일신문』, 2021년 6월 14일; 성한용, 「심상찮은 2030…대선 앞 '유권자 지형' 평평해졌다」, 『한겨레』, 2021년 6월 16일; 이강국, 「공정한 경쟁과 능력주의」, 『한겨레』, 2021년 6월 29일.

12　이준석, 『공정한 경쟁: 대한민국 보수의 가치와 미래를 묻다』(나무옆의자, 2019), 215~216쪽.

13　이준석, 『공정한 경쟁: 대한민국 보수의 가치와 미래를 묻다』(나무옆의자, 2019), 220쪽.

14　곽정수, 「진보의 반성과 성찰」, 『한겨레』, 2021년 6월 9일.

15　영화 〈대부 3〉에서 대부 마이클 콜레오네. 장강명, 「"절대로 적을 미워하지 마라, 판단력이 흐려지니까"」, 『조선일보』, 2021년 4월 20일.

16　스티븐 맥나미(Stephen J. McNamee) & 로버트 밀러 주니어(Robert K. Miller

Jr.), 김현정 옮김,『능력주의는 허구다: 21세기에 능력주의는 어떻게 오작동되고 있는가』(사이, 2013/2015); 크리스토퍼 헤이즈(Christopher Hayes), 한진영 옮김,『똑똑함의 숭배: 엘리트주의는 어떻게 사회를 실패로 이끄는가』(갈라파고스, 2013/2017); 로버트 프랭크(Robert H. Frank), 정태영 옮김,『실력과 노력으로 성공했다는 당신에게: 행운, 그리고 실력주의라는 신화』(글항아리, 2016/2018); 세이머스 라만 칸(Shamus Rahman Khan), 강예은 옮김,『특권: 명문 사립 고등학교의 새로운 엘리트 만들기』(후마니타스, 2011/2019); 데이비드 굿하트(David Goodhart), 김경락 옮김,『엘리트가 버린 사람들: 그들이 진보에 투표하지 않는 이유』(원더박스, 2017/2019); 리처드 리브스(Richard Reeves), 김승진 옮김,『20 VS 80의 사회: 상위 20퍼센트는 어떻게 불평등을 유지하는가』(민음사, 2017/2019); 마이클 샌델(Michael J. Sandel), 함규진 옮김,『공정하다는 착각: 능력주의는 모두에게 같은 기회를 제공하는가』(와이즈베리, 2020/2020); 대니얼 마코비츠(Daniel Markovites), 서정아 옮김,『엘리트 세습: 중산층 해체와 엘리트 파멸을 가속하는 능력 위주 사회의 함정』(세종, 2020/2020).

17 박권일 외,『능력주의와 불평등: 능력에 따른 차별은 공정하다는 믿음에 대하여』(교육공동체벗, 2020).

18 강준만,「왜 한국의 하드웨어는 1류, 소프트웨어는 3류인가?: 문화 지체」,『우리는 왜 이렇게 사는 걸까?: 세상을 꿰뚫는 50가지 이론 2』(인물과사상사, 2014), 24~33쪽 참고.

19 마이클 샌델(Michael J. Sandel), 함규진 옮김,『공정하다는 착각: 능력주의는 모두에게 같은 기회를 제공하는가』(와이즈베리, 2020/2020), 289~290쪽.

20 김태현,「SBS 김태현의 정치쇼: 이준석 "능력주 우려? 능력주 대체할 대안이 있나?"」,『SBS』, 2021년 7월 2일.

21 김은중,「"능력 따라 기회 준다는 명료한 메시지에 끌렸다" 2030 '국대' 도전기」,『조선일보』, 2021년 6월 30일.

22 조혜정,「"권력은 찬탈하는 것…청년이 의사결정 핵심에 도전해야"」,『한겨레』, 2021년 7월 3일.

23 조국,『성찰하는 진보』(지성사, 2008), 215쪽.

24 임명묵,『K-를 생각한다: 90년대생은 대한민국을 어떻게 바라보는가』(사이드웨이, 2021), 317~318쪽.

25 대니얼 마코비츠(Daniel Markovites), 서정아 옮김,『엘리트 세습: 중산층 해체와 엘리트 파멸을 가속하는 능력 위주 사회의 함정』(세종, 2020/2020), 150쪽.

26 강준만,『아이비리그의 빛과 그늘: 능력주의 사회와 엘리트의 탄생』(인물과사상사, 2011) 참고.

27 '학벌없는사회' 활동가였던 정치학자 채효정은 "능력주의는 민주교육·평등교육의 이념에 명백히 반하는 것이었음에도, 능력주의가 학벌주의의 반대에 있는 것처럼 보이게 한 점은 우리의 한계였고 오류였다"고 말한다. 그러나 그건 누구의 한계나 오류라기보다는 그 누구도 어찌할 수 없는 한국적 현실이었다고 보는 게 옳을 것

같다. 채효정, 「학벌은 끝났는가」, 박권일 외, 『능력주의와 불평등: 능력에 따른 차별은 공정하다는 믿음에 대하여』(교육공동체벗, 2020), 108쪽.

28 정명원, 『친애하는 나의 민원인: '외곽주의자' 검사가 바라본 진실 너머의 풍경들』(한겨레출판, 2021), 215~216쪽.

29 강준만, 「왜 부모를 잘 둔 것도 능력이 되었나?: '능력주의 커뮤니케이션'의 심리적 기제」, 『사회과학연구』, 55권 2호(2016년 12월), 319~355쪽.

30 김태은, 「이준석이 윤석열과 이재명의 승패를 가른다」, 우석훈 외, 『따르릉 따르릉 비켜나세요, 이준석이 나갑니다 따르르르릉: 이준석 전후사의 인식』(오픈하우스, 2021), 44쪽.

31 박원익·조윤호, 『공정하지 않다: 90년대생들이 정말 원하는 것』(지와인, 2019), 79쪽.

32 알랭 드 보통(Alain de Botton), 정영목 옮김, 『불안』(은행나무, 2004/2011), 114쪽.

33 이철영·문혜현, 「[인터뷰] 이준석 "싸가지 없다고? 단정하되 섹시하게 입으란 소리"」, 『더팩트』, 2021년 6월 2일.

34 강준만, 「왜 "먹고 싶은 요리 다 시켜! 난 짜장면"이라 말하는 직장 상사가 많은가?: 이중구속」, 『생각과 착각: 세상을 꿰뚫는 50가지 이론 5』(인물과사상사, 2016), 91~98쪽; 강준만, 「'이중구속' 커뮤니케이션의 질곡: 힐러리 클린턴의 정치적 역정을 중심으로」, 『미디어, 젠더 & 문화』, 31권 4호(2016년 12월), 5~48쪽 참고.

35 이준석·손아람, 강희진 엮음, 『그 의견에는 동의합니다』(21세기북스, 2018), 45쪽.

36 이준석, 『어린 놈이 정치를?: 이준석이 말하는 25 이슈』(중앙엠앤비, 2012), 99쪽.

37 이종훈, 「대통령 '예스맨' 輿 초선, 왕조 때도 안 그랬다」, 『주간동아』, 2021년 6월 12일.

38 김은중, 「이준석 "영입해준 박근혜 고맙지만 탄핵은 정당했다"」, 『조선일보』, 2021년 6월 3일.

39 E. Bruenig, 「The left and the right cry out for civility, but maybe that's asking for too much」, 『Washington Post』, October 17, 2018; 이철민, 「일상 파고든 과도한 'PC 운동'…미국인들은 피곤하다」, 『조선일보』, 2018년 10월 17일.

40 전희상, 「비록 정치적으로 올바른 발언을 한다 해도…위선과 독선은 불편하다」, 『경향신문』, 2021년 6월 12일.

41 김태호, 「전여옥 "윤석열 아니었다면 조국이 민주당 대선 후보 0순위"」, 『중앙일보』, 2021년 7월 30일.

42 박태훈, 「이준석 "윤석열, 앞에 타면 육우 뒤에 타면 수입산…국민들 국내산 선호"」, 『뉴스1』, 2021년 5월 12일.

43 박태훈, 「이준석 "안철수, 소 값 후하게 쳐드리겠다…단 급조한 당 조직엔 한 푼도"」, 『뉴스1』, 2021년 5월 20일.

44 성지원, 「"안철수 비읍시옷 되는 것" 과거 발언 꺼내 불 지른 이준석」, 『중앙일보』, 2021년 6월 2일.

45 이현주, 「이준석 "尹, 과거 안철수 미숙함 비슷" 발언 국민의당 "예의도, 정치도 아

냐」, 『아시아경제』, 2021년 7월 22일.

46 이기주, 「이준석–중진 갈등…"윤석열 압박 말라" vs "중진들 선 넘어"」, 『MBC』, 2021년 7월 23일.

47 조지현, 「[사사건건] 윤석열·안철수에 비유한 이준석…김형준 "국민의당과 합당 앞두고 무례" 이택수 "상대 당 유리하게 하는 메시지"」, 『KBS』, 2021년 7월 23일.

48 노석조, 「이준석 "윤석열 캠프 가 놓고 중립인 양 방송한 이들 양심 가책 느끼길"」, 『조선일보』, 2021년 7월 25일.

49 정채빈, 「김재원 "尹 캠프 간 野 인사 비판…이준석이야말로 상도의 반해"」, 『조선일보』, 2021년 7월 26일.

50 배재성, 「이준석 "尹 캠프에 감정조절 안 되는 분 있는 듯"」, 『중앙일보』, 2021년 7월 29일.

51 이해준, 「"휴가라 다음 주까지만 협상" 이준석 말에 국민의당 분노 폭발」, 『중앙일보』, 2021년 7월 31일.

52 박성민, 「'중원'을 내버려두고 회군…윤석열과 국민의힘의 '惡手'」, 『경향신문』, 2021년 8월 2일.

53 김가연, 「진중권 "이준석, 리더십 강박관념 있는 듯"」, 『조선일보』, 2021년 8월 6일.

54 김민서, 「진중권 "이준석 리더십 강박증" 李 대표 "어불성설"」, 『조선일보』, 2021년 8월 6일.

55 박태훈, 「곽상도 "이준석, 윤석열 대통령 되면 지구 떠난다고…그래서 경선 판 좌우?"」, 『뉴스1』, 2021년 8월 12일.

56 김승재, 「중진을 하이에나에 비유, 이준석 '당 체질 개선론' 논란」, 『조선일보』, 2021년 8월 12일; 장나래·배지현, 「'토론회' 수세 몰린 이준석 "후보들 곁에 하이에나 아닌 멧돼지·미어캣 있었으면"」, 『한겨레』, 2021년 8월 12일.

57 박태훈, 「김종인 만류에도 이준석 "尹 캠프 본색 드러냈다, 대표 탄핵?…잘해보라"」, 『뉴스1』, 2021년 8월 12일; 김미나·배지현, 「국민의힘, '탄핵' 논란으로 몸살…윤석열, 이준석에 전화 걸어 직접 해명」, 『한겨레』, 2021년 8월 13일.

58 김남성, 「진중권 "당 대표 탄핵?…이준석, 없던 갈등도 만들어"」, 『TV조선』, 2021년 8월 12일.

59 허진·성지원, 「주연·심판 뒤엉켜 '탄핵'까지 들먹…야권 "내부 분열 암담"」, 『중앙일보』, 2021년 8월 13일.

60 김가연, 「김재원 '토론회 월권' 논란에 "이준석, 당헌당규 이해 못하고 일 벌려"」, 『조선일보』, 2021년 8월 13일.

61 박미영·양소리, 「원희룡 "홍준표·유승민 비겁해" vs 홍준표·유승민 "자중하라"」, 『뉴시스』, 2021년 8월 13일.

62 김명일, 「원희룡 "이준석, 권력에 도취…오만·독선 좌시하지 않겠다"」, 『조선일보』, 2021년 8월 13일.

63 허진, 「韓 정당사 초유의 다중분열…국민의힘 원로들 "부끄럽고 암담"」, 『중앙일보』, 2021년 8월 13일; 「[사설] 이준석의 목표는 정권 교체인가, 자기 장사인가」,

『중앙일보』, 2021년 8월 13일.

64 이는 온건 성향의 국민의힘 재선 의원의 말이다. 허진, 「韓 정당사 초유의 다중분열…국민의힘 원로들 "부끄럽고 암담"」, 『중앙일보』, 2021년 8월 13일.

65 고정애, 「강재섭의 조언」, 『중앙일보』, 2021년 8월 9일.

66 박태훈, 「김종인 만류에도 이준석 "尹 캠프 본색 드러냈다, 대표 탄핵?…잘해보라"」, 『뉴스1』, 2021년 8월 12일.

67 김태호, 「"후보 광내 주는 게 이준석 역할…겸손할수록 세상이 더 알아줄 것"」, 『중앙일보』, 2021년 8월 13일.

68 곽승한, 「2030 남성과 여성 사이에서…'젠더 표심' 고민 깊은 대선 주자들」, 『주간조선』, 2021년 8월 8일.

69 강준만, 「왜 갈등 상황에서의 몰입은 위험한가?: 터널 비전」, 『생각의 문법: 세상을 꿰뚫는 50가지 이론 3』(인물과사상사, 2015), 129~134쪽 참고.

70 곽승한, 「2030 남성과 여성 사이에서…'젠더 표심' 고민 깊은 대선 주자들」, 『주간조선』, 2021년 8월 8일.

71 강준만, 『쇼핑은 투표보다 중요하다: 정치적 소비자 운동을 위하여』(인물과사상사, 2020), 60~63쪽.

72 강준만, 「왜 어떤 네티즌들은 악플에 모든 것을 거는가?: 자기효능감」, 『생각과 착각: 세상을 꿰뚫는 50가지 이론 5』(인물과사상사, 2016), 135~140쪽; 강준만, 「왜 "승리는 똥개도 춤추게 만든다"고 하는가?: 정치적 효능감」, 『생각과 착각: 세상을 꿰뚫는 50가지 이론 5』(인물과사상사, 2016), 141~146쪽 참고.

제2장

왜
국민의 3분의 2는
'이재용 사면'을
원했을까?

삼성은
대한민국의
거울이다

인간은 그들 자신의 역사를 만들지만
그들이 원하는 대로 만들진 못한다.
그들은 그들이 선택한 환경 하에서
역사를 만드는 게 아니며,
그 환경은 직접 과거로부터
발견되고 주어지고 계승된 것이다.
●카를 마르크스

●
이재용의 성장 과정

1968년 6월 23일 서울에서 태어난 이재용은 경기초등학교, 청운중학교, 경복고등학교를 거쳐 서울대학교 동양사학과(87학번)를 졸업했다. 왜 하필 동양사학과였을까? 이재용의 서울대학교 입학을 '삼성의 3대 경사'로 여긴 할아버지 이병철(1910~1987)이 "경영학은 나중에도 금방 배울 수 있기 때문에 인간을 이해하는 폭을 넓힐 수 있는 인문학을 전공하라"고 권유했기 때문이다.[1] 아버지 이건희도 "학부 과정에서는 사학이나 문학과 같은 인문학을 전공하고, 경영학은 외국에 유학 가서 배우면 좋겠다"고 권했다.[2]

　서울대학교 학적부에 아버지 직업을 회사원이라고 적었던 이재용은 부자 티를 별로 안 내고 동기들과 잘 어울렸다. 그 당시 친구들에게 이재용은 "남에게 폐 안 끼치고 누구한테도 싫은 소리 듣지 않으려고 노력하던 모범생"의 이미지로 남아 있다. 당시 서울대학교 동양사학과는 '운동권 학과'라는 말이 있을 정도로 급진적인 운동

권적 성향이 강했는데, 그런 곳에서 무난히 지냈다는 게 그의 무난한 성격을 말해주는 증거로 거론되곤 한다. 이재용은 1987년 6월 항쟁 당시 같은 과 1년 선배 여학생과 연인인 척 손을 잡고 시위에 참가해서 최루탄 맛을 경험하기도 했고, 전방 입소 거부 투쟁에 동참하기도 했다. 그는 학과 MT에도 빠지지 않고 참가해 당시 동기들과 각종 논쟁적 이슈들에 대한 토론도 즐겼다.[3]

이재용은 1991년 11월 허리 디스크로 병역 면제를 받고, 한 달 후인 1991년 12월 삼성전자에 입사하면서 본격적으로 경영을 배우기 시작했다. 1994년 과장으로 승진한 후 곧바로 유학을 떠나 1995년 일본 게이오기주쿠대학 MBA를 취득했고, 이후 5년간 미국 하버드대학에서 경영학 박사 과정을 수료했다. 이재용은 미국 유학 중인 1998년 조미료 미원으로 유명한 대상그룹 명예회장 임창욱의 장녀이자 9세 연하인 임세령과 결혼했다(2009년 합의 이혼했다). 하버드대학에서 이재용과 가깝게 지낸 이현승은 그 시절을 다음과 같이 회고했다.

"둘 다 싱글이어서 한번은 제 숙소에서 아침식사를 같이 하게 되었는데, '3분 카레' 요리를 맛있게 먹었던 기억이 나요. 그 당시만 해도 이 상무의 얼굴이 언론에 알려지기 전이어서, 다른 사람들이 말하기 전에는 이건희 회장 아들이라는 것을 몰랐을 정도로 검소하면서도 평범한 유학 생활을 했죠. 이 상무를 만난 사람들 중에서 재벌가의 사람들에 대한 편견을 달리했다고 말하는 사람들이 많았어요. 늘 진지하고 성실했어요. 예의 바르고 겸손하고."[4]

이재용이 예의 바르고 겸손하다는 건 이재용 관련 책이나 기사에서 거의 빠짐없이 거론된다. '겸손의 화신'이라거나 '순수하다'는 평가마저 있는데,[5] 이 모든 게 사실일 게다. 한 개인으로선 말이다. 그런데 우리 인간은 여러 개의 얼굴을 가지고 세상을 살아가는 법이다. 개인적으론 더할 나위 없이 착하고 겸손한 국회의원이라도 공적 역할에선 독설을 내뱉으면서 상대를 인정하지 않는 강경 투사로 살아가는 모습을 우리는 보아오지 않았던가.

재벌가의 사람들이 보통 사람들과는 다르다는 걸 모르는 사람은 없으며, 재벌을 '왕족'으로 부르는 걸 들어보지 않은 사람도 없겠지만, 우리는 이런 이해를 재벌 총수의 행태엔 잘 적용하지 않는 경향이 있다. 옳고 그름의 문제를 떠나서 "저 사람들은 왜 그러지?"라는 궁금증을 해소하는 데엔 보통 사람들과는 다른 그들의 의식 구조와 행태를 제대로 이해할 필요가 있다는 뜻이다. 나는 2005년에 출간한 『이건희 시대』에 "재벌가는 왕가王家와 비슷하다"는 글을 썼는데, 그 내용을 압축하고 보완해 다시 소개하겠다.

●

재벌가는 왕가와 비슷하다

20년 전 정신과 전문의 이나미는 이건희에 대해 "이 회장은 열등감과 강박증 소유자로 보인다. 삼성이 만들면 다르다거나 일등주의를 고집하는 것은 내적 열등감의 발로이다. 감정 개입 없이 사고와 원칙을 내세우는 것은 강박증의 전형적 증상이다"고 평한 바 있다.[6]

그러나 나는 생각을 좀 달리한다. 감히 전문가의 견해에 도전하겠다는 건 아니다. 좀 다른 차원에서 접근해보려는 것뿐이다. 권력과 금력의 정상에 선 사람들 치고 정상적인 사람이 단 한 명이라도 있을까 하는 문제 제기를 해보려는 것이다. 거의 다 강박증 환자들로 보아야 하지 않을까? 그 '정상'이라 함은 평균적인 걸 의미하는 것일 텐데, 노는 물이 전혀 다른 사람들에게 보통 사람들을 대상으로 한 평가의 방법론을 적용하는 게 과연 무슨 의미가 있을까 하는 것이다.

수년간 삼성 법무팀에서 일하다 2007년 삼성 비자금을 폭로했던 변호사 김용철은 "그 사람들은 내가 납득하거나 이해하거나 예측할 수 있는 사람들이 아니야. 고공 플레이도 아니고 그 사람들은 자기들이 성층권에 있다고 생각하는 사람들이야"라고 말했다.[7] 물론 부정적인 의미로 한 말이겠지만, 좋은 의미건 나쁜 의미건 다른 이해의 방식이 필요하다는 걸 말해준 걸로 받아들여도 무방할 것이다.

이건희와 이재용을 제대로 이해하기 위해선 먼저 '부자富者'에 대한 이해가 필요하다. 동네에서 쉽게 접할 수 있는 동네 부자를 말하는 게 아니다. 재벌 총수급 되는 부자를 말하는 것이다. 미국의 동물학자 리처드 코니프가 쓴 『부자』라는 책을 읽어보면 보통 사람들은 여태까지 자신이 부자에 대해 잘못 생각해왔다는 걸 깨닫게 될지도 모른다.[8] 부자는 보통 사람과 같은 종류의 인간이 아니라는 것 한 가지만 알면 된다. 이는 좋은 의미도 아니고 나쁜 의미도 아니다. 사실이 그렇다는 것일 뿐이다.

재벌가는 왕가王家와 비슷하다고 보면 된다. 대재벌의 운영 구조는 국가 운영 구조와 비슷하다. 그래서 최고 리더십의 공백은 상상할 수조차 없는 일이다. 우리는 아무리 멀쩡한 사람이라도 대통령이 돼 청와대에 들어가기만 하면 달라지게 되어 있다는 말을 듣곤한다. 최고 권력자의 고독이 낳을 수 있는 문제를 지적한 말이다. 우리는 대재벌 총수 자리에 대해선 그런 생각을 좀처럼 하지 않지만, 사실 대재벌 총수는 대통령보다 훨씬 더 고독한 위치일 수 있다.

한국 대통령은 5년이면 끝나지만, 대재벌 총수는 평생 임기다. 2세의 경우 어려서부터 '황태자 교육'을 받는다. 또 내외의 도전과 위치의 불안정으로 말하자면 대재벌 총수가 대통령보다 더하다. 국가가 무너지는 것보다는 재벌이 무너질 확률이 훨씬 더 높기 때문이다. '인의 장막'이라는 것도 마찬가지다. 대재벌 총수를 신화화하려는 게 아니다. 한 인간으로서 감당하기 어려운 고독과 세상과의 격리로 인해 생겨날 수 있는 문제에도 주목해보자는 뜻에서 하는 이야기다.

●

'왕자의 난'과 이맹희·이건희의 갈등

삼성 내부의 권력투쟁은 정치판의 권력투쟁 못지않은 것이었다. 그
것 역시 대권이었다. 이병철은 이맹희(1931~2015), 이창희(1933~
1991), 이건희(1942~2020) 세 아들을 두었다. 이병철의 비서를 지
낸 박세록은 이병철이 이미 1969년에 3남인 이건희에게 대권 상속
을 결심했으며, 그래서 이건희는 20년 가까운 기간 동안 길고 긴 경
영 수련을 쌓았다고 말했다. 그는 이런 상속 패턴은 태종 대왕의 상
속 패턴과 같다는 말에 긍정을 표하면서 "그러나 무엇보다 중요한
것은, 이회장이 세속적인 재산 상속이 아니라 경영 상속을 한 것과
같이 태종 대왕 역시 세속적인 왕권 상속이 아니라 통치 상속을 했
다는 사실이다"고 했다.[9]

그러나 이건희를 후계자로 만드는 건 쉬운 일은 아니었다. 이른
바 '왕자의 난'까지 겪지 않았던가. 1969년 둘째 아들 이창희는 아
버지의 비리를 들춰내 진정서를 만들고 이를 청와대에 제출하는 쿠
데타를 감행했다(확실하진 않으나 이맹희도 공모했다는 의혹이 있었다).
박정희는 "자식이 아버지를 모함하고 고발한다는 것은 천륜天倫에
어긋나는 일이다. 이 사건은 묵살하도록 해라"라고 지시했다는데,[10]
재벌가의 권력투쟁이 정치권의 권력투쟁보다 한 수 위는 아닌지 모
를 일이었다.

이병철은 쿠데타 진압 후 장남인 '이맹희 묶어두기'에 들어갔다. 그 이유에 대해 이맹희는 "나는 아버지의 압력에도 굽히지 않는 억센 성격을 가졌으니 아버지로서도 당신의 사후에 내 문제가 걱정이 되었을 것이다"고 했다.[11] '이맹희 묶어두기'의 방법론은 잔인했다. 성광증性狂症이니 뭐니 하는 정신병으로 몰아 이맹희를 정신병원에 강제 입원시키려는 시도를 한 것이다.

하청은 삼성 비서실이 맡았다. 진찰 없는 정신병 소견서까지 구해내 이맹희를 강제 납치하려고 들었다. 이맹희는 대비책으로 평소에 앉는 거실의 의자 아래에 늘 휘발유 통을 세 개 준비해 두었다. 실제로 효과를 보기도 했다. 비서실의 지시를 받은 사람들이 이맹희를 강제로 끌고 가려고 하자 그가 휘발유를 그들에게 뿌린 뒤 가스라이터를 치켜들어 내쫓은 일도 있었다. 이맹희는 오랜 세월 그런 도피 생활을 하면서 지내다가 아버지를 임종을 앞둔 상황에서야 뵐 수 있었는데, 무려 15년만이었다.[12]

그런 우여곡절 끝에 이건희로의 승계가 이루어졌지만, 형제간의 갈등은 2012년에도 불거진 바 있다. 4월 23일 이맹희는 이건희를 상대로 상속 주식 반환 소송을 제기하면서 "한 푼도 안 주겠다는 이 회장의 탐욕이 소송을 초래한 것"이라고 말했다. 그는 "최근 건희가 어린애 같은 발언을 하는 것을 듣고 몹시 당황했다"며 이건희를 비난했다.

이에 이건희는 다음 날 서초동 사옥 출근길에 기자들과 만나 "그

양반(이맹희)은 30년 전에 나를 고소하고, 아버지를 형무소에 넣겠다며 그 시절 박정희 대통령에게 고발했다"며 "이맹희 씨는 우리 집 안에서 퇴출당한 양반"이라고 비난했다. 또 이맹희가 자신에 대해 '건희'라는 표현을 쓴 데 대해 "이맹희 씨가 감히 나보고 건희, 건희 할 상대가 아니다. 바로 내 얼굴을 못 보던 양반이다. 지금도 아마 그럴 거다"라고 강하게 반발했다.[13] (이 사건은 2014년 2월 서울고등법원의 판결로 이건희가 최종 승소한 것으로 마무리되었다.)

지금 무슨 흥밋거리로 재벌가 내부의 권력투쟁을 말하는 게 아니다. 정치권력은 언론의 주요 메뉴이기 때문에 우리는 정치권력에 대해선 잘 알고 있지만, 재벌가는 좀처럼 보도의 대상이 되지 않기 때문에 잘 모른다. 재벌가 사람들을 보통 사람들이 사는 방식으로 이해하려 들면 온전히 이해하기가 어렵다는 걸 강조하고자 하는 것이다.

●

이재용은 "참 안됐다", "불쌍하다"는 생각

그런 권력투쟁은 결코 쉬운 과정이 아니었다. 1980년대에 이건희는 자신으로 인해 탄압을 받은 측근에게 "당신이 고생했다고 하는데 나한테 비하면 아무것도 아니다. 내가 이 자리에 오기까지 얼마나 많이 참은 줄 아느냐"고 했다.[14] 이재용도 한 측근에게 "내가 이 자

리에 오기까지 얼마나 힘들었는지 아느냐"고 털어놓은 적이 있다.[15]

2000년대 중반 삼성그룹 계열사 주식 가운데 이건희 일가가 가지고 있는 지분은 모두 합해도 2퍼센트가 안 되었다.[16] 겨우 2퍼센트의 지분으로 왕조를 지켜나가기 위해선 '계열사 순환출자'를 비롯해 온갖 탈법과 편법의 묘기가 동원되어야만 하는 구조였다. 상속의 경우엔 더 말할 것도 없었다. 그들에게 비리는 왕가의 존속과 '국익'을 위한 것이었다. 삼성의 대규모 비리는 주로 1990년대 중반부터 저질러졌는데, 이는 이재용에게 경영권을 넘기는 작업이 시작될 무렵이었다.[17]

보통 사람도 집안의 가업을 물려받으면 그걸 잘 유지하고 키워야 한다는 압박을 느끼겠지만, 삼성 정도의 재벌 후계자가 느끼는 압박은 그것과 비교할 바가 못 된다. 왕손이 왕조를 지켜야 한다는 수준의 것이다. 나라가 잘되게 해야 한다는 명분과 더불어 진정성도 있다. 그걸 의심할 필요는 없다. 문제는 왕조 유지를 위한 시도가 곧 국익을 위한 것이라고 믿기 때문에 벌어지는 비극이다.

『삼성 라이징』(2020)이라는 책의 저자인 미국 기자 제프리 케인은 『한겨레』 인터뷰에서 이건희와 이재용은 만나진 못했지만 씨제이CJ, 한솔, 신세계를 포함해 범삼성가의 근간을 이루고 있는 사람들 가운데 일부를 만나보고 받은 인상에 대해 이렇게 말했다. "스스로를 '로열 패밀리'라고 지칭하는 모습이 인상적이었다. 자신의 가문이 한국을 선진국으로 이끄는 데 중요한 역할을 '해줬다'는 자부심을 자주 드러내곤 했다. 삼성을 이해하기 위해서 조선시대의 왕, 일본의 재벌 연합, 심지어 북한 정권도 공부해야 했다. 그 본질이 비슷하다고 봤기 때문이다."[18]

그러나 그런 자부심을 공공연하게 드러내는 건 금물이다. 세상의 주목도가 높을수록 그만큼 더 겸손하게 처신해야 한다. 2020년 초 출범한 삼성준법감시위원회 위원장을 맡은 전 대법관 김지형은 이재용을 5번 만나면서 받은 인상에 대해 이렇게 말했다. "생각했던 것과 비슷했어요. 젠틀하고 예의 바르다는 인상을 받았어요……. 말수가 굉장히 적어요. 그건 이건희 회장과도 비슷한 거 같아요. 가족 내력인지도 모르겠는데 말수는 적은 편이에요. 달변 스타일도 아니고……. 이재용을 여러 번 만나면서 인간적으로 너무 힘들게 태어났구나 그런 생각이 들었어요. 누군가 '너 이재용 같은 삼성가 자식으로 태어날래' 하고 물으면 그러고 싶지 않을 정도로 옆에서 지켜보니 참 힘든 위치에 있다는 생각이 들었어요."[19]

나 역시 같은 생각이다. '주제넘은 정신승리'라고 흉볼 사람도 있겠지만, 나는 텔레비전을 통해 이재용을 볼 때마다 "참 안됐다", "불쌍하다"는 생각을 하곤 한다. 무엇보다도 개인의 자유를 잃었다는 점에서 말이다. 앞으로 이런 이야기는 시간의 흐름에 따라 벌어진 사건과 관련해 더 논의하기로 하고, 다시 앞서 하던 이야기로 돌아가자.

●

'안기부 X파일 사건'과 '비자금 폭로 사건'

2000년 5월 당시 32세로 유학을 마치고 돌아온 이재용은 인터넷 벤처 지주회사인 e삼성과 e삼성인터내셔널을 창업했다. 이재용이 직접 지분 60퍼센트의 대주주로 출자했고, 나머지 지분은 삼성 계열사와 삼성의 경영 수뇌부까지 참여한 프로젝트였다. e삼성의 설립 배경은 이재용의 경영 능력을 입증하는 성과 지표이자 이건희 못지않은 능력자 이미지 구축이었지만, 이는 실패로 돌아가 오히려 이재용의 경영 능력이 부족하다고 의심받는 결정적 이유가 되었다(이재용은 2001년 3월 e비즈니스 관련 지분을 모두 삼성 계열사에 매각했다).[20]

e삼성의 실패와 상관없이 이재용의 승계 작업은 계속 진행되었지만, 그 과정에서 저질러진 비리는 시민사회의 큰 반발을 불러일으켰다. 2000년 6월 29일 법학 교수 43명과 민주노총 등이 중심이 된 '삼성 등 재벌의 불법세습 척결을 위한 공동대책위원회'는 이건희와 삼성의 금융지주회사격인 삼성에버랜드 경영진을 배임 혐의로 형사 고발하고 검찰 수사를 촉구하는 '스톱삼성 운동'을 전개하기 시작했다. '스톱삼성'의 상임집행위원장인 방송통신대학교 법학과 교수 곽노현은 "이재용 씨가 3년 만에 삼성그룹의 대주주가 된 것은 경제 쿠데타에 해당한다"며 "이는 한국 사회에서 저지를 수 있는 최대의 권력 찬탈 행위"라고 주장했다.[21]

이런 반反삼성 분위기가 지속되고 있던 2005년 5월 이건희는 고려대학교에서 수여하는 명예박사 학위를 받으러 갔다가 학생들이 수여식장을 막고 시위를 벌이는 바람에 준비한 '답사'를 읽지도 못하고 돌아갔다. 학생들은 '고대 100주년 기념관' 건설에 삼성이 400여억 원을 지원한 대가로 '학위 거래'를 했다고 주장하면서 이건희는 '노조를 탄압하는 악덕 기업주'라고 비난했다. 총장의 사과, 보직 교수들의 사표 제출 등 고려대학교는 한바탕 홍역을 치렀지만, 이건희는 "내 부덕의 소치"라고 했다.[22]

이건희의 '부덕'은 끊임없이 터져 나왔다. 2005년 7월 22일 고위층 정관계 인사들에 대한 삼성의 금품 로비 사실이 언급된 국가안전기획부의 도청 테이프가 공개된, 이른바 '안기부 X파일 사건'이 터졌다. 사건을 수사한 검찰은 이건희와 이학수 등 삼성 고위 관계자들을 모두 무혐의 처리했다. 거꾸로 도청한 안기부 직원과 녹음테이프의 내용을 기사로 쓴 언론인, 떡값 수령자의 실명을 공개한 노회찬 의원 등만 기소했다. 이에 대해 차기태는 "본말이 뒤집힌 사건 처리였다"며 "삼성의 힘이 과연 크다는 사실이 재확인된 것이다"고 했다.[23]

2007년 10월 29일 김용철은 천주교 정의구현사제단과 함께 서울 제기동 성당에서 기자회견을 열고 삼성이 거액의 비자금을 조성했다고 폭로했다. 그는 그해 11월 26일까지 모두 4차례에 걸쳐 기자회견을 하면서 추가 폭로를 이어나갔다. 여론은 들끓었고, 결국

2008년 1월 10일 특별검사팀이 출범했다.

특검의 수사 결과가 발표된 지 닷새 뒤인 2008년 4월 22일 삼성은 경영 쇄신안을 발표했다. 이건희의 퇴진과 전략기획실 해체 등이 주요 내용이었다. 이에 대해 차기태는 "삼성 자신을 위해서는 나쁠 것이 전혀 없었다. 그동안 남아 있던 불확실성이 이로써 모두 해소됐기 때문이다"며 이렇게 말했다. "이건희를 단죄하려던 삼성 특검이 역설적이게도 그에게 도리어 큰 선물을 안겨준 셈이다. 나아가 이재용에게는 아무 상처도 받지 않고 삼성에버랜드와 그룹 전체의 경영권을 승계할 수 있도록 멍석을 깔아주었다."[24]

그럼에도 이건희는 2009년 8월 배임과 조세 포탈죄로 징역 3년에 집행유예 5년, 벌금 1,100억 원을 선고받았는데, 4개월 만인 2009년 12월 29일 대통령 이명박은 이건희만을 단독으로 특별 사면했다. 국제올림픽위원회 위원이었던 이건희가 2018년 동계올림픽의 평창 유치를 위해 뛰어야 한다는 이유에서였다. 이건희는 2010년 3월 24일 삼성전자 회장으로 복귀했으며, 이후 이재용을 비롯한 3남매에게 삼성그룹 경영권을 넘겨주기 위한 작업을 본격화했다. 해체된 전략기획실은 그해 11월 '미래전략실'이라는 이름으로 되살아났다.[25]

●

국정 농단 사건에 휘말려든 이재용

그렇게 시민사회와의 갈등이 벌어지고 있는 가운데 이재용은 삼성
전자 내에서 경영기획팀 상무보(2001년 3월~2003년 1월), 경영기획
팀 상무(2003년 1월~2007년 1월), 전무(2007년 1월~2009년 12월),
부사장 겸 최고운영책임자(2010년 1월~12월), 사장 겸 최고운영책
임자(2010년 12월~2012년 12월) 등을 역임하며 2012년 12월 삼성
전자 부회장으로 승진했다. 대학 동기들과의 관계는 졸업 이후에도
한동안 계속되었지만, 부사장이 된 이후엔 거의 끊어졌다.[26] 적어도
2010년경부터는 본격적으로 딴 세상 사람이 된 것이다.

2014년 5월 10일 이건희가 급성 심근경색으로 쓰러져 경영 일
선에서 물러난 이후 이재용은 대외적으론 삼성전자, 나아가 삼성그
룹의 실질적인 총수가 되었지만, 내부적으론 그의 처지는 애매했다.
그는 실질적인 책임자였지만 그룹의 2인자는 이건희가 임명하고
권한의 상당 부분을 위임한 미래전략실장 최지성이었다. 이에 대해
윤춘호는 다음과 같이 말했다.

"이재용은 최지성에게 예우를 갖췄다. 만날 일이 있으면 서울 서
초동 삼성 사옥 42층에 있는 최지성 방으로 찾아간 뒤 41층에 있는
자신의 방으로 내려갔고 자동차를 탈 때나 식당 등에서 최지성에
게 상석을 양보했다. 참모들은 회장 자리에 올라 책임과 함께 권한

90

을 행사할 것을 권유했지만 이 사람은 '아버지가 아직 살아 계시는 데……'라며 그 제안을 거부했다."[27]

서울대학교 동양사학과 선배로 삼성전자 사장인 이인용은 당시 상황에 대해 "이 부회장 본인의 포지셔닝이 굉장히 힘들었을 거라고 봅니다. 책임과 부담감은 어마어마하게 컸지만 권한을 100% 행사했느냐 그건 아닌 거 같습니다. 할아버지가 창업하고 아버지가 글로벌 기업으로 키운 이 삼성을 내가 맡아서 잘 이어가야 한다는 부담감은 이루 말할 수 없는 부분이에요"라면서 다음과 같이 말했다.

"그런데 본인이 정식으로 회장으로 취임해서 모든 것이 자기 책임과 권한 하에 있고 또 그렇게 했다면 상황이 달라졌을 거예요. 그런데 책임과 부담은 100% 지면서도 권한을 100% 가졌느냐 하면 그렇지는 않은 거 같습니다. 어쨌든 이건희 회장님이 의사 결정을 할 수는 없지만 회장님이 임명해서 일상적인 권한을 위임한 미래전략실장이 있는 상황에서 절제를 했다고 봅니다."[28]

2016년 이젠 그런 절제를 하지 않아도 좋을 상황이 되었지만, 10월부터 본격적으로 불거진 박근혜·최서원(개명 전 최순실) 국정농단 사건에서 이재용은 최서원 측에 뇌물을 준 의혹으로 검찰의 수사를 받게 되었다. 검찰은 이재용이 삼성그룹 경영권을 싼값에 승계하기 위한 방편으로 삼성물산과 제일모직의 합병을 추진했고, 이 과정에서 정권의 도움을 얻기 위해 박근혜 최측근인 최서원의 각종 지원 요구에 협력한 것으로 파악했다. 청탁에 사용된 돈이 이

재용의 사재가 아니라 삼성그룹의 자금이었다는 점에서 횡령 혐의도 적용되었다.[29]

2017년 1월 첫 구속영장 청구는 기각되었지만, 특검이 박근혜와 이재용의 독대 관련 사항을 메모한 전 청와대 정책조정수석 안종범의 업무 수첩 등을 추가로 확보하면서 2월 17일 전격 구속되었다. 8월 1심 재판부는 이재용이 최서원 측에 건넨 뇌물 액수를 89억 원 상당으로 보고 징역 5년을 선고했다. 그러나 2심은 최서원 측에 제공한 말 3마리와 영재센터 지원금은 뇌물로 인정하지 않고 36억 원만 뇌물 액수로 인정해 대폭 감형했다. 이재용은 징역 2년 6월에 집행유예 4년을 선고받고 구속 1년 만에 풀려났다.

●

파기환송심에서 재구속된 이재용

이재용이 2017년 12월 항소심 최후 진술에서 한 말이 인상적이다. 그는 "재판장님. 외람되지만 제가 갖고 있었던 인생의 꿈을, 인생의 목표를, 경영인으로서, 기업인으로서의 꿈을 한번 말씀드리고 싶습니다. 저는 제 능력을 인정받아 창업자이신 이병철, 이건희 회장님 같이 성공한 기업인으로 이름을 남기고 싶었습니다"라면서 다음과 같이 말했다.

"제 꿈은 삼성을 이어받아서 열심히 경영해서 우리나라를 위해 헌신하는, 제가 받아왔던 혜택을 조금이라도 더 많이 사회와 나눌 수 있는 참된 기업인으로 인정받고 싶었을 뿐입니다. 재벌 3세로는 태어났지만 선대서 이뤄놓은 우리 회사를 오로지 제 실력과 제 노력으로 더 단단하게 더 강하게 또 가치 있게 만들어서 저 자신을 세계적인 초일류 기업 리더로 인정받고 싶었습니다. 이것이 제 인생의 꿈이었고 기업인으로서 목표였습니다."[30]

항소심이 이재용의 그런 꿈을 감안해 징역 2년 6월에 집행유예 4년을 선고한 건지는 모르겠지만, 대법원의 판단은 달랐다. 2019년 8월 대법원은 2심의 판단을 깨고 최종 뇌물 액수를 86억 원으로 확정했다. 또한 이 같은 거래의 배경에는 '삼성그룹 승계 작업'이라는 현안이 존재했다며 이재용의 뇌물 공여와 횡령의 고의성을 강조했다. 이미 사실관계에 대한 판단이 내려진 만큼 이제 이재용의 파기환송심에서는 양형이 쟁점이었다. 실형이 선고되어 재구속되느냐, 집행유예 판결이 내려지느냐의 갈림길에 선 것이다.[31]

2020년 5월 6일 이재용은 기자회견을 열고 승계 문제를 사과하면서 4세로의 경영권 이양 포기를 선언했다. 그는 "저와 삼성을 둘러싸고 제기된 많은 논란은 근본적으로 이 문제(승계)에서 비롯된 것"이라고 인정하면서 "이제는 경영권 승계로 논란이 생기지 않게 하겠다. 법을 어기는 일을 결코 하지 않고 편법에 기대거나 윤리적으로 지탄받는 일을 하지 않겠다"고 밝혔다.

이재용은 특히 "제 아이들에게 절대 회사 경영권 물려주지 않겠다"며 "성별·학번·국적을 불문하고 훌륭한 인재를 모셔 그 인재가 주인의식과 사명감을 갖고 치열하게 일하면서 저보다 중요한 위치에서 사업을 이끌어가도록 하는 게 저에게 부여된 책임이자 사명"이라고 강조했다. 또 그는 "더 이상 삼성에서 무노조 경영이라는 말이 나오지 않도록 하겠다"며 "앞으로 노사 법령 철저히 준수하고 노동3권을 확실히 보장하겠다"고 약속했다.[32]

2020년 10월 25일 이건희가 사망하면서 이재용은 삼성의 차기 회장직을 이어받을 것이 확실시되었지만, 파기환송심의 판결을 초조하게 기다릴 수밖에 없는 처지였다. 이재용은 파기환송심 최후 진술에서 "아버님 친구분의 추도사 가운데 승어부勝於父라는 말이 강하게 맴돌았습니다"라면서 다음과 같이 말했다.

"아버지를 능가하는 것이 진정한 의미의 효도라는 말이었습니다. 경쟁에서 이기고 회사를 성장시키는 것은 기본입니다. 하지만 제가 꿈꾸는 승어부는 더 큰 의미를 담아야 합니다.……모든 사람이 사랑하고 신뢰하는 기업을 만드는 것 그게 기업인 이재용이 추구하는 바입니다. 이게 이뤄질 때 제 나름의 승어부에 다가갈 수 있을 것입니다."[33]

그러나 이재용은 2021년 1월 18일 서울고등법원 파기환송심에서 징역 2년 6개월을 선고받고 법정 구속되었다. 국정 농단 사건과 관련해 4년 넘게 수사와 재판을 받은 끝에 사실상 형이 확정된 것이었다. 리얼미터가 『오마이뉴스』 의뢰로 1월 19일 여론조사를 실시한 결과, 이재용 판결에 대해 46.0퍼센트는 과하다고 응답했다. 적당하다는 응답자는 21.7퍼센트였고, 가볍다는 24.9퍼센트였다.[34]

●

압도적으로 높은 이재용 사면 여론

2021년 4·7 재보궐선거에서 국민의힘이 압승을 거둔 이후 언론의 여론조사를 통해서 이재용 사면 이야기가 나오기 시작했다. 이 글을 쓰기 위해 참고한, 이재용 사면(가석방) 관련 9개의 여론조사 결과를 종합해보자면, 찬성이 70퍼센트, 69.4퍼센트, 76.0퍼센트, 68.4퍼센트, 64퍼센트, 68.4퍼센트, 66.6퍼센트, 71.6퍼센트, 70퍼센트로, 딱 두 번만 제외하곤 모두 3분의 2 이상이었고, 70퍼센트대에 이른 결과도 네 번이나 나왔다. 유도성 설문이 들어간 여론조사가 있었다 하더라도, 이 정도면 국민의 3분의 2는 '이재용 사면'을 원했다고 보아도 무방할 것이다. 이재용 사면(가석방) 공방은 4개월간에 걸쳐 이루어졌기에 시간의 흐름에 따라 어떤 일들이 있었는지 조금 자세히 살펴볼 필요가 있겠다.

4월 19~20일 실시한 『데일리안』·알앤써치 조사에서 이재용 사면 찬성은 70.0퍼센트, 반대는 26.0퍼센트였다.[35] 4월 24~25일 실시한 『아시아경제』·윈지코리아컨설팅 조사에서 사면 찬성은 69.4퍼센트, 반대는 23.2퍼센트였다.[36] 이런 여론의 흐름에 대해 『한겨레』

(4월 28일)는 "반도체 품귀를 '기회' 삼아 삼성 등 재계 일각에서 익명을 전제로 나온 주장은 그렇다 치더라도, 종교계의 탄원에 이어 경제 5단체 공동 요구로까지 사면론은 세를 키워가고 있다. 이곳저곳에서 '닥치고 사면'을 노래한다"고 개탄했다. "이 흐름을 삼성이 만든 것일까, 혹시 스스로 취약성을 드러내는 현 정권에서 시작된 흐름은 아닐까. 다시 궁금증이 인다."[37]

4월 28일 삼성전자는 이건희의 상속세 납부 및 기부 계획과 관련, "감염병·소아암·희귀질환 극복에 1조 원 기부하고 이건희 개인 소장 미술 작품 1만 1,000여 건, 2만 3,000여 점을 국립 기관 등에 기증하며 12조 원 이상의 상속세를 낼 예정"이라며 "국내는 물론 전 세계적으로도 역대 최고 수준의 상속세 납부액이고 지난해 우리 정부 상속세 세입 규모의 3~4배 수준에 달한다"고 밝혔다. 이에 언론의 찬사가 쏟아졌다.

5월 4일 『한겨레』는 "'삼성 찬양 기사'의 종착점은 어김없이 '이재용 사면론'이다"며 이렇게 말했다. "삼성은 적어도 공식적으로는 사면 얘기를 안 한다. 언론이 기대 이상으로 자신들의 입장을 대변해주고 있기 때문 아닐까? 이제 삼성과 언론은 한 몸이 된 듯싶다. 최대 광고주 삼성의 요구 때문이 아니라 언론이 처음부터 삼성의 눈으로 세상을 보는 것 같다."[38]

하지만 언론만 그런 건 아니었다. 5월 10일 문재인은 취임 4주년 기자회견에서 이재용과 두 전직 대통령에 대한 사면 건의에 대해 그간 "지금은 사면을 말할 때가 아니다", "검토한 바 없다"고 선을 그었던 것과 달리 "충분히 국민의 많은 의견을 들어 판단하겠다"고 밝혔다. 문재인은 사면의 핵심 전제 조건으로 '국민 공감대 형성'을 들었다. 문재인은 구체적으로 이재용 사면론에 대해 "선례라든지 국민 공감대를 생각하지 않을 수 없다"면서도 "반도체 경쟁이 세계적으로 격화되고 있어 우리도 반도체 산업에 대한 경쟁력을 높여나갈 필요가 있는 게 분명한 사실"이라고 밝혔다.

문재인의 기자회견 다음 날인 5월 11일 실시한 『시사저널』·시사리서치 조사에서 사면 찬성은 76.0퍼센트, 반대는 21.9퍼센트였다.[39] 기자회견 전부터 수일간에 걸쳐 이루어진 여론조사도 있었다. 5월 8~11일 실시한 『쿠키뉴스』·한길리서치 조사에서 사면 찬성은 68.4퍼센트, 반대는 25.7퍼센트였다.[40] 5월 10~12일 실시한 엠브레인퍼블릭·케이스탯리서치·코리아리서치·한국리서치 등 4개 여론조사 기관 조사에서 사면 찬성은 64퍼센트, 반대는 27퍼센트였다.[41] 5월 31일~6월 1일 실시한 『데일리안』·알앤써치 조사에서 사면 찬성은 68.4퍼센트, 반대는 24.8퍼센트였다.[42]

6월 2일 문재인은 4대 그룹 총수 오찬 간담회에서 "국민들도 공감하는 부분이 많다"며 찬성으로 기운 듯한 태도를 보였다. 이 무렵부터 여권에서도 '가석방론'이 나오기 시작했다. 이런 가석방 여론 조성 공세가 한 달 넘게 지속되자, 7월 6일 1,056개 시민단체, 18일 진보·개혁 성향의 학자 781명이 이재용의 특별사면·가석방을 반대하는 내용의 선언서를 발표했다. 발기인 중 한 명이자 선언서 작성을 주도적으로 이끈 홍익대학교 교수 전성인은 "저를 포함해 이번 서명자들의 주장은 간단하다. 사회가 상식에 따라 움직여야 한다는 거다"고 말했다. "법 위에 재벌 없고 총수 없다. 그게 정의고 공정이고 상식이고 법치주의다."[43]

그럼에도 7월 23일 실시한 YTN·리얼미터 조사에서 가석방 찬성은 66.6퍼센트, 반대는 28.2퍼센트였다.[44] 7월 27일 실시한 『쿠키뉴스』·데이터리서치 조사에서 사면 찬성은 71.6퍼센트, 반대는 25.4퍼센트였다.[45] 7월 26~28일 실시한 엠브레인퍼블릭·케이스탯리서치·코리아리서치·한국리서치 4개 여론조사 기관 조사에서 가석방 찬성은 70퍼센트, 반대는 22퍼센트였다.[46]

●

이재용 가석방 이후 벌어진 갈등

8월 9일 법무부는 결국 이재용의 가석방을 결정했다. 문 정권은 가석방 반대자들의 거센 비판의 대상이 되었다. 민주노총과 한국노총 등 양대 노총은 대한민국이 삼성 공화국임을 인증했고, 삼성이 법 위에 있는 나라라는 것을 보여준 결정이라고 규탄했다. 참여연대는 "이번 이재용 부회장의 가석방은 우리 사회에 퍼진 '무전유죄 유전무죄'라는 인식을 다시 공고히 하는 결과가 되었다"며 "국민과의 약속을 헌신짝처럼 내팽개친 문재인 정부의 실책에 대해서는 반드시 역사의 심판이 따를 것"이라고 비판했다.[47]

이재용은 8월 13일 감옥에 갇힌 지 207일 만에 출소했는데, 그간 책임을 법무부에게 미루고 반응을 보이지 않던 문재인은 나흘 만에 침묵을 깨고 이재용 가석방 결정에 대해 "국익을 위한 선택으로 받아들이며, 국민들께서도 이해해주길 바란다"고 밝혔다. 그는 "이 부회장의 가석방에 대해 찬성과 반대 의견이 있다는 것을 잘 알고 있다. 반대하는 국민의 의견도 옳은 말씀"이라며 "한편으로는 엄중한 위기 상황 속에서 특히 반도체와 백신 분야에서 역할을 기대하며 가석방을 요구하는 국민들도 많다"라고 말했다.[48]

2009년 이명박의 이건희 사면이 동계올림픽의 평창 유치를 위한 것이었다면, 문재인의 이재용 가석방은 백신을 위한 것이었다고 할 수 있겠다. 이에 대한 논란은 열기를 더해가며 뜨거워졌지만, 8월 18일 『한겨레』 기자 김경욱이 칼럼을 통해 그 핵심을 잘 정리했다. 그는 "이번 가석방은 '유전무죄'와 '법 위의 삼성'을 다시 한번 증명함으로써 '모든 국민은 법 앞에 평등하다'는 법치주의의 가치와 사법 정의를 허물어뜨렸다. 이는 수치로 환산할 수 없는 부분이다"며 다음과 같이 말했다.

"문 대통령이 법무부를 통해 이 부회장을 가석방한 것은 정치적으로 결코 불리할 게 없다는 정무적 판단에 따른 선택으로 보인다. 시민사회단체 등 진보 진영이 반발하고 있지만, 이들이 이번 일을 계기로 야당 지지층으로 돌아설 가능성은 희박하다. 반면, 이 부회장 가석방 여론이 높았던 중도층의 지지를 끌어낼 발판을 마련했고, 임기 말 경제 살리기에 노력했다는 명분과 실리도 챙길 수 있게 됐다."⁴⁹

이재용은 가석방 당일 삼성전자 본사에 출근해 핵심 사업부 사장 등 경영진과 만나 현안을 보고받고 경영 상황을 확인했는데, 이는 특정경제범죄법 위반(횡령) 유죄판결에 따른 취업제한을 위반한 것이라는 논란이 벌어졌다. 위반이 아니라고 변명한 법무무 장관 박범계는 '궤변'을 떠드는 '이재용의 대변인'이라는 비난과 함께 시민단체들로부터 사퇴까지 요구받았다. 이런 논란을 예견한 듯 한 네티즌은 이재용 가석방을 비판한 『한겨레』 기사에 다음과 같은 댓글을 달았다.

"엎어 치나 메어치나 마찬가지인데, 대통령씩이나 되는 사람이 뭘 그리도 자잘하게 구는가. 그냥 사면을 할 것이지. 난 정말이지 그대의 그런 모습이 짜증난다. 재명이처럼 좀 시원시원하게 정치를 할 수는 없는 것인가. 명색이 대통령이 아닌가."⁵⁰

●

국민은 언론의 음모에 휘둘렸는가?

진보 진영은 국민의 3분의 2 이상이 이재용 사면(가석방)을 원한 데엔 언론의 역할이 컸다고 보았다. 『미디어오늘』은 「사법 정의 포기한 이재용 가석방 결정, 언론 역할 컸다」는 제목의 기사에서 이렇게 말했다. "여론조사는 프레임 전환의 수단이 됐다. 언론은 재력·경제적 지위에 따라 법을 달리 적용하는 법치주의 훼손 문제를 국민의 동의 여부 문제로 호도했다. 지난 4~7월 『데일리안』, 『시사저널』, YTN, 한국리서치 등이 여론조사를 의뢰한 결과 70% 안팎의 응답자가 이 부회장 사면이나 석방에 동의한다고 답한 것으로 나타났다. 이 결과를 기계적으로 전하고, 인용 보도한 매체들이 '국민 정서'를 강조하며 '국민도 이 부회장 사면을 바란다'는 보도가 되풀이됐다."[51]

대체적으로 동의한다. 그러나 김어준의 경우처럼 문 정권을 옹호하기 위한 목적으로 '언론 탓'을 한 것엔 동의하기 어렵다. 8월 10일 김어준은 자신이 진행하는 TBS라디오 〈김어준의 뉴스공장〉에서 "(이 부회장 가석방 찬성) 여론이 70%, 80% 수준으로 넘어가고 나면 정치가 할 수 있는 게 제한적"이라며 '언론 책임론'을 제기했다. 그는 "언론은 나팔수 역할만 했다"며 "이 부회장 가석방에 70%가 찬성한다는 여론은 언론이 만든 것"이라고 주장했다.[52]

이재용 가석방(사면)에 대한 민주당 지지자들의 생각은 찬반 비율이 비슷했다. 찬성이 더 많이 나온 적도 있고 반대가 더 많이 나온 적도 있지만, 그 차이는 미미했다. 반대자들 중 일부는 문 정권을 강하게 비판했다. 이럴 때에 '문재인 지킴이'를 자처하는 김어준이 할 수 있는 일은 딱 하나다. 다른 적敵을 만들어내는 것이다. 그게 바로 언론이다.

문재인의 가석방 결정과 일부 친문 지지자들의 반발 사이에서 김어준이 늘 그러했듯이 '여우같은 처신'을 하리라는 건 예견된 일이었다. 하지만 그간 정치적 견해를 무모할 정도로 과감하게 피력하던 김어준이 갑자기 언론 비평가로 전환하는 모습은 보기에 딱한 일이었다.

민주노총 부위원장 한성규처럼 양쪽을 다 때리는 게 공정할 것이다. 그는 "또다시 문재인 정부의 반정의 반평등, 반공정에 대해 얘기해야 한다는 것이 참혹스럽다"며 "삼성 재벌과 유착, 카르텔을 형성하고 있는 수구 보수 언론, 정치권력들은 국민들을 상대로 가스라이팅을 통해서 사기극을 벌이고 있다. 그것이 바로 여론을 호도하고 있는 것"이라고 비판했다.[53]

그런데 과연 국민은 가스라이팅을 당한 걸까? 아니면 김어준의 주장처럼 언론의 '이재용 구하기' 농간에 놀아난 걸까? 그 어느 쪽이건 국민이 언론의 음모에 휘둘렸다고 본다는 점에선 같다. 그런데 과연 그런 걸까? 나는 언론이 이재용의 가석방(사면) 찬성 비율을 좀 높였을 것이라고 보는 데엔 흔쾌히 동의하지만, 가석방을 찬성하는 다수 여론을 언론이 만들어냈다는 데엔 동의하지 않는다. 그 이유는 간단하다. 그런 주장으론 언론이 아무리 떠들어대도 다수 여론을 만들어낼 수 없는 이슈들이 많다는 걸 설명할 수 없기 때문이다.

●

한국인의 '현실주의적 아비투스'

삼성은 한국 경제의 5분의 1을 차지할 정도로 거대해진 괴물이 되었다. 윤춘호는 "삼성전자 주식을 가지고 있는 사람이 500만 명이 넘는다. 삼성이 잘못되면 나라가 망한다고 생각하거나 이 사람이 지은 죄 이상으로 벌을 받고 있다고 여기는 사람도 있을 것이다"고 했다.[54] 그런데 그렇게 생각하는 사람이라도 공개적으로 자신 있게 발설하진 못한다. 주로 술자리를 이용해 다음과 같은 식의 옹호론을 펼친다.

"그래도 삼성 때문에 한국이 먹고사는 거야.""삼성에 딸린 식구가 얼마인데.""삼성만큼만 월급 준다고 하면 당장 노조 없애고 말지.""이건희 아니면 삼성이 이렇게 컸겠어.""한국은 세계에서 가장 사회주의적인 민족성을 지녔기 때문에 기업가가 존경받으려면 성자聖者가 되면 좋고, 최소한 자선 사업가를 겸직해야 한다."[55]

삼성이 쓰러지면 한국 경제가 휘청거린다. 삼성이 한국 경제를 인질로 삼고 있다는 의미에서 '스톡홀름 신드롬'이라는 말까지 나왔다. 나 역시 오래전 그런 주장을 한 적이 있거니와 지금도 여전히 그렇게 볼 수 있는 면이 있다고 생각한다. 하지만 그건 한 측면일 뿐 전체의 모습을 보여주진 못한다. 좀더 정교한 분석이 필요하다.

사실 한국에서 사회정의를 간절히 바라는 사람들에게 가장 곤혹스러운 문제는 삼성이다. 정권은 아무리 위세를 부려도 겨우 5년짜리다. 지연되거나 하는 시차만 있을 뿐 언제건 정의로운 응징이 가능하다. 반면 삼성은 임기가 없는 영원한 권력이다. 사람들은 삼성 권력이라고 하면 삼성이 돈질을 잘해서 사회 각계의 엘리트들을 포섭하거나 침묵시키는 것을 연상하는 경향이 있지만, 그게 삼성 권력의 전부는 아니다. 한국인들의 마음속에서 이미 포지셔닝을 마친 삼성의 위상, 그게 더 무서운 권력이다. 이 후자의 권력이 없다면, 국민의 압도적 다수는 이재용 가석방(사면)에 반대했을 것이고, 가석방은 이루어지지 않았을 것이다.

나는 이 글의 부제를 "삼성은 대한민국의 거울이다"고 했다. 좀더 정확히 말하자면, 삼성은 한국 현대사의 거울이다. 베티나 슈탕네트는 "불쑥 들이댄 거울은 오로지 어린애와 얼간이만 참아낸다"고 했다.[56] 어린애도 얼간이도 아닌 우리는 삼성이라는 거울이 영 불편하다. 그래서 우리들 중 다수는 술자리나 익명의 여론조사를 통해서만 자신의 진심을 말할 뿐이다.

언론의 농간에 얼마나 휘둘렸건 이재용의 가석방을 바라는 다수 한국인의 마음속엔 파란만장한 한국 현대사에서 겪었거나 물려받은 '현실주의적 아비투스'가 있다. 그들의 현실주의와 정의는 때로 갈등을 빚기도 하지만, 그들은 그런 경우에 절대주의보다는 상대주의적 판단을 중시한다.

이는 미국 심리학자 조너선 하이트가 역설한 '비례의 원칙'으로 보아도 무방하겠다. 비례의 원칙은 각자 자신이 한 만큼 받고 하지 않았으면 그만큼 받지 말아야 한다는 논리로, 어떤 사람이 자기 응분의 몫보다 많은 것을 챙기면 누구든 화가 나게 되어 있다는 것이다. 하이트에 따르면, 이 원칙은 보수와 진보 모두 중시하긴 하지만, 보수가 더 중시하며, 진보주의자들은 공정(비례의 원칙)이 동정심이나 압제에 대한 저항과 상충할 때에는 공정은 버리고 그 대신 이 둘을 취하는 경우가 많다.[57]

하이트는 2014년 7월 『중앙선데이』 인터뷰에서 세월호 참사를 둘러싼 보수-진보의 갈등을 이 비례의 원칙으로 설명했다. 그는 "진보 성향의 사람들은 보다 감정적으로 더 열정을 가지고 피해자를 도와야 한다고 생각하는 데 비해 비교적 보수에 있는 사람들은 '공정성'에 무게를 두는 경우가 많다"고 분석했다. 그러면서 "국가적인 비극을 겪었기 때문에 많은 사람이 슬픔의 공감대에 있는 것은 당연하다"며 "다만 사고로 죽지 않은 사람들에게까지 특혜를 주는 것에 대해서는 도덕심리학적으로 볼 때 공통적으로 동의를 할 수 있을지 확실치 않다"고 말했다.[58]

보수적 성향의 사람들이 압도적 비율로 이재용 가석방(사면)을 찬성한 데엔 그런 비례의 원칙이 작용했겠지만, 내가 여기서 말하고자 하는 '현실주의적 아비투스'는 그걸 포함해 한국이라는 공동체의 구성원 의식이 때로 정의감보다 더 강하게 작동하는 성향을 말한다. 이는 '약소국 콤플렉스', '압축 성장의 유산', '법에 대한 불신'이라고 하는 세 가지 관점에서 살펴볼 수 있겠다.

●

한국인의 '약소국 콤플렉스'

첫째, '약소국 콤플렉스'다. 일제강점기인 1936년 8월 손기정의 마라톤 우승 소식이 국내에 알려졌을 때 시인 심훈은 새벽 신문 호외를 받아들고 그 뒷장에 "오오 나는 외치고 싶다. 마이크를 쥐고 전 세계의 인류를 향해 외치고 싶다. 인제도 인제도 너희들은 우리를 약한 족속이라고 부를 터이냐!"라고 갈겨썼다.[59] 이를 '국뽕'이라고 할 수 있을까?

현지에선 '싸구려 자동차'로 통했을망정 한국은 1980년대 중반 북미지역에까지 자동차를 수출하는 '자동차 수출국'이 되었다. 자동차 수출은 많은 한국인들에게 '약소국 콤플렉스'에서 비롯된 국가주의적 애국심을 일깨워주었는데, 연세대학교 교수 김동길이 정주영을 존경하게 된 것은 순전히 자동차 때문이었다.

김동길은 "내가 정주영 씨를 한국의 거인으로 평가하기 시작한 것은 85년인가 캐나다 강연을 가서 때마침 그곳에 상륙한 현대자동차의 포니 승용차를 목격한 그때부터였다"고 말했다. 그는 포니 승용차 안에 타고 있던 백인 젊은이들이 "가서 껴안아 주고 싶을 만큼 아름다운 피조물"이었으며, "정주영은 한국인 모두에게 긍지를 심어준 민중의 영웅이다"고 말했다.[60]

해방 이후 자동차에 타고 있던 미군에게 껌과 초콜릿을 구걸했던 한국의 아이들이 커서 자동차를 만들어 백인들에게 팔아먹었다는 건 그 시절을 살았던 김동길(1928년생)을 포함한 다수 한국인들에겐 그야말로 살 떨리는 감격이었을 것이다. 우리는 '춥고 배고프게' 살았던 시절은 졸업했을망정, 그 시절이나 지금이나 주변 강대국들에 치이는 현실은 계속되고 있고, 앞으로도 계속될 가능성이 높다.

그래서 한국 사회는 오래전부터 '동양 최고', '동양 최대', '동양 최초', '세계 최고', '세계 최대', '세계 최초' 등과 같은 '최고 병', '최대 병', '최초 병'을 앓아왔다. 역사적으로 너무 당한 경험이 많아서인지 한국인들은 최고·최대·최초주의에 한(恨)이 맺혔다. 이 또한 '국뽕'으로 폄하하기엔 그럴 만한 충분한 역사적 이유가 있었다고 보는 게 옳으리라.

한국은 대외 의존도가 매우 높은 나라다. "기름 한 방울도 안 나는 나라" 운운하는 표현이 잘 말해주듯이, 한국인들은 높은 대외 의존도에 대해 만성적인 불안감을 갖고 있다. 한국은 기업이 사회를 식민화해 기업 논리로 인간을 재단하는 '기업사회'로 접어든 지 오래지만,[61] 그게 꼭 한국의 자발적인 선택에 의한 건 아니다. 한국은 국제 질서에서 새로운 질서를 내세울 수 있는 '갑'의 위치에 있는 나라가 아니므로, 글로벌 자본주의의 흐름에 순응하면서 생존하기에 바쁜 나라가 아니었던가.

이제 유엔무역개발회의UNCTAD의 기준으로나마 '선진국'이라는 딱지를 달게 되었으면 달라질 법도 하건만 의식은 하루아침에 바뀌는 게 아니다. 한국 선수단은 2021년 7월 도쿄 올림픽 선수촌에 "신臣에게는 아직 열두 척의 배가 남아 있습니다"라는 현수막을 내걸었다가 논란이 되자 "범 내려온다"로 바꿨다. 꼭 이렇게까지 해야만 했을까? 그러나 다수 민심은 그걸 반기는 걸 어이하랴.

이미 독자들은 내가 무슨 말을 하려는 것인지 눈치 채셨을 것이다. 그렇다. 해외여행 길에 삼성 덕분에 뿌듯했던 경험을 한번이라도 했던 사람이라면 자신도 모르는 사이에 삼성에 대해 너그러워지는 마음을 갖게 되었을지도 모른다. '세계 1위'를 더 많이 하게끔 삼성을 밀어줘야 한다는 생각을 했을지도 모른다.

●

삼성과 방탄소년단의 차이

1990년대 후반까지만 해도 삼성 제품은 미국 대형 가전 양판점 베스트바이 한구석에 초라하게 진열되어 있었다. 미국인들은 삼성을 일본 소니의 하청업체 정도로 알고 있었다. 그러나 삼성은 10여 년 만에 모든 것을 바꿨다. 적어도 2010년대부터 세계 각국의 가전

108

매장에서 가장 돋보이는 1등 상품엔 삼성 로고가 박혀 있었다.[62]

삼성 비자금 특검에 의해 기소된 이건희는 2008년 6월 12일 서울중앙지법에서 열린 첫 재판에 출석해 이렇게 말했다. "삼성전자에서 나오는 제품 11가지가 (세계) 1위인데, 1위는 정말 어렵습니다. 그런 회사 또 만들려면 10년 또는 20년으로는 부족합니다."[63] 그 역시 한국인의 '약소국 콤플렉스'라는 감성에 호소한 것으로 이해할 수 있겠다.

'세계 1위'에 굶주린 한국인들에게 삼성전자가 2012년 연간 매출 200조 원을 넘어섬으로써 전 세계에서 정보기술IT 기업으로는 최초를 기록했다는 뉴스는 어떻게 다가갔을까?[64] 또 「글로벌 기업 된 삼성전자, 광고費도 세계 1위」라거나,[65] 「삼성전자 '세계 최고의 고용주' 1위」라는 기사 제목으로 대변되는 언론의 충실한 '세계 1위' 보도는 어떤 의미를 갖는 것이었을까?[66]

2020년 10월 25일 이건희가 타계했을 때 미국의 『월스트리트저널』은 부고 기사에서 "이류 전자 부품 제조사를 세계에서 가장 큰 스마트폰과 가전·반도체 생산자로 변모시킨 대한민국 삼성그룹 회장"이라고 썼다.[67] 삼성전자는 반도체, 휴대폰, TV 부문에서 세계 1위 기업이었다. 반도체 D램 부문에서는 28년 연속, 낸드플래시 부문에서는 17년 연속 세계 시장의 독보적 1위를 지키고 있었다.

『조선일보』는 「2류 숙명 나라에 세계 1류 DNA 심은 혁신의 이건희」라는 제목의 사설에서 "우리도 '세계 1등'이 될 수 있고 그렇게 되지 않으면 언제 무너지고 사라질지 모른다는 그의 메시지는 그가 떠난 이후에도 대한민국 사회 전체가 깊이 새겨들어야 할 것이다"고 했다.[68]

반면 『한겨레』는 이건희의 그런 업적을 인정하면서도 "정경유착, 불법 경영권 승계, 무노조 경영 등으로 우리 사회에 짙은 그림자를 남긴 것 또한 부정할 수 없는 사실이다"고 했다.[69] 하지만 '약소국 콤플렉스'에서 자유롭지 못한 한국인들에게 그런 명암明暗이 동등한 무게를 갖는 건 아니었다. 『중앙일보』는 "일부에선 이 회장이 드리운 그늘을 탓하기도 한다"며 "하지만 한국이란 변방에서 세계 초일류 기업을 키워낸 것만으로도 그런 흠결을 덮고 남을 만큼 크고 넉넉한 거목이 아니었을까 싶다"고 했다.[70]

그런 점에서 삼성과 BTS는 다르지 않다. 차이가 있다면 비리의 유무다. 전자는 너무 크고 많은 비리를 저지른 반면, 후자는 깨끗하다는 차이밖엔 없다. 많은 한국인들이 삼성이 저지른 비리의 더러움에 비판적이면서도 공과功過를 동시에 봐야 한다는 쪽으로 후퇴한다. 아니 균형을 잡는다고 생각한다. 우리는 이미 이런 경험이 있다. 이른바 '박정희 신드롬'이 바로 그것이다.

'박정희 신드롬'이 맹위를 떨치던 1996년 말 공보처가 조사한 바에 따르면, 박정희는 역사적으로 가장 존경하는 인물로 꼽혔다. 박정희 23.4퍼센트, 세종대왕 18.8퍼센트, 이순신 14.1퍼센트, 김구 10.6퍼센트, 안중근 4.3퍼센트 등이었다.[71] 1997년 3월 『동아일

보』 조사에서 '역대 대통령 중 직무를 가장 잘 수행한 대통령'으로
는 박정희 75.9퍼센트, 전두환 6.6퍼센트, 김영삼 3.7퍼센트, 이승
만 1.9퍼센트의 순이었다.[72] 이는 사실상 압축 성장의 문제이자 증
상이기도 하다.

•

한국인을 사로잡는 '압축 성장의 유산'

둘째, 압축 성장의 유산이다. 압축 성장condensed economic growth은
짧은 기간 안에 이룩한 급격한 경제성장을 말하는데, 한국의 압축
성장은 인류사에 있어서 전무후무前無後無하다고 해도 좋을 정도로
기적에 가까운 것이었다. 압축 성장은 어느 정도였나? 한홍구는 "우
리가 겪은 근대화의 특징은 이식移植 근대화이면서 동시에 압축 근
대화라는 점이다"며 이렇게 말한다. "한 예로 도시화 비율을 보면
1949년 17.3%이던 것이 1960년 28%, 1980년 57.3%, 1995년
78.5%로 가파르게 상승했다. 서구에서 최소 150년에서 200년은
걸렸을 변화를 우리는 불과 30~40년 만에 해치운 것이다."[73]

김진경은 "삼십 년에 삼백 년을 산 사람은 어떻게 자기 자신일 수
있을까"라는 물음을 던지면서 이렇게 말한다. "일본이 메이지유신
이후 100년 동안에 서구의 근대 300년의 변화를 압축해 따라갔다
면 한국은 60년대 이래 30년 동안에 서구의 300년을 압축해 따라

갔습니다. 이러한 속도 속에서, 이러한 광기 어린 변화 속에서—좀 과장해 말한다면—우리는 30년의 생물학적 시간에 300년의 서사적 시간을 살아버린 것입니다. 무서운 속도의 서구 흉내 내기 속에서 자신을 돌아본다는 것은 가능하지도 않았고 필요한 일로도 간주되지 않았습니다."[74]

물론 압축 성장은 '기적'을 만든 공로 못지않게 심각한 부작용을 낳았다. 압축 성장은 위에서 아래로 군사작전 하듯이 명령과 지시에 따라 일사불란—絲不亂하게 이루어졌기 때문에 '도덕'이나 '자율'이나 '사회적 책임'이 들어설 여지가 없었으며, 그 과정에서 '영혼 없는 엘리트'가 형성되었다. 이른바 '노블레스 오블리주Noblesse Oblige(엘리트의 사회적 책무)'가 없는 엘리트 계급이 탄생한 것이다. 이종오는 한국 엘리트층의 상당수는 좋은 학벌을 획득한 '벌거벗은 경쟁의 승리자들'로서 '천민 엘리트'라고 꼬집었다.[75]

2013년 삼성그룹의 전체 매출액은 390조 원으로, 그해 정부 예산 360조 원을 훌쩍 넘어섰다.[76] 모든 재벌 중 '승자독식주의' 정신이 가장 강한 삼성의 성장사도 압축 성장의 역사였다. 이른바 '한강의 기적'의 복사판이라고 해도 좋을 정도다. 앞서 언급한 『삼성 라이징』의 저자인 케인은 "북한 사회와 비유할 만큼 삼성을 비판적으로 보는 이유가 궁금하다"는 기자의 질문에 다음과 같이 답했다.

"비판이 아니라 단지 시대상이 그렇다는 거다. 삼성이 성장하기 시작한 1960~1970년대 한국은 기존의 북한 사회와 비슷한 면이 있다. 정치적으로 박정희 정권의 군사독재를 거치면서 한국만의 특수한 기업 문화가 만들어졌다. 보스(회장) 한 사람의 지시에 따라 일사불란하게 움직이는 운영 방식이 (기업에도) 스며든 것이다. 현대·엘지·롯데 등 한국의 다른 재벌에게도 이러한 '군대' 방식이 여전히 남아 있다."[77]

일반 대중이라고 해서 그런 문화나 아비투스로부터 자유로울 수는 없었다. 김용철이 2007년 가을부터 삼성 비리를 알리기 시작했지만, 주요 언론은 그의 내부고발을 외면하면서 이런 이유 또는 평계를 댔다. "법을 다 지키면 기업 경영 못한다." "기업 경영에 지나치게 윤리적인 잣대를 들이대면 안 된다." "삼성은 사실상 한국을 먹여 살리는 기업이므로, 총수가 저지른 사소한 허물은 눈감아주는 게 옳다."[78]

김용철은 "우리 사회가 다 썩었는데, 왜 삼성만 문제 삼느냐"는 말도 들었다며, 이렇게 말한다. "만약 내가 삼성이 아닌 다른 곳에 근무했고, 거기서 부패 정황을 발견했다면 그걸 공개하는 게 옳았으리라고 본다. 나는 우연히 삼성에서 일하게 됐고, 거기서 부패 정황을 봤기 때문에 그것을 국민 앞에 신고했다. 다른 곳에서 썩은 장면을 본 사람이 있다면, 그걸 공개해서 바로잡는 게 옳다고 본다. '어차피 다 썩었다'라면서 부패를 용인하는 태도는 결코 옳지 않다."[79]

김용철의 그런 정의감과 용기엔 경의를 표해 마땅하지만, 그렇게 살지 않는 사람들이 훨씬 더 많은 걸 어이하랴. 그 역시 그걸 모르진 않았다. 그는 "삼성에 대한 입장은 재벌 친화적인 우리 사회 주류의 가치관에 동의하는지 여부를 보여주는 리트머스 시험지로 통한다"며 "결국 알아서 조용히 삼성의 비위를 맞추는 선택을 하게 된다"고 했다.[80]

한국은 여전히 내부고발을 탄압하는 사회다. 선량한 동료들도 그런 탄압의 대열에 가세한다는 게 비극적이긴 하지만, 아직 그게 한국 사회의 수준이자 체질이니 '왕따'를 당하지 않으려면 어쩔 수 없다고 체념하는 것인지도 모르겠다. 이 책에 실린 다른 글에서 지적했지만, 걸핏하면 나오는 문 정권 사람들의 '배신 타령'과 '보은報恩 타령'을 생각해보라.

김창준은 "공익 제보자들은 우리 공동체의 커다란 명분을 위하여 정당한 행위를 하고 있다고 믿었는데 우리는 좀더 작은 이익집단의 이해관계에 반한다는 이유로 이들에게 사실상 집단적으로 가혹 행위를 하였다"고 개탄했다.[81] 그런데 왜 우리는 평소엔 이 사회의 부정부패를 개탄하는가? 나와 내 조직의 부정부패는 '사람 사는 인정'이지만 너와 네 조직의 부정부패는 척결되어야 할 악惡으로 보기 때문은 아닌가?

●

한국인은
'30년에 300년을 살아낸 사람들'이다

압축 성장의 과정에서 인권은 뒤로 밀려났다. 50년 전 경부고속도로 개통은 '민족사적 금자탑' 운운하는 찬사를 받기도 했지만, 건설 중 사망자가 77명이나 나왔다. 1977년 사상 최초로 100억 달러 수출을 달성한 것도 격한 자축의 대상이 되었지만, 그 이면엔 전태일 열사와 같은 수많은 노동자들의 희생이 있었다. 우리는 그야말로 '전쟁 같은 삶'을 살면서 오늘의 번영을 이루었지만, 사회적 약자를 희생으로 한 개발 독재의 습속은 우리 모두의 의식에 깊게 새겨진 경로가 되고 말았다.

갑질은 권력과 금력을 가진 사람들만 저지르는 게 아니다. 다른 면에선 선량한 보통 사람들도 잘 저지르는 한국형 삶의 문법이 되고 말았다. 임대아파트 거주자 차별 등 아파트에서 벌어지는 각종 갑질 행태는 결코 예외적인 사건이 아니다.

앞서 제1장에서 지적했듯이, 어느 나라에서건 전근대, 근대, 탈근대의 특징이 공존하는 '비동시성의 동시성'이 나타나긴 하지만, 압축 성장을 겪은 한국에선 그런 현상이 두드러진다. 한국은 선진국이 되었다고 뻐기지만, 경제협력개발기구OECD 회원국 중 압도적인 산재 1위 국가다. 매일 7명의 노동자가 죽어나간다. 이걸 그대로 방치하고 있다는 점에서 한국인 대부분이 이런 비극의 공범인지도 모른다.

그러나 한국인을 비난하진 말자. 그들은 30년에 300년을 살아낸 사람들이 아닌가. 전근대, 근대, 탈근대의 공존이 가져오는 의식의 편차가 갈등을 빚어내기도 하지만, 자신이 좀 앞서간다는 이유로 뒤처진 사람들을 얕보진 말자. 아니 뒤처진 게 아니다. '비례의 원칙'에 기반한 통합적 사고를 한다고 볼 수도 있으니까 말이다.

나는 앞서 능력주의가 '약육강식의 정글'과 같은 세상을 불러올 것이라고 걱정하는 사람들이 많지만, 그런 걱정은 현 한국 사회를 '약육강식의 정글'로 보지 않는 과도한 낙관론이라고 생각한다고 했다. 무슨 말인가? 우리 사회의 공적 담론은 더할 나위 없이 정의롭고 아름답지만, 현실 세계와의 괴리가 너무 크다는 뜻이다. 왜 각 분야의 내로라하는 엘리트들이 삼성 앞에만 서면 작아지는 동시에 스스로 무릎을 꿇는가? 그들 역시 입으론 무슨 고상한 말을 해왔을 망정 자신이 실제로는 '약육강식의 정글'에 살고 있다고 믿기 때문일 게다.

적어도 2000년대 중반까지 무슨 조사만 했다 하면 '존경받는 기업인'의 1등은 늘 이건희의 몫이었다. 대학생이 가장 일하고 싶은 기업도 단연 삼성이었다. 2004년 이후 매년 거의 대부분 1위를 지켜왔다. 2021년 취업 포털 잡코리아 조사에서도 여전히 1위였다. 삼성의 문제를 몰라서 그랬던 게 아니다. "삼성에서 임원 하면 2~3대

가 먹고살 수 있다"는 건 '코리언 드림'의 슬로건이 되었다.[82]

그래서 '약육강식의 정글'이 좋다거나 그걸 용인하자는 게 아니다. 한국인 다수의 '현실주의적 아비투스'는 이상과 현실의 괴리를 불가피한 것으로 여기지 않으면서 현실에 맞는 판단을 내린다는 것이다. 세상은 이미 전 분야에 걸쳐 '약육강식의 정글'이 된 지 오래다. 예컨대, 대기업 노조가 '약육강식의 정글' 논리를 배격하고 사회정의에 앞장선다고 생각하시는가? 그들을 포함해 진보로 통하는 많은 세력과 사람들 역시 '선택적 정의'의 삶을 살고 있지 않은가?

좀더 악성이긴 하지만, 그런 정글 논리로 무장한 삼성의 비리를 단죄하는 데 있어서 펄펄 뛸 이유는 없다고 생각하는 사람들에게 돌을 던질 수 있을지는 의문이다. 물론 그렇게 할 자신이 없어서 '언론 탓'으로 방향을 돌린 것이겠지만 말이다. 비리에 대한 응징이 공평무사하다면 모르겠는데, 그것도 아니잖은가. 이는 법에 대한 불신의 문제이기도 하다.

●

한국인의 '법에 대한 불신'

셋째, 법에 대한 불신이다. 2000년 조사에선 우리 국민의 80퍼센트 이상이 '유전무죄有錢無罪·무전유죄無錢有罪'를 믿는다고 했는데,[83] 2017년 1월 『동아일보』가 여론조사 회사인 엠브레인과 함께 20대 이상 남녀 1,000명을 대상으로 한 모바일 설문조사에선 무려 91퍼센트가 한국은 '유전무죄有錢無罪·무전유죄無錢有罪'가 통하는 사회라고 응답했다. 심지어 71.4퍼센트는 "매우 그렇다"라고 답했다.[84]

이재용 가석방을 반대하는 단체들은 일제히 '유전무죄 무전유죄' 구호를 외쳤지만,[85] 가석방 찬성자들은 이미 상식이 되어버린 '유전무죄 무전유죄'의 원칙을 이재용에게만 적용하지 않는다는 건 불공정하다고 생각했을지도 모르겠다.

정치는 믿을 수 있나? 다수 한국인은 현재 '정치·정당의 부도덕·부패'에 울분을 느끼고 있다. 서울대학교 유명순 보건대학원 교수 연구팀의 '2021년 한국 사회의 울분 조사'에 따르면, 만성적인 울분을 느끼는 집단은 2021년 전체의 58.2퍼센트에 이르렀다. 가장 큰 울분 요인 1위는 '정치·정당의 부도덕과 부패'였다.[86]

정부는 믿을 수 있나? 『동아일보』와 한국개발연구원KDI의 2016년 12월 조사에선 응답자의 87.9퍼센트가 "신뢰하는 정부 기관이 없다"라고 답했다.[87] 이건 무얼 말하는가? 공직은 그걸 차지한 사람들에게 단지 좋은 직장일 뿐이다. 자칭 엘리트라는 사람들은 전관예우前官禮遇에 미쳐 돌아가면서 자기 밥그릇 챙기기에 혈안이 되어 있다. '위장전입'은 보수와 진보를 막론하고 고위 공직 엘리트의 '필수'가 되어버렸다. 전관예우는 '사회 신뢰 좀먹는 암 덩어리'임에도,[88] 우리는 그 암 덩어리의 발호에 최소한의 분노마저 잃은 지오래다. 당파 싸움엔 열을 올려도 당파를 초월해 작동하는 법칙에 대해선 별 말이 없다.

아니 정부는 오히려 전관예우의 브로커 역할까지 떠맡고 나선다. '공정거래'를 책임진다는 공정거래위원회는 매년 10여 명을 대기업에 재취업시켜주면서 고시·비고시 출신을 나눠 '억대 연봉 지침'까지 기업에 정해줬다. '행정고시 출신 퇴직자'는 2억 5,000만 원 안팎, '비행정고시 출신 퇴직자'는 1억 5,000만 원 안팎이라는 억대 연봉 가이드라인까지 책정해 준 것이다.[89] 『경향신문』 경제부장 오관철은 "공정위 고위직을 맡으려면 퇴직 후 로펌이나 대기업에 재취업하지 않겠다는 서약서 제출 제도라도 만들어졌으면 속이 시원하겠다는 생각이 들 정도다"고 했지만,[90] 전관예우를 방치하는 데엔 보수나 진보가 한통속이어서 이 문제엔 별관심이 없다.

김용철은 "나는 검찰과 법원이 돈과 권력 앞에서 이리저리 휘둘리는 모습을 생생하게 지켜봐야 했다"며 "이런 상황에서 이건희 일가가 법 위에 군림하며 부당한 이익을 얻는다고 지적하는 게 무슨 소용이 있나 싶을 때가 많았다"고 했다.[91] 그래서 검찰 개혁을 포함한 사법 개혁을 하자는 것이었는데, 문재인 정권은 그 역사적 과업을 크게 그르치고 말았다.

●

'내로남불 부족주의'의 '선택적 정의'를 넘어서

판사로 일하던 시절 검찰 개혁을 포함한 사법 개혁을 주장함으로써 개인적으로 온갖 불이익과 고난을 감수해 온 변호사 신평은 문 정권이 "잘못된 사법제도로 인하여 피해를 받았다고 절규하는 수많은 '사법 피해자'의 의견을 의도적으로 그리고 원천적으로 개혁의 과정에서 철저하게 봉쇄해버렸다"고 개탄한다. 실질적인 배심제의 도입, 검찰의 기소권을 억제하는 방향으로의 기소대배심제도, 판사나 검사와 같은 법집행자들이 공정성을 해치는 행위를 한 경우 처벌하는 법왜곡죄의 도입, 형사사법 과정에서의 조서 작성을 폐지함과 아울러 그 대안의 마련, 판사·검사 징계의 실효성 확보 등 숱한 방책들을 묵살한 채 "검찰 개혁을 한답시고 분탕질을 한 것을 최대의 치적 중 하나"로 꼽는 '기가 찰 일'만 해왔다는 것이다.[92]

가장 큰 문제는 '내로남불 부족주의'에서 기인한 '선택적 정의'였다. 문 정권은 검찰의 '선택적 정의'를 비난하면서 개혁 대상으로 삼으면서도 그 과정에서 똑같은 '선택적 정의'를 저질렀다. 반대편에 대한 무자비한 검찰 수사엔 박수를 보냈으면서도 자기편이 그런 무자비한 검찰 수사의 표적이 되자 180도로 돌변해 검찰을 공격했다. 그게 바로 '조국 사태'였다.

조국 사태의 와중에서 문 정권은 '조국 구하기'를 위해 검찰을 전면 부정하고 믿을 수 없는 집단으로 공격하면서 사실상 그 이전에 이뤄진 똑같은 검찰의 적폐 청산 수사마저 부정하고 불신하게끔 만드는 자해自害를 저지르고 말았다. 물론 그 적폐 청산 수사 대상엔 이재용이 포함되어 있다. 나는 이재용 사면(가석방)에 분노하는 사람들 중 일부가 왜 문 정권의 그런 '내로남불 부족주의'엔 지지를 보냈는지 그 이유를 도무지 모르겠다.

　문 정권에 불리한 사건들에 대한 수사는 공정하게 이뤄지고 있는가? 다른 건 다 제쳐놓더라도, 청와대의 울산시장 '선거 개입' 의혹 사건은 어떤가. 수사팀을 공중분해시켜버리고, 문 정권이 분노했던 친親윤석열 검사들에 대한 인사 보복을 통해 검찰 물갈이를 한 이후 어떤 일이 벌어졌는가?『조선일보』는 "울산 선거 공작은 다음 정부에서 반드시 전면 재수사돼야 한다"고 외친다.[93] 친문 지지자들은 그건 보수적인『조선일보』의 외침이므로 무시하거나 오히려 비난해야 한다고 하겠지만, 공감하는 사람들도 많을 게다.

　결국 문제의 핵심은 신뢰다. 문 정권은 그 어떤 위대한 업적이 있는지는 몰라도 한국 사회의 신뢰를 훼손하는 데엔 큰 기여를 했다. 이 책에 쓴 다른 글에서 지적했지만, 법원 판결에 대해서도 자기들 입맛에 맞으면 '법의 정의'라고 칭송하는 반면, 입맛에 맞지 않으면 법원을 모독하고 매도하는 작태를 자주 저질러왔다. 이런 내로남불 국정 운영을 해온 문 정권 하에서 이재용에 대한 법적 판결이 전폭적인 신뢰를 누릴 수 있겠는가. 많은 사람들이 이재용에 대한 법적 응징을 불신하고 냉소를 보내도 할 말이 없는 게 아닌가? 명색이 진보를 내세운 권력마저 이럴진대, 감히 누가 대중의 '현실주의적 아비투스'에 돌을 던질 수 있으랴.

●

거울에 비치지 않은 좋은 모습을 키워나가자

삼성은 이재용이 출소한 지 11일 만인 8월 24일 2023년까지 3년간 240조 원을 투자하고 4만 명을 신규 채용하는 역대 최대 투자·고용 계획을 발표함으로써 이재용 가석방 찬성 여론에 화답하는 동시에 반대 여론을 무마하려는 것처럼 보였다. 인터넷 댓글에선 "역시 삼성이다. 이재용 부회장을 풀어주니 이런 통 큰 투자 계획도 나오는 것 아니겠는가?" 따위의 지지 발언이 압도적 우세를 보이고 있었다.

프랑스 작가 빅토르 위고는 "망원경이 끝나는 곳에서 현미경이 시작된다. 둘 중 어느 것이 더 큰 것을 보여주는가?"라고 물었다.[94] 우문愚問이다. 무엇을 보려고 하느냐에 따라 달라질 수 있기 때문이다. 그걸 모르고 한 말은 아닐 테고, 그 비유의 의미를 곰곰이 생각해보자면, 참 어려운 질문이다. 망원경과 현미경을 동시에 사용하면서 살아가면 좋을 것 같긴 한데, 그런 삶이 가능한지 모르겠다.

나는 이 글에서 주로 망원경을 통해 이재용을 보면서 삼성은 대한민국의 거울이라는 점을 말하고자 했다. 원래 이 글은 국민의 3분의 2 이상이 이재용 사면(가석방)을 찬성하는 걸 '언론 탓'으로 돌리는 것에 이의를 제기하기 위해 시작한 것이었지만, 이야기가 좀 길어졌다.

이 글의 취지를 "우리 모두 죄인이고 세상이 다 그런데 삼성의 비리에 대해 뭘 그렇게 흥분하느냐"라는 식으로 받아들이면 곤란하다. 잘 생각해보자. '언론 탓'의 의미는 무엇인가? 사실상 '언론의 농간에 놀아난 어리석은 사람들'이라는 암묵적 비난이 아닌가? 나는 동료 시민들이 그런 '억울한 누명'을 쓴 게 부당하다고 보는 동시에, 그런 식의 진단으론 우리가 나아가야 할 방향과 대안 모색이 왜곡된다고 보았다. 무엇보다도 사안의 진실과 그에 따른 성찰의 기회를 놓치게 되기 때문이다. 이후라도 국민 대다수가 삼성의 비리를 단호하게 응징하는 걸 찬성하고 열망할 수 있게끔 우리 사회 전반에 걸쳐 '공정 사회'를 이룩하기 위한 구체적 프로젝트에 임해야 하지 않겠는가. 그리고 그런 일을 위해 정파성을 떠나 '내로남불 부족주의'를 청산하자는 결의를 다져야 하지 않겠는가. 삼성을 본보기용으로라도 강하게 처벌해야 '공정 사회'가 실현될 수 있다는 주장도 옳지만, 그 옳음의 실현은 여론의 압도적 지지를 받아야 가능한 일이 아니겠느냐는 것이다.

인류 역사에서 거울은 인간이 부끄러움과 자의식을 갖게 하는 데에 큰 기여를 했다지만,[95] 우리는 삼성이라는 거울을 통해서 들여다

본 한국 사회에 대해 부끄러워할 필요는 없다. 시몬 베유는 "아름다운 여인은 거울을 보고는 자신이 바로 그 모습일 뿐이라고 생각할 수 있지만, 못생긴 여인은 그게 다일 수가 없다는 것을 안다"고 했다.[96] 우리는 못생긴 여인의 편에 서기로 하자. 삼성의 공과功過 중 '과'를 꾸짖고 응징하되 '공'도 인정하며 자랑스러워하는 동시에 거울에 비치지 않은 우리의 좋은 모습을 더 키워나가도록 애써보자.

1   심정택, 『삼성의 몰락: 이재용 JY시대를 생각한다』(알에이치코리아, 2015), 194쪽; 성화용, 『2015년 이재용의 삼성』(월간조선사, 2005), 56쪽.
2   김병완, 『이재용의 제로베이스 리더십: 위기를 창조적 도약으로 바꾸는 혁신 전략』(미다스북스, 2015), 306쪽.
3   윤춘호, 「[그 사람] 이재용, 이 사람이 아버지를 이기는 길」, 『SBS』, 2021년 7월 31일; 「이재용」, 『나무위키』.
4   성화용, 『2015년 이재용의 삼성』(월간조선사, 2005), 61쪽.
5   성화용, 『2015년 이재용의 삼성』(월간조선사, 2005), 55쪽.
6   장영희, 「소문의 벽에 갇힌 '경제 권력자': 이건희 삼성 회장의 어제와 오늘」, 『시사저널』, 2001년 2월 8일, 75면.
7   윤춘호, 「[그 사람] 이재용, 이 사람이 아버지를 이기는 길」, 『SBS』, 2021년 7월 31일.
8   리처드 코니프(Richard Conniff), 이상근 옮김, 『부자』(까치, 2002/2003).
9   박세록, 『삼성비서실: 전직비서가 쓰는 삼성의 경영문화와 이병철 회장』(미네르바기획, 1997), 126~127쪽.
10 박세록, 『삼성비서실: 전직비서가 쓰는 삼성의 경영문화와 이병철 회장』(미네르바기획, 1997), 127~128쪽.
11 이맹희, 『묻어둔 이야기: 이맹희 회상록』(청산, 1993), 308~309쪽.
12 이맹희, 『묻어둔 이야기: 이맹희 회상록』(청산, 1993), 313~315, 336쪽.

13 최승진, 「이건희 "감히 나 보고 건희, 건희…내 얼굴을 못 보던 양반"」, 『CBS 노컷뉴스』, 2012년 4월 24일.

14 성화용, 『2015년 이재용의 삼성』(월간조선사, 2005), 111쪽.

15 성화용, 『2015년 이재용의 삼성』(월간조선사, 2005), 88쪽.

16 성화용, 『2015년 이재용의 삼성』(월간조선사, 2005), 238쪽.

17 김용철, 『삼성을 생각한다』(사회평론, 2010), 340쪽.

18 김포그니, 「'삼성 제국' 출간하는 미국인 기자 "북한 취재보다 어려웠다"」, 『한겨레』, 2017년 12월 2일. 제프리 케인(Geoffrey Cain), 윤영호 옮김, 『삼성 라이징: 우리가 미처 몰랐던 치열한 기록』(저스트북스, 2020/2020), 101~115쪽 참고.

19 윤춘호, 「[그 사람] 이재용, 이 사람이 아버지를 이기는 길」, 『SBS』, 2021년 7월 31일.

20 「이재용」, 『나무위키』; 성화용, 『2015년 이재용의 삼성』(월간조선사, 2005), 125쪽; 심정택, 『삼성의 몰락: 이재용 JY시대를 생각한다』(알에이치코리아, 2015), 196쪽; 김병완, 『이재용의 제로베이스 리더십: 위기를 창조적 도약으로 바꾸는 혁신 전략』(미다스북스, 2015), 311~312쪽; 차기태, 『이건희의 삼성 이재용의 삼성』(필맥, 2016), 159~163쪽.

21 곽노현 외, 『삼성 3세 이재용: 그의 출발선은 왜 우리와 다른가』(오마이뉴스, 2001), 120, 125쪽.

22 성화용, 『2015년 이재용의 삼성』(월간조선사, 2005), 255쪽.

23 차기태, 『이건희의 삼성 이재용의 삼성』(필맥, 2016), 307~308쪽.

24 차기태, 『이건희의 삼성 이재용의 삼성』(필맥, 2016), 174~177쪽.

25 차기태, 『이건희의 삼성 이재용의 삼성』(필맥, 2016), 228~232쪽.

26 윤춘호, 「[그 사람] 이재용, 이 사람이 아버지를 이기는 길」, 『SBS』, 2021년 7월 31일.

27 윤춘호, 「[그 사람] 이재용, 이 사람이 아버지를 이기는 길」, 『SBS』, 2021년 7월 31일.

28 윤춘호, 「[그 사람] 이재용, 이 사람이 아버지를 이기는 길」, 『SBS』, 2021년 7월 31일.

29 정다운, 「'경영권 확보용 뇌물·횡령' 이재용, 구속부터 가석방까지」, 『CBS노컷뉴스』, 2021년 8월 9일.

30 윤춘호, 「[그 사람] 이재용, 이 사람이 아버지를 이기는 길」, 『SBS』, 2021년 7월 31일.

31 정다운, 「'경영권 확보용 뇌물·횡령' 이재용, 구속부터 가석방까지」, 『CBS노컷뉴스』, 2021년 8월 9일.

32 이한듬, 「이재용의 6년 5개월, 이건희의 삼성과 무엇이 달랐나」, 『머니투데이』, 2020년 10월 31일.

33 윤춘호, 「[그 사람] 이재용, 이 사람이 아버지를 이기는 길」, 『SBS』, 2021년 7월 31일.

34 노현웅, 「[리얼미터] 이재용 부회장 실형, "과하다" 46%-"가볍다" 24.9%」, 『한겨레』, 2021년 1월 20일.

35 정계성, 「[데일리안 여론조사] 국민 70% "이재용 삼성전자 부회장 사면 찬성"」, 『데일리안』, 2021년 4월 21일.

36 김명지, 「"이재용 사면해야" 69.4%, 전직 대통령은 42.8% [윈지코리아]」, 『조선일보』, 2021년 4월 27일.

37 김경락, 「[한겨레 프리즘] 닥치고 이재용 사면론의 배경」, 『한겨레』, 2021년 4월 28일.

38 안재승, 「낯 뜨겁지 않은가? 정도껏 해라」, 『한겨레』, 2021년 5월 4일.

39 김종일, 「[여론조사] 이재용 사면 찬성 76.0%, 반대 21.9%」, 『시사저널』, 2021년 5월 14일.

40 조현지, 「[쿠키뉴스 여론조사] "이재용 사면하자"…국민 68.4% '찬성'」, 『쿠키뉴스』, 2021년 5월 12일.

41 한영혜, 「이재용 부회장 사면, 찬성 64% 반대 27%」, 『중앙일보』, 2021년 5월 14일.

42 김희정, 「[데일리안 여론조사] 국민 70% "이재용 부회장 사면 찬성"」, 『데일리안』, 2021년 6월 2일.

43 김영배, 「"법 위에 재벌 없고 총수 없다…그게 정의고 공정이고 상식이고 법치주의다"」, 『한겨레』, 2021년 7월 19일.

44 정수연, 「"이재용 8·15 가석방, 찬성 66.6% 반대 28.2%" [리얼미터]」, 『연합뉴스』, 2021년 7월 26일.

45 최기창, 「[쿠키뉴스 여론조사] 이재용 사면, 국민 71.6% "찬성"…진보·중도·보수 이견 '無'」, 『쿠키뉴스』, 2021년 7월 29일.

46 연합뉴스, 「"이재용 8·15 가석방, 찬성 70%…전직 대통령 특사는 반대 56%"」, 『매일경제』, 2021년 7월 19일.

47 조현호, 「이재용 가석방 "삼성 공화국…文 정권에 분노"」, 『미디어오늘』, 2021년 8월 9일.

48 탁지영·김상범, 「문 대통령 "이재용 가석방, 국익 위한 선택이었다"」, 『경향신문』, 2021년 8월 14일.

49 김경욱, 「'국익'으로 포장하지 말라」, 『한겨레』, 2021년 8월 18일.

50 다음 기사에 달린 댓글이다. 이완, 「문 대통령, 뒤늦게 "국익 선택"…재벌 특혜 논리 반복」, 『한겨레』, 2021년 8월 14일.

51 손가영, 「사법 정의 포기한 이재용 가석방 결정, 언론 역할 컸다」, 『미디어오늘』, 2021년 8월 10일.

52 조준혁, 「김어준 "이재용 가석방, 불법은 아니다…문제는 언론"」, 『미디어오늘』, 2021년 8월 10일.

53 조현호, 「"이재용 가석방, 언론이 '가스라이팅'으로 벌인 사기극"」, 『미디어오늘』, 2021년 8월 9일.

54 윤춘호, 「[그 사람] 이재용, 이 사람이 아버지를 이기는 길」, 『SBS』, 2021년 7월

31일.

55 성화용, 『2015년 이재용의 삼성』(월간조선사, 2005), 256~257쪽.

56 베티나 슈탕네트(Bettina Stangneth), 김희상 옮김, 『거짓말 읽는 법』(돌베개, 2017/2019), 195쪽.

57 조노선 하이트(Jonathan Haidt), 왕수민 옮김, 『바른 마음: 나의 옳음과 그들의 옳음은 왜 다른가』(웅진지식하우스, 2012/2014), 311, 333, 335, 337쪽.

58 이동현·유재연, 「슬픔 공감대 옅어지자 '유족 배려 폭' 놓고 다른 목소리」, 『중앙선데이』, 2014년 7월 26일.

59 정진석, 『역사와 언론인』(커뮤니케이션북스, 2001), 305~306쪽.

60 『신동아』, 1992년 9월호.

61 김동춘, 『1997년 이후 한국 사회의 성찰: 기업사회로의 변환과 과제』(길, 2007), 5쪽.

62 이한상, 「이건희 회장의 진짜 克日」, 『조선일보』, 2020년 10월 26일, A31면.

63 차기태, 『이건희의 삼성 이재용의 삼성』(필맥, 2016), 290쪽.

64 고란, 「삼성전자…지난해 매일 1,100억 원 벌었다」, 『중앙일보』, 2013년 1월 9일.

65 백강녕, 「글로벌 기업된 삼성전자, 광고費도 세계 1위」, 『조선일보』, 2013년 4월 15일.

66 노정연, 「삼성전자 '세계 최고의 고용주' 1위」, 『경향신문』, 2020년 10월 17일, 5면.

67 이한상, 「이건희 회장의 진짜 克日」, 『조선일보』, 2020년 10월 26일, A31면.

68 「[사설] 2류 숙명 나라에 세계 1류 DNA 심은 혁신의 이건희」, 『조선일보』, 2020년 10월 26일, A31면.

69 안재승, 「이건희 회장 평가, 과공은 비례다」, 『한겨레』, 2020년 10월 27일, 26면.

70 이철호, 「이건희 회장이 남기고 간 숨은 이야기들」, 『중앙일보』, 2020년 10월 28일, 35면.

71 윤정국, 「가장 믿을 수 없는 조직 국회/공보처 4,500명 의식 조사」, 『동아일보』, 1996년 12월 31일, 6면.

72 김종하, 「본사한길리서치 유권자 3,002명 전화조사/대선 여론조사」, 『동아일보』, 1997년 4월 1일, 9면.

73 한홍구, 『대한민국사: 단군에서 김두한까지』(한겨레신문사, 2003), 23~24쪽.

74 김진경, 『삼십년에 삼백년을 산 사람은 어떻게 자기 자신일 수 있을까』(당대, 1996), 90~91쪽.

75 이종오, 『한국의 개혁과 민주주의』(나남출판, 2000), 93쪽.

76 김병완, 『이재용의 제로베이스 리더십: 위기를 창조적 도약으로 바꾸는 혁신 전략』(미다스북스, 2015), 20쪽.

77 김포그니, 「'삼성 제국' 출간하는 미국인 기자 "북한 취재보다 어려웠다"」, 『한겨레』, 2017년 12월 2일.

78 김용철, 『삼성을 생각한다』(사회평론, 2010), 441쪽.

79 김용철, 『삼성을 생각한다』(사회평론, 2010), 443~444쪽.

80 김용철, 『삼성을 생각한다』(사회평론, 2010), 389~390쪽.

81 김창준, 「추천의 글: 공익제보자의 눈으로 본 한국 사회의 속살」, 신광식, 『불감사회: 9인의 공익제보자가 겪은 사회적 스트레스』(참여사회, 2006), 9쪽.

82 김홍수, 「삼성 임원 되면 3代가 편안?」, 『조선일보』, 2013년 7월 6일; 김수진, 「가장 취업하고 싶은 그룹 1위 '삼성'…2·3위는?」, 『에듀동아』, 2021년 8월 30일.

83 기획취재팀, 「'사법 저울'이 기울었다: 강한 자엔 '솜방망이' 약한 자엔 '쇠몽둥이'」, 『경향신문』, 2000년 12월 26일, 1면.

84 정양환·유원모, 「유전무죄-무전유죄…"여전히 돈 없고 빽 없으면 서럽다"」, 『동아일보』, 2017년 1월 25일.

85 이주원 외, 「노동계·시민단체 "유전무죄, 무전유죄" 강력 반발」, 『서울신문』, 2021년 8월 10일.

86 채윤태, 「'정치·정당의 부도덕·부패'에 국민들 울분 가장 컸다」, 『한겨레』, 2021년 4월 22일; 김윤주, 「한국인이 느끼는 사회적 울분 1위는 정치인 부패·부도덕」, 『조선일보』, 2021년 4월 21일.

87 김성모·신영일, 「靑-국회-사법기관 신뢰 바닥…"금 모으기 운동 다신 않겠다"」, 『동아일보』, 2017년 1월 6일.

88 임수빈, 「전관예우는 사회 신뢰 좀먹는 암 덩어리다」, 『중앙일보』, 2018년 7월 16일.

89 김양진, 「"비고시 1억 5천·고시 2억 5천"…재취업 연봉까지 정해준 공정위」, 『한겨레』, 2018년 7월 27일.

90 오관철, 「재벌 개혁의 적 '공피아'」, 『경향신문』, 2017년 11월 6일.

91 김용철, 『삼성을 생각한다』(사회평론, 2010), 377쪽.

92 신평, 『공정사회를 향하여: 문재인 정권의 실패와 새로운 희망』(수류화개, 2021), 186~187, 192쪽.

93 「[사설] 檢 "강한 범죄 의심 든다"면서 어떻게 靑 혐의자들 불기소하나」, 『조선일보』, 2021년 4월 16일.

94 Daniel J. Boorstin, 『The Discoverers: A History of Man's Search to Know His World and Himself』(New York: Random House, 1983), p.293.

95 사빈 멜쉬오르 보네(Sabine Melchior-Bonnet), 윤진 옮김, 『거울의 역사』(에코리브르, 1994/2001), 11~12쪽.

96 사빈 멜쉬오르 보네(Sabine Melchior-Bonnet), 윤진 옮김, 『거울의 역사』(에코리브르, 1994/2001), 10쪽.

제3장

왜 BTS는 '살아 있는 자기계발서' 인가?

위로, 긍정,
희망, 연대를
위한 행진

대체 우리는 자기계발 이외에
어떤 대안을 권유할 수 있는가[1]
● 서강대학교 사회학과 교수 전상진

●

BTS 멤버 RM의 자기계발서 비판

방탄소년단BTS은 '살아 있는 자기계발서'라는 말은 2019년 『조선
일보』 문화부 차장 최보윤이 처음 쓴 것이다. 물론 긍정적 의미로
쓴 말이었다. 나는 2020년 7월에 출간한 『한류의 역사』에서 이 의
미를 긍정하면서 다룬 바 있지만, 이 글에선 그 논지를 좀더 적극적
으로 발전시켜 보고자 한다. 그런데 한 가지 걱정이 있다. '자기계
발'을 영 좋지 않게 보는 시선이 존재하기 때문이다. BTS 멤버 RM
도 첫 번째 믹스테이프 중 두 번째 곡 〈Do You〉에서 다음과 같이
자기계발 담론을 비판하지 않았던가.

"난 세상에서 자기계발서가 제일 싫어 / 이렇게 저렇게 하란 개소
리들 / 다 줏댄 없고 남 말은 잘 믿어 / 그러니까 그 개소리들이 베스
트셀러 / 걔네들이 너에 대해 무엇을 알지 / 너의 꿈 너의 취미, 이해
를 하니? / 눈치만 덜 봐도 바뀌는 건 참 많지 / 주인으로 태어나 왜
노예가 되려 하니 / '아프니까 청춘이다' / 그딴 위험한 정의가 제일

문제야 / 삶에서 장르는 덫, 마치 음악처럼 / 거기 얽매이는 순간 바보 되니까."[2]

선의와 취지를 충분히 이해할 수 있는 좋은 말이다. 사실 그간 수많은 지식인들, 주로 진보적 지식인들이 자기계발서에 맹공을 퍼부어왔는데, 다 선의와 취지는 좋았다. 하지만 나는 좀 동의하기 어려운 점이 있었다. 그래서 지난 2016년에 발표한「자기계발의 문화정치학」이란 논문, 그리고 2017년에 출간한『자기계발과 PR의 선구자들』에서 이의를 제기한 바 있다.[3] 그때 했던 주장을 압축해 소개하면서 독자들께서 자기계발에 대해 열린 자세를 가져줄 것을 당부드리고 싶다. 그래야 BTS가 '살아 있는 자기계발서'라는 주장에 대한 오해를 미연에 방지할 수 있을 게 아닌가.

나는 이 글의 부제를 "위로, 긍정, 희망, 연대를 위한 행진"이라고 붙였는데, 이는 자기계발에도 여러 성격이나 단계가 있음을 말하고자 한 것이었다. '자기수용'이나 '자기긍정'이 필요한 단계에선 그 이상의 것을 권하는 자기계발서들이 이렇게 저렇게 하라는 말이 개소리로 들릴 수 있겠지만, 그 단계를 넘어서 세속적인 야망이나 꿈을 갖는 단계에선 그런 개소리가 꽤 괜찮은 조언이 될 수도 있다.

"좋은 집, 좋은 차, 그런 게 행복일 수 있을까? In Seoul to the SKY, 부모님은 정말 행복해질까?……더는 남의 꿈에 갇혀 살지마." 8년 전인 2013년 BTS는 〈N.O〉에서 이렇게 노래했지만, 좋은 집과 좋은 차를 갖고 명문대 진학을 한다고 해서 더 불행해질 이유도 없잖은가. 세속적인 야망이나 꿈을 갖는 게 나쁜가? 감히 나쁘다고 말할 사람은 없을 게다. 이제 그런 정직한 자세로 이야기를 시작해보자.

●

자기계발을 하지 않는 사람도 있나?

누구나 인정하겠지만, 자기계발은 불황을 타지 않는 영원한 성장 산업이다. 미국에서 이 산업의 시장 규모는 2000년대 초에 25억 달러였는데, 2006년에 90억 달러를 돌파하더니, 2012년엔 120억 달러에 이르렀다.[4] 한국의 시장 규모는 집계된 통계가 없어 알 수 없지만, 자기계발 열풍의 뜨거움이 미국 못지않다는 건 분명하다. 자기계발 열풍과 생존 경쟁의 치열함은 정비례하기 마련인데, 한국은 '헬조선'의 절규가 터져 나오는 곳이 아닌가.

2007년 8월 온라인 취업사이트 '사람인'이 직장인 1,254명을 대상으로 강박증에 대한 설문조사를 실시한 결과, 74.6퍼센트가 '강박증이 있다'라고 응답했으며, 강박증 종류로는(복수 응답) '자기계발에 대한 강박증'이 59.6퍼센트로 가장 많았다.[5] 직장인들의 자기계발 강박증은 2016년 10월 『세계일보』와 취업포털 잡코리아가 직장인 1,287명을 대상으로 실시한 설문조사(복수 응답)에선 10명 중 9명이나 갖고 있는 것으로 나타났다.[6] 자기계발의 내용과 방식은 좀 다를망정, 20대의 자기계발 강박증 역시 "닥치고 자기계발!"이라는 한마디로 표현될 수 있을 만큼 심하다.[7]

교보문고가 2010년 지난 11년간의 누적 도서 판매량을 집계했더니, 1~3위(『시크릿』, 『연금술사』, 『마시멜로 이야기』)가 모두 자기계발 서적이었다. 이런 자기계발 강박증을 새로운 '종교 현상'의 하나로 보는 논문이 나올 정도로,[8] 자기계발은 우리의 일상적 삶을 지배하고 있다. 최근엔 '코로나 블루'라 불리는 우울증·무기력증이 2030세대를 덮치면서 자기계발 이전에 자기보존의 수요가 크게 늘고 있다. 그래서 '심리 상담 붐'이 일어나 상담 1회당 99만 원을 받는 상담소의 예약이 꽉 찼다는 기사마저 나오고 있다.[9]

그럼에도, 아니 어쩌면 그렇기 때문에, 자기계발에 대한 지식인들의 시선은 곱지 않다. 거의 대부분 비판과 비난 일변도다. 국내에도 번역 출간된 바버라 에런라이크의 『긍정의 배신』이나 미키 맥기의 『자기계발의 덫』은 자기계발 열풍의 어두운 면을 날카롭게 지적하고 있다.[10] 물론 우리 지식인들의 평가도 "실용 포르노그래피", "정신적 마약", "우리의 눈을 가리기 위한 일종의 안대", "자기계발서를 읽었다는 건 '낡였다!'의 다른 말", "거대한 사기극", "요망한 궤변" 등과 같은 표현이 말해주듯이, 가혹할 정도로 비판적이다.

물론 그런 비판의 취지와 선의엔 얼마든지 동의할 수 있지만, 자기계발서나 기법으로부터 큰 도움을 받았다는 사람들의 진심 어린 증언을 접할 때마다 불편해지는 건 어쩔 수 없다. 비록 그들이 자기계발서 독자들의 소수일지라도 말이다. 내가 하는 건 괜찮지만 당신이 하는 건 위험하거나 어리석다고 보는 건 너무 엘리트주의적인 발상이 아닌가 하는 생각 때문이다.

말이야 바른 말이지만, 자기계발을 하지 않는 사람도 있나? 자기계발서로 분류되지만 않을 뿐 사회적으로 존경받는 인사들이 쓴 교양서적에도 자기계발을 위한 조언은 철철 흘러넘치지 않나? 『자유의 의지 자기계발의 의지』의 저자 서동진이 잘 지적했듯이, 자기계발서들을 경멸하는 이들도 "자기계발이란 용어를 경유하지 않은 채, '삶에 도움이 되는', '나의 경력 개발에 유용한', '내가 누구인지 깨닫게 하는', '나의 진정한 자유를 발견하고 성찰하게 한' 등의 이야기를 통해 자기계발 담론을 열정적으로 소비한다."[11]

아니 독자의 입장에선 모든 책이 다 자기계발을 위한 것이라고 해도 과언이 아니다. 자기계발이 도대체 왜 문제가 된단 말인가? 서강대학교 사회학과 교수 전상진의 다음과 같은 논문 제목을 음미해보는 건 어떨까? "자기계발의 사회학: 대체 우리는 자기계발 이외에 어떤 대안을 권유할 수 있는가?" 자기계발의 소비·실천 과정에 주목한 전상진은 자기계발 담론을 '협잡이거나 기만'으로 보는 것은 '무리이자 오만'이라면서, 자기계발 수행자가 "'성공'에 연연하기보다 자기계발의 실천에서 얻을 수 있는 소소한 만족을 중시한다"는 점을 지적한다.[12]

의외로 많은 사람들이 그러는 게 아닐까? 지식인들은 자기계발서들의 과장과 허황됨을 꾸짖지만, 일반 소비자들은 광고의 주장을 그대로 믿진 않듯이 자기계발 담론도 자신의 필요에 따라 적당한 수준에서 능동적으로 소비하고 있는 건 아닐까? 그러니 자기계발서 자체를 싸잡아 문제 삼을 게 아니라 어떤 자기계발서인지 그걸 따져보는 수고를 해보자는 것이다.

그런 전제 하에 나는 이제부터 BTS가 '살아 있는 자기계발서'로서 칭찬받아 마땅하다는 주장을 하고자 한다. 물론 매우 좋은 자기계발서다. 형식이 어떠하건 이전의 자기계발서들과 근본적으로 다른 점이 있다면 그건 바로 '수평적 자기계발'이라는 점이다. 수평적 자기계발은 위에서 아래로 주어지는 수직적 자기계발과는 달리 영향을 주고받는 이가 동등한 수평적 관계에서 상호 소통과 연대를 통해 획득하는 자기계발이라고 할 수 있겠다.

●

"10대에 대한 모든 편견과 억압을 막아내겠다"

RM(랩 몬스터, 김남준), 진(김석진), 슈가(민윤기), 제이홉(정호석), 지민(박지민), 뷔(김태형), 정국(전정국) 등 7명의 소년(청년) 멤버로 구성된 방탄소년단防彈少年團, Bulletproof Boys Scouts: BTS은 이름 그대로 "총알을 막아내는 방탄조끼처럼 10대에 대한 모든 편견과 억압을 막아내겠다"는 슬로건을 내세우며 2013년 6월 작곡가이자 프로듀서인 방시혁의 기획으로 탄생한 프로젝트 그룹이었다.

방시혁은 어떤 인물이었던가? 1972년생인 그는 어려서부터 '음악광'이자 '만화광'이었고 대학(서울대학교)에선 미학을 전공했지만 재학 중인 1994년 '유재하 음악 경연대회'에 나가 동상을 받은 것이 계기가 돼 대중음악계에 발을 들여놓게 되었다. 그는 JYP의 전속 작곡가이자 수석 프로듀서로 박진영 휘하에서 god, 박지윤, 비의 히트곡을 만든 뒤 2005년 빅히트 엔터테인먼트를 설립했다.

데뷔 당시 16세에서 21세였던 방탄소년단은 모두 국내파였다 (경기도 일산과 과천 출신이 각 1명씩, 부산 출신 2명, 대구 출신 1명, 광주 출신 1명, 경남 거창 출신 1명). 이들은 자신을 '촌놈'으로 규정하고 '촌놈 정체성'을 거리낌 없이 드러내면서 '흙수저 아이돌'을 자처했다. 뮤직비디오 촬영 때 예산이 부족해 배우를 기용하지 못하고 매니저가 대신 연기를 했다는 말이 나올 정도였으니, 더 말해 무엇하랴. 많은 사람들이 영어가 유창한 RM을 해외파로 보았겠지만, 그는 일산에서 어머니가 사다 준 미국 드라마 〈프렌즈〉 전 시즌 DVD로 영어를 배웠다.[13]

대중문화 시장에서 '편견과 억압'은 중소 기획사에게도 작동하는 것이었기에, BTS는 그 벽을 넘어서기 위해 소셜 미디어를 적극 활용하는 길을 택했다. 방탄소년단이 데뷔하기 6개월 전인 2012년 말부터 블로그와 트위터를 개설해 SNS 활동을 시작한 데서 알 수 있듯이, 이제 곧 나타나게 될 'BTS 신드롬'의 진원지는 바로 소셜 미디어였다.

이들은 10대와 20대 청춘들의 생각, 꿈, 삶과 사랑을 주요 스토리로 담은 앨범에 걸맞게 팬들과의 실시간 1대 1 소통 방식을 택했으며, 이에 따라 충성도가 매우 높은 글로벌 다국적 팬덤 아미 A.M.R.Y: Adorable Representative MC for Youth가 결성되어 'BTS 신드롬'의 동반 주역으로 맹활약하게 된다.[14]

아미는 '영웅의 탈영웅화'를 동반한 쌍방향적·수평적 구조를 통해 자율성과 능동성을 향유함으로써 다른 아이돌 팬덤과는 분명한 차별성을 갖기 시작했다.[15] 『BTS 예술혁명: 방탄소년단과 들뢰즈가 만나다』의 저자인 이지영이 잘 지적했듯이, "수평적인 친구이자 조력자로서 연대하고 있는 방탄과 여러 아미의 관계에서 방탄과 아미는 주체와 객체의 관계에 있지 않다. 다양한 아미가 네트워크로 연결 접속되어 있는 관계에도 모든 팬을 규제하는 원리 같은 것은 존재하지 않는다."[16]

●

노래 가사는 BTS 자신들의 이야기

방탄소년단이 다른 아이돌 그룹과 다른 근본적인 차이는 스스로 하는 자율이었다. 방탄소년단은 연습생 때부터 휴대전화도 개인 소지하고 연애 금지령과 같은 규율의 지배도 받지 않았다. 방탄소년단

기획사는 "금지하지 않아도 꿈을 이루려고 스스로 잘 관리하더라"고 했다.[17]

그래서 방탄소년단은 '자율형 아이돌'이라는 별명까지 얻었는데, 방시혁은 훗날(2017년 12월) 언론 인터뷰에서 "방탄소년단의 다음 목표로 어떤 걸 생각하고 있나?"라는 질문에 이렇게 답했다. "방탄소년단의 목표를 내가 말하는 건 적절하지 않은 것 같다. 방탄소년단이 스스로 말하는 게 맞다고 본다. 이 정도 레벨에 올라온 가수들의 꿈은 본인들이 이야기하는 게 맞다고 본다. 나도 그 부분이 궁금하고 듣고 싶다."[18]

방시혁이 방탄소년단에게 요구한 것은 "너희 자신의 이야기를 음악으로 만들 수 있는 역량을 키워야 한다"는 것이었다. 그래서 멤버끼리 서로 가르치고 배우면서 멤버 전원이 작곡 및 작사가 가능한 그룹이 되었고, 자신들의 꿈, 우정, 사랑, 청춘, 방황 등 젊은 팬들이 공감할 수 있는 메시지를 노래에 녹여낼 수 있었다.[19]

홍석경은 "이들은 가능한 한 자율적인 연습과 창작의 조건 아래서 연습했고, 서울말을 배우더라도 자기가 태어난 지역의 방언과 불안한 청소년의 고뇌를 잊지 않았다"며 "대형 기획사가 깔아주는 레드카펫 위에서 데뷔하는 다른 아이돌 그룹들과 기울어진 운동장에서 경쟁해야 하는 자신들의 처지를 비슷한 상황의 동시대 청년들이 공감할 수 있는 방식으로 음악 안에 녹여냈다"고 했다.[20]

김수정의 분석에 따르면, BTS 전체 앨범 15개에 수록된 87개

곡(중복 곡 제외)의 가사 중 51개 곡(약 59퍼센트)이 BTS와 멤버들의 자전적 이야기를 담고 있으며, 곡 제목에 '방탄소년단'이 등장하는 곡이 많으며, '나'와 관련된 단어가 가장 높은 빈도로 등장한다. 나, 나는, 나도, 나로, 나를, 나만, 나에게, 나와, 나의 나조차, 나한테, 난, 날, 내, 내가, 내게 등 16개 종류의 단어가 1,810개였다. 그래서 BTS의 곡들은 "BTS를 주연으로 하는 실화 영화에 삽입된 배경음악OST" 같은 인상을 주며, 이는 수용자들에게 강한 현실감을 준다는 것이다.[21]

물론 그 현실감은 결코 과거와 현재에 머무르지 않으며 미래를 지향한다. 전체 87개 곡 중 절반이 넘는 49개 곡에 '꿈dream(포함)'이라는 단어가 사용된 것이 그걸 잘 말해준다 하겠다. "늘 생각해 지금 새우잠 자더라도 꿈은 고래답게", "넘어져 다치고 아파도 끝없이 달리네 꿈을 향해", "가진 게 꿈밖에 없었네 눈 뜨면 뿌연 아침뿐" 등과 같이 말이다.[22]

●

"난 소녀를 갖고 싶어"의 수준을 뛰어넘는 메시지

노래의 메시지가 뭐가 중요해? 그렇게 말할 사람들이 없진 않겠지만, 방탄소년단의 팬들에겐 그게 절대적으로 중요하다. 외국 팬들이 한국어 가사를 어떻게 알아? 그렇게 묻고 싶은 사람들도 있겠지만,

그건 큰 착각이다. 그들이 한국어 가사를 이해하기 위해 들이는 공은 그런 의문을 가진 사람들의 상상을 초월한다. 이지영은 "방탄이 생산하는 수많은 콘텐츠들은 공개된 지 몇 시간 만에 영어로 번역되고 이 번역은 다시 수십여 개의 언어로 번역되어 업로드된다"며 다음과 같이 말한다.

"방탄 관련 기사나 영상, 트윗이 예고 없이 수시로 올라오기 때문에 이 많은 콘텐츠를 번역하는 것은 엄청난 시간과 노동을 필요로 하는 일이다. 더욱이 한국어에만 있는 독특한 표현이나 문장 구조 때문에 번역은 결코 쉽지 않다. 영어로 명확하게 번역되지 않는 한국어 표현들에 대해 국내 팬 번역팀은 그 표현이 나타낼 수 있는 모든 영어 해석을 주석으로 달아 오해의 소지를 줄이려 애쓴다. 아미들은 번역과 관련된 온갖 어려움을 방탄에 대한 사랑으로 극복한다."[23]

BTS 콘텐츠 번역계정 운영자인 채명지는 "가장 어렵지만 즐거웠던 작업을 꼽으라면 단연 '땡'이란 가사일 것이다"며 이렇게 말한다. "동요 속의 종소리 '땡', 얼음 '땡', 틀렸을 때 '땡', '삼팔광땡'까지, 단어 한 글자가 내포한 여러 가지의 맥락을 풀어 설명해야 했다. 개인적으로 화투 용어를 잘 몰라서 먼저 공부를 한 뒤 설명해야 했다."[24]

미국의 라디오방송 진행자 드루 가라보는 BTS의 노래를 듣고 딱히 나쁘지는 않았지만 그렇다고 감동을 느낄 정도는 아니었다고 한다. 그러나 그건 노래 가사의 뜻을 모르고 들었을 때였다. 나중에 가사에 담긴 메시지의 의미를 알고 난 후엔 감동이 그를 흔들었다. 그는 이렇게 말한다. "BTS는 완전히 다른 레벨에 있어요. 왜냐하면 그들은 메시지를 가지고 있어요. 다른 그룹들 메시지가 뭐였을 것 같아요? '난 소녀를 갖고 싶어.' 하지만 BTS의 메시지는 굉장한 의미를 가지고 있어요."[25]

이지행은 "방탄소년단이 새로운 노래를 발표하면 팬덤 내부에서 뮤직비디오와 함께 가장 많이 유통되는 콘텐츠가 바로 가사 번역물이다"며 "방탄소년단이 직접 쓰는 가사의 메시지를 가장 큰 메리트로 꼽는 팬덤인 만큼 노래의 가사를 낱낱이 분해해 그로부터 의미를 읽어내는 기호학적 생산이 일상적으로 행해진다"고 말한다.[26] 물론 그런 기호학적 생산과 관련된 수많은 기사는 말할 것도 없거니와 논문들도 많이 나와 있다. 이게 바로 BTS가 '살아 있는 자기계발서'가 될 수 있었던 주요 근거다.

여기에 더하여 젊은 세대가 전 세계적으로 동질화된 환경적 변화가 있었다는 건 두말할 나위가 없다. 1981년 8월 1일에 탄생한 미국 MTVMusic Television는 국경마저 파괴해 전 세계의 젊은이들을 문화적으로 동질화시키는 데에 크게 기여함으로써 'MTV 세대'라는 말을 낳게 만들었다.[27] 'MTV 세대' 이후의 세대는 오늘날 '유튜브 세대'로 진화했지만, 그 진화의 이면엔 세계화와 신자유주의의 세계적 확산으로 인한 '좌절과 고통의 동질화', 즉 문화적 동질화와 더불어 경제적 동질화가 있었다. 이런 변화는 BTS라는 '살아 있는 자기계발서'가 요구되는 잠재적 수요였다고 말할 수 있겠다.

●

"BTS 최고의 매력은 바로 '진정성'"

그간 많은 전문가들이 BTS의 성공 비결에 대해 많은 분석을 쏟아 냈지만, 나는 이지영의 간결한 분석이 가장 마음에 든다. 그는 방탄소년단이 세계적 인기를 끌 수 있었던 첫 번째 핵심적인 요인으로 '음악적 탁월성'을 들었다. 예컨대, AMA 무대에서 방탄소년단의 라이브가 너무 완벽한 탓에 립싱크 논란까지 격렬하게 일어났고, 급기야 라이브였음을 확인해주는 언론 보도까지 등장할 정도였다는 것이다. 이어 이지영은 두 번째 핵심 요인으로 '진정성'을 꼽았다. "자신들의 삶에서 느끼는 시련과 아픔, 절망, 두려움, 희망에서 발원"한 진정성이 "전 세계 팬들의 마음에 울림을 주고 그들이 연대하여 행동하게" 만들었다는 것이다.[28]

　『갈등하는 케이, 팝』의 저자 이규탁도 "국내외 팬들이 입을 모아 지적하는 BTS 최고의 매력은 바로 '진정성'이다"고 말한다.[29] 거의 모든 전문가들이 '진정성'의 힘을 말하고 있지만, 이화여대 사회학과 교수 최샛별이 "개인적으로 BTS에게 부여되는 진정성 담론에 동의하지 않는다"고 말한 게 흥미롭다. 왜 그럴까? 그는 "BTS의 진정성에 의문을 제기하는 것은 아니다"며 다음과 같이 말한다.

"'진정성'이라는 개념이 BTS가 다른 케이팝 아이돌과의 갖는 차이점에만 부가되어 다른 케이팝 아이돌은 진정성이 없는 것으로 치부될 수 있는 위험성 때문이다. 물론 부작용이 없는 것은 아니지만 케이팝 시스템 하에서의 혹독한 훈련을 이겨내고 완전에 가까운 퍼포먼스를 완성하는 것도 어떤 의미에서의 진정성일 수 있음에도 서구 특히 미국 시장의 기준에 의해 진정성을 규정하고 잣대로 삼고 있다는 생각 때문이다."[30]

의미심장한 문제 제기라고 할 수 있겠다. 아닌 게 아니라 오늘날엔 인기가 너무 높다보니 '진정성'의 오·남용이 매우 심한 것도 분명한 사실이다. 이는 진정성을 어떻게 정의하느냐의 문제일 수 있는데, 그 작업이 그리 간단치 않다. 이야기가 길어질 수 있으니, 이에 대해선 내가 『생각의 문법』에 쓴 「왜 '진정성'은 위험할 수 있는가?: 진정성」이라는 글을 참고해 주시기 바란다.[31]

다만 최샛별이 서구 시장의 기준을 "음악에 가수의 영혼이 얼마나 녹아 있는지를 중시하는" 것으로 보는 것과 관련,[32] BTS는 추상적인 '영혼'이라기보다는 구체적인 '일상'을 가사에 녹여냈다는 점에서 서구 시장의 기준과도 다른 게 아니겠느냐는 제안을 하고 싶다. 물론 그걸 꼭 '진정성'으로 불러야 하느냐에 대해선 좀더 논의가 필요하겠지만 말이다.

여기선 진정성을 방탄소년단의 RM이 2017년 5월 29일 서울에서 열린 빌보드 뮤직 어워드 수상 기념 기자간담회에서 한 말로 이해하기로 하자. "음악 메시지를 전달할 때 가장 중요한 건 저희가 진심으로 느끼고 있냐는 점이다. 우리가 우리들 (세대) 이야기를 하는데 그게 우리들의 이야기가 아니면 그 어떤 10대, 20대도 공감할 수 없다. 우리가 그 점에 대해, 가사에 대해 얼마나 진심으로 느끼고 있느냐가 중요하다."[33]

●

"어느 날 아침 눈을 떴을 때 내가 죽었으면 했어"

BTS와 아미의 성장 과정은 순탄치 않았다. 중소 기획사 소속 아이돌에 대한 '편견과 억압'은 상상을 초월하는 수준이었다. '힙합'과 '아이돌'이 어떻게 공존할 수 있느냐는 반발과 비난도 있었지만,[34] 정작 문제는 음악 외적인 비난이었다. 데뷔 초부터 2016년까지 거대 기획사 팬덤은 BTS를 향해 "덕질할 맛 안 나게 생긴 중소돌"이라는 조롱과 더불어 악의적 루머와 공격을 맹렬히 퍼부었다. 이런 악의적 공격을 견디다 못해 팬덤을 떠난 아미들도 꽤 많았다.[35]

『BTS와 아미 컬처』의 저자인 이지행은 "멤버들의 인터뷰와 노래에도 그 시절 그들이 겪었을 불안과 고통이 은연중에 묻어난다"며 RM은 2017년 새해 첫날 발매한 〈always〉라는 공개곡에서 다음 가사를 통해 속내를 비쳤다고 했다. "어느 날 아침 눈을 떴을 때 내가 죽었으면 했어."[36] 방탄소년단의 〈바다〉는 아예 직설적으로 세상의 '편견과 억압'에 맞섰다. "빽이 없는 중소 아이돌이 두 번째 여름이었어 / 방송에 잘리긴 뭐 부지기수 / 누구의 땜빵이 우리의 꿈 / 어떤 이들은 회사가 작아서 쟤들은 못 뜰 거래."[37]

이지행은 "외부의 적은 내부를 단합시킨다고, 오랜 시간 국내외의 K팝 팬들로부터 고초를 당해온 아미들은 결과적으로 더 똘똘 뭉치기 시작했다"며 이렇게 말한다. "든든한 배경도 없고 미디어의 혜택도 받지 못하는 방탄에게는 오로지 아미밖에 없다는 절박한 심정은, 후에 해외 팬들이 오직 방탄을 위해 미국 시장의 문을 본격적으로 두드리게 만드는 밑거름이 되었다."[38]

『BTS: The Review 방탄소년단을 리뷰하다』의 저자인 김영대는 해외 팬들이 방탄을 주목하기 시작한 건 2014년 여름 미국 로스앤젤레스에서 열린 북미 K팝 축제인 '케이콘'이었다며, 이렇게 말한다. "정작 이들의 잠재력을 알아본 것은 편견이 적은 미국 시장의 케이팝 팬들과 현지의 언론이었던 것이다. 그들의 절대적인 숫자는 크지 않았지만, 그것이 담고 있는 의미는 상징적이었다."[39]

방탄소년단이 언더독으로서 당해야 했던 세상의 '편견과 억압'에 대한 저항은 가사를 통해 팬들에게 그대로 전달되었다. 방탄소년단이 처음 '빌보드 200'에 진입한 건 2015년 음반 《화양연화 파트2》가 171위에 오르면서였는데, 타이틀 곡 〈I NEED U〉가 팬들에게 준 위로의 힘은 컸다. 유튜브에 올라간 뮤직비디오 댓글을 보면 지금도 세계 각지의 언어로 "자살하고 싶었는데 힘이 났다"는 이

야기가 많다.[40]

2016년 3월 미국 경제지 『포브스』에 따르면 방탄소년단BTS은 한 달간 SNS에서 리트윗(539만 건)이 가장 많이 된 음악인이었다. 미국의 인기 래퍼 칸예 웨스트(375만 건)와 저스틴 비버(358만 건) 보다 많은 수치였다. SNS를 비롯해 오프라인을 통해 멤버들이 자유롭게 해외 팬들과 소통하며 나온 결과였다.[41] 2016년 10월 10일 에 발매된 2번째 정규 앨범 《WINGS》에 실린 〈둘! 셋!〉은 그런 소통과 연대의 힘을 잘 묘사한 노래였다.

"괜찮아 (괜찮아) 자 하나 둘 셋 하면 잊어 (잊어) / 슬픈 기억 모두 지워 (지워) / 서로 손을 잡고 웃어 (웃어) / 그래도 좋은 날이 앞으로 많기를 / 내 말을 믿는다면 하나 둘 셋 (하나 둘 셋) / 믿는다면 하나 둘 셋 (하나 둘 셋) / 그래도 좋은 날이 훨씬 더 많기를/내 말을 믿는 다면 하나 둘 셋 (하나 둘 셋) / 믿는다면 하나 둘 셋 (하나 둘 셋) / 하 나 둘 셋 / 하면 모든 것이 바뀌길 / 더 좋은 날을 위해 / 우리가 함께 이기에"

●

"전 세계의 모든 언더독들은 들어라"

2017년 2월 13일 발매된 BTS의 2집 리패키지 앨범에 수록된 노 래 〈Not Today〉는 전 세계의 언더독을 향해 이렇게 외친다. "전 세계의 모든 언더독들은 들어라. 언젠가 우리가 질 날이 올지도 모르지만 그게 오늘은 아니다. 오늘 우리는 싸울 것이다." 2년 후인 2019년 3월 11일 알제리에서 대통령 연임 반대 시위에서 한 남성이 들고 있던 플래카드에 바로 이 가사가 등장한다.[42]

〈Not Today〉엔 마틴 루서 킹의 연설문도 가사로 등장한다. "날아갈 수 없음 뛰어. 뛰어갈 수 없음 걸어. 걸어갈 수 없음 기어. 기어서라도 gear up." 이 뮤직비디오는 2020년 8월 기준 유튜브에서 4억 뷰 이상을 기록했다.[43] 〈A Supplementary Story: You Never Walk Alone〉에선 설사 기어가더라도 결코 혼자가 아님을 주지시킨다.

"예 신은 왜 자꾸만 우릴 외롭게 할까 OH NO / 예 상처투성일지라도 웃을 수 있어 함께라면 / 홀로 걷는 이 길의 끝에 뭐가 있든 발디뎌볼래 / 때론 지치고 아파도 괜찮아 니 곁이니까 / 너와 나 함께라면 웃을 수 있으니까 / 날고 싶어도 내겐 날개가 없지 / BUT 너의 그 손이 내 날개가 돼 / 어둡고 외로운 것들은 잊어볼래 너와 함께 / …… / 이 길이 또 멀고 험할지라도 함께 해주겠니 / 넘어지고 때론 다칠지라도 함께 해주겠니."

2017년 9월 18일에 발매한 방탄소년단의 'LOVE YOURSELF 起承轉結 시리즈' 미니앨범 5집 《LOVE YOURSELF 承 'Her'》의 타이틀곡인 〈DNA〉 뮤직비디오는 10월 12일 오후 유튜브 조회수 1억 뷰를 돌파했다. 이로써 방탄소년단은 2억 뷰를 돌파한 〈쩔어〉

와 〈불타오르네〉를 포함해 〈피 땀 눈물〉, 〈상남자〉, 〈세이브 미〉, 〈낫 투데이〉, 〈봄날〉, 〈DNA〉까지 총 8편의 1억 뷰 돌파 뮤직비디오를 보유하게 되었다.[44]

2017년 11월 20일 미국 캘리포니아주 로스앤젤레스 마이크로 소프트 공연장에서 열린 '2017 아메리칸 뮤직 어워즈' 시상식에서 방탄소년단은 최신곡 〈DNA〉를 공연함으로써 미국 TV 데뷔 무대를 성공적으로 마쳤다. 이들의 공연은 구글 실시간 트렌드 1위를 기록했고, 트위터에 이들을 언급한 글이 2,000만 건 넘게 올라왔다.[45]

기네스월드레코드 측은 공식 트위터에 "지난밤 '아메리칸 뮤직 어워즈'에서 있었던 방탄소년단의 뛰어난 퍼포먼스를 축하한다. 한국 밴드가 음악 그룹으로는 트위터에서 가장 많이 언급돼 2018년 기네스 세계기록에 등재됐다"고 밝혔다. 방탄소년단은 '트위터 최다 활동MostTwitter engagements' 남성 그룹 부문에서 리트윗 수 15만 2,112회를 기록했으며, 19일 미국 로스앤젤레스 마이크로소프트 공연장에서 열린 '2017 아메리칸 뮤직 어워즈'에서의 공연과 관련한 트윗은 2,000만 건 발생했다.[46]

2017년 11월 30일 홍콩에서 열린 Mnet 아시아 뮤직 어워드 MAMA 전문 부문 시상식 기조연설에서 방시혁은 방탄소년단의 성공 비결 중 가장 큰 이유로 '소셜 미디어와 미디어 환경의 변화'를 꼽았다. 그는 "서구의 음악 시장은 전통적인 미디어를 중심으로 견고하게 형성돼 주류와 비주류 간의 차이가 있었다"면서 "그러나 최근 몇 년간 소셜 미디어가 대두하고 온라인 플랫폼이 다변화되면서 음악 산업의 축이 거세게 흔들렸다"고 분석했다.

이어 방시혁은 "방탄소년단은 SNS를 적극적으로 활용하는 10~20대와 같은 플랫폼을 통해 소통하고 있다"며 "이 과정에서 발생하는 화제성이 방탄소년단을 잘 모르던 사람은 물론 기존 미디어마저 관심을 갖게 했다"고 말했다. "SNS가 기존 미디어의 흐름을 바꾼 좋은 예"로 꼽은 것이다. 그는 "음악이라는 매개체를 통해 언어, 국가를 초월하는 공존의 순간이 무엇인지 보여줬다"며 "강력한 팬덤을 기반으로 새로운 주류 문화로 떠오를 수 있는 가능성이 있다"고 덧붙였다.[47]

●

BTS가 보는 스토리텔링형 자기계발 메시지

"다양한 업계에서 방탄소년단의 성공 비결과 경제적 가치를 분석했고, 정치권에서는 소통법을 배우자는 보고서까지 나왔다. 세련된 음악, 청춘과 교감하는 동시대적인 메시지, '칼 군무', 친근한 SNS(사회관계망서비스) 소통 등 여러 요소가 집약됐을 텐데, 멤버들이 생각하는 포인트는 뭔가."

『연합뉴스』(2018년 1월 28일) 인터뷰에서 나온 질문이다. 방탄소년단으로선 이미 지겨울 정도로 많이 받은 질문이었겠지만, 여전히 중요한 질문이었다. RM은 "방탄소년단의 큰 키워드에서 보면 성공 비결은 '진심+실력'이라고 생각한다. 진심은 대중의 눈에 다 보인다. 하지만 사람들은 SNS로 소통을 많이 했다는 것에만 주목한다. 더 중요한 건 우린 가수이니 음악과 퍼포먼스의 퀄리티가 무조건 좋아야 한다는 점이다"며 다음과 같이 말했다.

"그걸 갖춘 상태에서 우리가 말하고 싶은 진심과 메시지, 우리가 꾸준히 한 소통 빈도수가 합쳐졌고, 그 모든 걸 방 PD님이 선구안을 갖고 밀어줬다. 자유를 줬고 우리도 플레이어로서 '하이 리스크 High Risk'를 잘 짊어지면서 '하이 리턴High Return'을 했다. 회사와 우리의 공이 반반으로, 기획사와 아티스트가 비즈니스 파트너로 협업 관계를 맺어가는 측면에서 바람직한 모델이라고 생각한다."[48]

"회사와 우리의 공이 반반"이라는 답이 인상적이다. 방탄소년단의 스토리텔링형 자기계발 메시지도 그렇게 보는 게 옳을 것 같다. 방시혁은 미국 『버라이어티』(2019년 9월 4일) 인터뷰에서 "방탄소년단을 통해 청중들에게 전하고 싶은 메시지가 있었다. 스토리텔링이 그 메시지를 전달하기에 가장 좋은 방법이었다. 그리고 예상보다 반응이 많이 뜨겁기도 했다"며 다음과 같이 말했다.

"방탄소년단 팬덤 안에는 스토리텔링이나 세계관의 확장을 싫어하는 사람들도 있다. 그러나 많은 분들이 이야기를 즐겨주고 있고, 비즈니스를 확장할 수 있는 좋은 기회를 놓쳐서는 안 된다고 생각했다. 어떤 팬들은 그냥 내가 좋아하니까 나 자신을 위해서 세계관을 만든 것이 아니냐고 하기도 하는데, 내가 그렇게까지 어리석지는 않다.(웃음) 스토리텔링이 가진 전체적인 잠재력을 가늠해보는 거라서 단순히 내 취미 때문이라고는 할 수 없다."[49]

자기계발에 관한 방시혁과 방탄소년단의 공은 반반일망정 그 방향을 설정해준 이는 물론 방시혁이었다. 그는 2019년 11월 25일 한-아세안 포럼 강연에서 지금 시대에는 발언의 보편성만으로는 좋은 콘텐츠가 될 수 없다는 점을 다음과 같이 강조했다.

"그 발언은 보편성을 띠는 동시에 특수한 취향 공동체의 열광 또한 이끌어낼 수 있어야 합니다. 보편성과 특수한 취향 공동체, 어떤 면에선 이율배반적으로 들릴 수 있습니다.……현대의 '좋은 콘텐츠'란 모두가 자신의 이야기라고 공감할 만한 보편적인 발언이자, 동시에 취향 공동체의 열광을 이끌어낼 수 있는, 특수한 형태의 발언이기도 해야 합니다."[50]

보편성과 특수성의 관계는 이율배반적으로 보일 수도 있겠지만, 원래 전파(확산)의 메커니즘이 그렇다. 우선 열성적인 지지자들을 사로잡아야만 한다. 이들이 전파의 전도사로 나설 수 있기 때문이다. 전파의 범위가 넓어지면 특수성은 보편성으로 발전하게 되고, 이런 과정을 거쳐 세상은 비로소 달라진다. 인류 역사 이래로 모든 사회 변화와 혁신이 거쳐온 경로이며, BTS의 성공 역시 이 문법에 충실했다고 볼 수 있겠다. 성공을 거둔 후엔 누구나 다 알 수 있는 쉬운 것처럼 보이지만, 성공 이전엔 시도하기 어려운 모험이다.

●

"지금 자체로도 괜찮다"는 메시지

2018년 초 그래미상을 주관하는 레코딩아카데미 트위터에서 '자신의 인생에 가장 영향을 끼친 앨범'을 물었는데, 누군가 BTS를 썼다가 "진짜 음악을 말하라"는 조롱이 쏟아졌다. 그때 전 세계 아미들이 달려들어서 방탄이 내 인생에 어떤 영향을 줬는지 수만 개의 댓글을 달았다. "우울증이었는데 자살 생각을 하지 않게 도와줬다", "목을 매기 직전 BTS를 보면서 울었다" 등과 같은 글들이 많았다.

이 놀라운 현상을 소개한 이지행은 "밑바닥에서 올라온 방탄의 성장사, '지금 자체로도 괜찮다'는 음악의 메시지에 공감하면서 위로받았다는 것이다"며 이렇게 말한다. "방탄이 대변하는 게 마이너리티성, 혹은 언더독underdog성이다. 신자유주의는 세계 인구의 99%를 스스로 언더독이라고 여기게 하는 측면이 있지 않나. 방탄은 언더독 중에서도 언더독으로 출발했다. K팝 중에서도 굉장히 낮은 곳에서 출발했고. 그런 언더독의 한계를 극복해간 과정에 대한 응원이 크다."[51]

방탄소년단은 2018년 5월 20일(현지 시각) 미국 라스베이거스에서 열린 '2018 빌보드 뮤직 어워즈'에서 2017년에 이어 '톱 소셜 아티스트' 상을 또 받았으며, 5월 27일(현지 시각)엔 정규 3집 새 앨범《러브 유어셀프: 티어》가 미국 '빌보드 200' 차트 1위를 차지했다. 빌보드 역사상 한국 가수가 앨범 차트 1위를 차지한 것은 처음이었다. 2009년 3월 보아가 발표한 앨범《BoA》가 '빌보드 200'에서 127위를 기록하며 한국인 첫 빌보드 입성 기록을 세웠다. 같은해 10월 원더걸스가 〈노바디Nobody〉로 한국 최초로 싱글 차트인 '핫 100' 기록(76위)을 세웠으며, 2012년엔 싸이가 〈강남스타일〉로 7주 연속 '핫100' 2위에 올랐었다.[52]

왜 싸이는 전 세계적 히트를 쳤음에도 끝내 1위를 하지 못했던 걸까? '미국 내 라디오 선곡 횟수'가 장벽이었다. 미국 라디오는 외국어로 된 노래에 대한 진입 장벽이 높기 때문에, 세계적으로 그 어떤 일이 벌어져도 미국 라디오에서 외면당하면 1위에 올라서긴 어려운 일이었다. 이 장벽을 뚫은 주인공이 바로 아미였다. 미국 50개 주의 방탄 팬 사이트 연합체인 BTSX50States가 미국 내 라디오 방송사들을 면밀히 조사한 내용을 담은 매뉴얼을 만들어 모든 아미에게 배포했다. 이후 어떤 일이 벌어졌던가? 이지행은 다음과 같이 말했다.

"한 번이라도 방탄의 노래를 틀어준 디제이들은 그 지역 아미들로부터 꽃다발이나 디저트와 함께 정성스런 카드를 받았다.……그간 팬덤과 친분을 쌓아온 디제이가 방송사를 그만두거나 이직할 때면, 마음을 담은 선물과 함께 앞날에 행운을 비는 카드를 보내 감동을 안겨 주기도 했다. 디제이들은 오랫동안 라디오에서 일하며 수많은 가수의 팬들을 봐왔지만 방탄 팬들의 가수에 대한 서포트는 수준 자체가 다르다며 놀라워했다."[53]

2018년 5월 30일 미국 대중음악 전문지 『롤링스톤』은 「방탄소년단은 어떻게 K팝의 금기를 깼나」는 칼럼을 통해 "한국에서 팝스타와 정치는 좀처럼 섞이지 않고, 대다수 아이돌 그룹은 앨범의 성공을 위해 정치와 무관한 길을 걷는다"며 "그러나 방탄소년단은 관습에 저항했고, 데뷔 때부터 성소수자의 권리, 정신 건강 문제, 성공에 대한 압박 등 한국 사회의 모든 금기를 노래했다"고 분석했다. 그러면서 "BTS는 자신들의 명성이 힘을 갖는다는 것을 잘 알고 있다"고 진단했다.[54]

●

"자신의 목소리를 내주세요"

2018년 9월 24일 미국 뉴욕 유엔본부에서 열린 유엔아동기금 UNICEF(유니세프) 행사에 참여한 방탄소년단을 대표해 리더 RM은 '자신만의 목소리를 내라'는 주제로 연설했다. "자신의 목소리를 내주세요. 조금씩 자신을 사랑하는 방법을 배워 나갑시다"라는 그의 메시지는 큰 반향을 불러일으켰다. ABC-TV가 생중계한 6분간의 연설은 나중에 미국 내 일부 학교에서 자기 긍정의 교육 자료로까지 활용되었다.

RM은 "서울 근처의 일산이라는 아름다운 도시에서 태어나 아름다운 어린 시절을 보냈다"고 자신을 소개했다. 그렇지만 9~10살 무렵 타인의 시선을 의식하게 됐고, 남들이 만들어놓은 틀에 자신을 집어넣기 시작하면서 나만의 목소리를 잃게 됐다고 고백했다. 이어 "별을 보면서 꿈꾸지 말고 실천해보자고 생각했다. 내 몸의 목소리를 들어보자고 생각했다"면서 "저에게는 음악이라는 도피처가 있었다. 그 작은 목소리를 들을 때까지 오랜 시간이 걸렸다"고 말했다.

RM은 "사람들이 'BTS는 희망이 없다'고 말했고 포기하고 싶은 생각도 들었다지만, 포기하지 않았다. 멤버들이 있었고 아미ARMY 팬들이 있었기 때문"이라고 했다. 이어 "실수하고 단점이 있지만 제 모습을 그대로 유지할 것"이라며 "우리 스스로 어떻게 삶을 바꿀 수 있을까. 우리 스스로 사랑하는 것이다. 여러분 목소리를 내달라. 여러분의 스토리를 얘기해달라"고 연설했다.[55]

전 세계의 팬들은 감격했다. 그들은 "BTS가 보내는 메시지는 스스로를 사랑하고 주변을 사랑하라는 거예요"라거나 "BTS의 랩에는 세상을 더 나은 곳으로 만들거나 서로 존중하자는 메시지가 담겨 있어요"라고 말했다.[56]

홍석경은 현재 지구상의 청년들은 지역적 차이를 고려하더라도 "미래에 대한 불안, 무한 경쟁으로 인한 자존감 상실, 환경 위기와 팬데믹이 보여주는 불확실한 지구의 미래" 등과 같은 생존의 조건을 공유하고 있다며 이렇게 말한다. "방탄이 제공하는 해결책은 신자유주의적 경쟁에 자신을 갈아 넣으라는 자기계발의 논리가 아니라 자신을 있는 그대로 받아들이는 것, 그리고 무릎 꿇지 말고 자존감을 지키며 미래를 위해 연대하자는 것이다."[57]

이지영은 "폭력적이고 억압적인 사회에 대한 방탄소년단의 비판은 고통받고 있는 이들에 대한 공감과 연대의 가치로 나아간다"며 이렇게 말한다. "이를 위해 방탄소년단은 '당신이 누구이든, 어디 출신이든, 피부색과 성정체성이 무엇이든, 당신 자신에 대해 말하세요'라고 말한 2018년 유엔UN 연설을 통해 사회 속에서 고통받는 사람들에게 자신을 사랑하라는 메시지LOVE YOURSELF를 전한다. 다층적으로 구조화된 사회적 존재로서 나 자신을 인정하고 말함으로써만 우리가 자신을 사랑할 수 있게 된다는 이러한 메시지는 지구상의 수많은 사람들에게 보편적인 울림으로 다가가고 있다."[58]

●

방시혁의 '빠순이'를 위한 분노

2018년 10월 6일(현지 시각) 뉴욕 시티필드 경기장에서 열린 방탄소년단의 'Love Yourself' 공연은 열광과 환호의 도가니였다. 미국 콘서트에선 스탠딩 석 티켓을 구입한 모든 팬을 선착순으로 입장시키기 때문에 공연이 시작되기 약 일주일 전부터 시티필드 일대는 스탠딩 앞좌석을 차지하기 위해 천막을 치고 노숙하는 열혈 팬들로 인해 '텐트촌'으로 변했다. CBS는 "2일 태풍에도 팬들이 텐트를 떠나지 않았다"고 보도했다. 공연 당일 뉴욕 지하철공사는 트위터 계정을 통해 "BTS의 시티필드 공연 때문에 지하철 대체 노선을 추가한다"고 공지했다.

3시간 가까이 진행된 공연에서 BTS는 〈페이크 러브〉, 〈DNA〉, 〈불타오르네〉, 〈쩔어〉 등 히트곡을 열창했고, 팬들은 매 곡마다 제각기 다른 응원가를 외치며 화답했다. 공연을 보러 온 이들은 10~20대 여성뿐 아니라 중·장년층까지 다양했다. 인종도 아시아, 흑인, 백인, 히스패닉을 아울렀다. 그러나 BTS를 향한 '팬심'은 나이, 인종, 국적의 장벽을 순식간에 허물었다. 공연이 시작되자 관객들은 한국어 노래를 일제히 '떼창'했다. 최신 곡 〈아이돌〉에 등장하는 "얼쑤 좋다", "지화자 좋다" 같은 한국 전통 후렴구가 관중석 전체에서 메아리쳤다.[59]

『뉴욕타임스』는 이날 공연에 대해 "4만 명의 관객과 함께한 토요일 밤 공연은 때론 땅이 흔들릴 정도로 활기찬 공연이었다"며 "그들을 보는 관객의 미소 역시 그 어떤 빛보다 밝았다"고 소개했다.[60] 방탄소년단은 미국 시사주간지 『타임』(10월 22일자)의 표지를 장식했다. 『타임』은 온라인 판에 게재한 「방탄소년단은 어떻게 세계를 접수했을까」란 제목의 기사에서 방탄소년단의 노래 대부분이 한국말로 되어 있다는 점을 강조하며 "세계적 현상이 되기 위해 영어로 음악을 해야 하는 것은 아니라는 것을 증명해냈다"는 유명 디제이DJ 스티브 아오키의 분석을 소개했다.[61]

2019년 1월 1일 한국에서 12년간 살아온 영국 칼럼니스트 팀 알퍼는 『조선일보』에 기고한 「유럽 팬들마저 끌어당기는 K팝의 '팬덤'」이라는 제목의 칼럼에서 '한국 팬들의 열정과 지극정성'에 대한 놀라움을 토로했다. 지구상 어디엔가 참혹한 자연재해가 일어나면 한국의 팬클럽은 자기가 좋아하는 가수들의 이름으로 쌀이나 구호물품을 보내고, 팬들이 사비私費를 들여 서울 지하철역에 아이돌 스타의 대형 사진과 생일 축하 메시지로 가득한 광고판을 내거는 열정은 유럽 사람들에겐 상상할 수 없는 일이라는 것이다. 그는 "진심으로 그들을 경외한다"고 했다.[62]

그러나 그들을 경외하는 한국인은 거의 없었다. '빠순이'라고 비하하지 않기만 해도 다행이었다. 방시혁이 2019년 2월 26일 서울대학교 졸업식 축사에서 그런 '빠순이'들을 적극 옹호하고 나선 게 인상적이었다. "내 성공의 원동력은 '분노'"라고 말한 그는 빠순이 비하 풍토에 분노를 드러냈다. "K팝 콘텐츠를 사랑하고, 이를 세계화하는 데 일등공신 역할을 한 팬들은 지금도 '빠순이'로 비하되는 경우가 비일비재합니다. 아이돌 음악을 좋아한다고 떳떳하게 말하지도 못합니다."[63] 그는 "엔터테인먼트 산업이 처한 상황은 상식적이지 않았고, 그것들에 분노하고 불행했다"며 "이제는 그 분노가 나의 소명이 됐다고 느낀다"고 말했다.[64]

●

BTS는 '자기계발서'를 넘어선 '종교'다

영국 런던에 사는 데이지(17)는 4년 전만 해도 친구 하나 없는 외톨이였다. 잦은 괴롭힘으로 학교생활은 공포였다. 그는 우리말로 또박또박 "BTS가 날 구해줬다"고 말했다. "유튜브를 보다 '나약해지지마, 이길 거랬잖아'라는데 제 어깨를 토닥이는 것 같았죠. '너 자신을 사랑하라'는 말은 정신적 무기가 됐어요." 네덜란드의 헤이예스(24)는 "대학도 못 가고 취업도 안 돼 방황했을 때 BTS 초기 시절이야기를 알게 됐다"며 "앞날도 모르고, 힘든데도 최선을 다하는 걸보면서 'BTS처럼 하자'고 마음을 다잡았다. 얼마 전 직장도 구했다"고 말했다.

2019년 6월 10일 『조선일보』 문화부 차장 최보윤은 「BTS라는자기계발서」라는 제목의 칼럼에서 영국 웸블리 방탄소년단BTS 공연장에서 위와 같은 팬들 이야기를 들으니 "BTS는 그들에게 '살아있는 자기계발서'였다"고 말했다. 기자회견에서도 영국 SKY뉴스기자는 BTS에게 이런 질문을 던질 정도였다고 한다. "팬들을 만나보니 힘든 시기를 극복하게 도와주고, 삶의 태도를 긍정적으로 변화시켰다 입을 모은다. 비결이 뭔가."[65]

SBS PD 이재익은 「BTS가 제2의 비틀스 맞냐고 묻는 분들에게」라는 제목의 『한겨레』(2019년 6월 29일) 칼럼에서 방탄소년단을 감히 비틀스에 비견할 수 있는 가장 큰 이유는 시대정신에 있다고 했다. 그는 "비틀스가 반전과 평화를 노래한 것처럼 방탄소년단도 음악을 통해 메시지를 전해왔다. 빈부격차가 공고하고, 남과 비교당하기 쉽고, 그래서 그 어느 시대보다 개개인이 초라해지기 쉬운 지금 가장 필요한 메시지다"며 다음과 같이 말했다.

"나는 이제 방탄소년단의 위치가 종교의 영역에 들어왔다고 생각한다. 종교가 별건가? 신이 따로 있나? 내가 어찌 할 수 없는 것들에 대해 의지할 수 있는 대상이 바로 신이다. 아무리 그래도 신은 너무했다고? 근엄한 척 뒤로는 온갖 비행을 저지르고, 정치인 행세를 하는가 하면 신도들에게 돈 뜯어낼 생각에 골몰하는 일부 혹은 다수 종교인들보다 방탄소년단에 빠지는 편이 몇 배는 더 도움 된다. 나 역시 자기혐오와 막연한 공포에 질려 있던 최악의 시기에 방탄소년단을 통해 구원받았음을 간증한다. 할렐루야. 나무아미타불."[66]

2019년 서울 잠실 올림픽 주경기장에서 열린 LYS 월드투어 마지막 공연을 다녀온 한 팬은 빅히트가 "위로를 주는 음악과 아티스트"를 완벽히 구현하고 있다면서 "방탄이 젊은이들을 데리고 사역한다. 교회가 기능을 못하니 방탄이 쓰임받는 게 아닐까 싶을 정도"라고 했다.[67]

이런 종교성을 불편하게 보는 사람들도 있지만, 김송연은 『BTS 오디세이: 고통과 치유의 이야기』에서 "숨이 막혀오고 모든 것을 잃어갔을 때, BTS는 내게 인공호흡기 같은 존재였다"며 달리 볼 것을 제안한다. "신명이 지나쳐, BTS 팬덤이 종교적인 느낌이라 거부감이 든다는 사람들이 있다. 하지만 여기에 BTS의 핵심이 있다. 그들이 가진 신명이 바로 종교적이라는 데에 있고, 그것이 BTS 현상의 핵심인 치유와 닿아 있기 때문이다."[68]

그런 종교성이 타인에 대한 배려와 나눔으로 발휘된다면 불편하게 생각할 게 무엇이 있겠는가. 방탄소년단은 2017년부터 유엔아동기금UNICEF(유니세프)과 함께 아동·청소년 폭력 근절 캠페인인 "Love Yourself #EndViolence"를 진행해 2019년 캠페인 2주년이 되는 시기까지 총 26억 원의 지원금을 모아 기부했다. 아미 역시 매해 멤버들의 생일이 되면 해당 멤버의 이름으로 헌혈, 기부 및 각종 후원을 했다.[69]

●

'BTS 국제 학제 간 학술대회'

빅히트는 2019년 7월 1일 기존의 팬 커뮤니티를 대체할 수 있는 새로운 온라인 플랫폼 서비스인 '위버스Weverse'를 개통했다. 위버스를 통하여 '음악 산업의 원스톱 서비스'를 구현하겠다는 야망인 셈인데, 이미 박형준은 2018년 "방탄소년단은 현대 플랫폼 기업의 가장 모범적인 사례를 보여준다"고 평가했다.[70]

2019년 8월 21일 서울 강남구 대치동 섬유센터에서 열린 방탄소년단 소속사 빅히트엔터테인먼트의 설명회에서 방시혁은 "빅히트의 2019년 상반기 매출이 2018년 연간 매출과 맞먹는 수준인 총 2,001억 원을 달성했습니다"라고 발표했다. 대중음악계의 '빅3'인 SM · JYP · YG엔터테인먼트를 모두 제친 결과였다. 별도재무제표 기준으로 SM의 상반기 매출은 1,215억 원, YG는 795억 원, JYP는 616억 원이었다. 방시혁은 기존의 음반·음원 중심에서 영화·웹툰·소설·드라마로 사업 영역을 확장하겠다는 포부를 밝혔다.[71]

문화적 현상에서 매출액의 크기로 대변되는 경제적 성공은 곧 세계적 영향력을 의미하는 것이었다. 그래서 BTS는 전 세계적 차원에서 이루어지는 학술적 논의의 대상이 되었다. 2020년 1월 영국 런던 킹스턴대학에서 열린 제1회 '방탄소년단BTS 국제 학제 간 학술대회BTS Global Interdisciplinary Conference'에선 30여 개 국가 140명 이상의 학자들이 모여 뜨거운 토론을 벌였다.

이지영은 "단일 대중 아티스트에 대한 정기 학술대회 및 저널 등의 집단적 연구가 지금처럼 이루어지는 것은 역사상 처음이다. 방탄소년단 연구의 범위는 철학·문학·음악학·미술학·문화연구·젠더연구·심리학·교육학·경영학·미디어연구·고전학·종교학·빅데이터·영화학·정치학·역사학·인류학 등 인문·사회과학 및 예술전 분야를 망라하고 있다"며 다음과 같이 말한다.

"방탄소년단은 성찰적이고 강력한 메시지들을 다양한 문학, 철학, 심리학 작품들을 활용해 텍스트의 범위를 확장한다. 방탄소년단이 자신의 작품에 영감을 주었다고 직간접적으로 밝힌 작품들은 대표적으로 헤르만 헤세의 『데미안』, 어설라 르 귄의 『오멜라스를 떠나는 사람들』, 제임스 도티의 『닥터 도티의 삶을 바꾸는 마술가게』, 머리 스타인의 『융의 영혼의 지도』, 에리히 프롬의 『사랑의 기술』 등이다. 이 때문에 학자들뿐 아니라 팬들도 메시지의 의미를 다양한 문학 작품, 철학, 심리학과의 관계 속에서 분석해오고 있다."[72]

2020년 2월 24일 방탄소년단 멤버 지민은 유튜브를 통해 생중계된 BTS 정규 4집 《맵 오브 더 솔: 7》 발매 기념 기자회견에서 세대를 넘어 물려줄 수 있는 자신들의 유산으로 "노래와 앨범"을 꼽으면서 "많은 분들에게 앞으로 공감, 감동, 위로를 줄 수 있으면 좋겠어요"라고 했다. 진은 "우리가 있기까지 수없이 거쳐온 길, 현재 느끼는 감정들을 솔직하게 풀어냈어요. 그간 숨기고 싶었던 깊은 내면을 드러냈고 동시에 그것이 우리 진짜 모습임을 알게 된 방탄소년단을 보여드리려고 했습니다"라고 소개했다.[73]

●

BTS의 인종차별·폭력 반대 운동

2020년 6월 4일 방탄소년단과 소속사는 "우리는 인종차별에 반대합니다. 우리는 폭력에 반대합니다"라는 선언과 함께 흑인 인권운동 '블랙 라이브스 매터Black Lives Matter · BLM(흑인의 생명은 중요하다)' 측에 100만 달러(약 12억 원)를 기부했다. 팬덤 아미 역시 이 같은 행보에 발맞춰 27시간 만에 100만 달러가 넘는 액수를 모금하는 데 성공했다. 이규탁은 "K팝은 사회운동의 목소리로 변환될 수 있는, 현재 유일한 글로벌 인기 음악 장르"라며 "유독 K팝 팬들이 가수에게 정치적·사회적 목소리를 내달라고 거침없이 요구하는 까닭은 'K팝 가수라면 팬들 목소리를 들어줄 것'이란 기대가 있기 때문"이라고 했다.[74]

2020년 6월 8일 미국 CNN은 온라인 기사를 통해 K팝 팬덤이 온라인에서 어떻게 인종차별 시위를 보호하는지 자세히 소개했다. K팝 팬덤은 자신이 좋아하는 K팝 스타의 공연 영상과 사진을 경찰의 앱과 '#화이트라이브스매터'의 해시태그에 첨부하는 '밈meme'의 방식으로 시위대를 도왔다. 댈러스 경찰의 불법 시위 감시 앱에 들어가거나 해시태그를 검색하면 "셀 수 없을 정도의Countless" 엑소EXO나 방탄소년단BTS 등 K팝 스타 관련 게시물을 보게 함으로써 무력화시킨 것이다.

이와 관련해 CNN은 K팝 팬덤에 대해 "지난해 SNS에 60억 건의 포스팅을 올린 소셜 미디어 세계의 가장 강력한 군대"라며 "이들이 가장 잘하는 방식으로 대응했다"고 소개하면서 이렇게 말했다. "만약 소셜 미디어 세계에 대해 모두가 동의할 수 있는 규칙이 하나 있다면, 그것은 K팝 팬덤을 거스르지 말라는 것이다."[75]

사실 방탄소년단은 그들의 음악적 존재만으로도 인종차별을 넘어서게 만드는 힘을 발휘하고 있었다. 2020년 여름까지 영국 런던에서 유학 생활을 하던 문소영은 자신의 플랫메이트(룸메이트)이자 아미의 일원인 20대 후반의 타이완 출신 대학원생 피비Phebe의 말을 이렇게 전했다. "내가 10년 전에 영국에 와서 힘들고 외로웠을 때 방탄소년단의 노래가 얼마나 힘이 됐는지 몰라. 게다가 방탄소년단 때문에 영국에서 우리 같은 아시아인을 보는 시선이 많이 달라졌어, 진짜야."[76]

2020년 8월 22일 세계 최대 음원 스트리밍 서비스인 스포티파이가 발표한 '글로벌 톱 50' 차트에서 BTS 신곡 〈다이너마이트 Dynamite〉가 1위에 올랐다. 〈다이너마이트〉는 공개 19시간 만에 전 세계 104개 나라 및 지역에서 아이튠즈 '톱 송' 차트 1위를 차지했고, 뮤직비디오도 공개 24시간 30분 만에 유튜브 조회 수 1억 건, 공개 108시간 만에 2억 건을 돌파했다. 이어 〈다이너마이트〉는 9월 1일 미국 빌보드 싱글 차트인 '핫 100' 1위에 올랐다. 포브스의 대중음악 전문기자 브라이언 롤리는 트위터에 "〈다이너마이트〉의 성공은 비서구권 아티스트를 바라보는 서구권 대중의 패러다임 전환을 의미한다"며 "팝 슈퍼스타로서 최후의 한계를 넘어선 것을 축하한다"고 적었다.[77]

2020년 9월 1일 방탄소년단BTS은 신곡 〈다이너마이트〉로 미국 빌보드 싱글 차트인 '핫 100' 1위를 차지했다. 노래가 전하는 희망의 메시지와 긍정의 에너지도 빼놓을 수 없는 요인이었다. 김영대

는 "미국은 코로나19와 인종차별 반대 시위 등이 벌어지면서 나라
가 어지럽고 국민이 좌절감에 빠져 있는 상황"이라며 "밝은 희망을
담은 이번 노래가 현재 상황과 맞물려 사람들을 위로하고 희망을
준 것이 성과로 이어졌다"고 분석했다.[78]

●

"나, 당신, 우리 모두는 존중받을 권리가 있다"

2020년 9월 23일 방탄소년단은 제75차 유엔총회 부대행사로 열
린 유엔 보건안보 우호국 그룹 고위급 회의에 특별 연사로 나서 코
로나 바이러스 감염증으로 고통받는 세계인들을 향해 위로의 메시
지를 던졌다. 이들이 유엔총회 연사로 선 것은 2018년에 이어 두
번째였다.

진은 "미래에 대한 걱정, 끊임없는 노력, 다 중요하지만 가장 중
요한 건 자기 자신을 아껴주고 격려해주고 가장 즐겁게 해주는 일"
이라며 "모든 게 불확실한 세상일수록 항상 나, 너 그리고 우리의
소중함을 잃지 말아야 한다"고 했다. 정국은 "불확실한 오늘을 살고
있지만 사실 변한 건 없다"면서 "내가 할 수 있는 게 있다면, 우리
목소리로 많은 사람들에게 힘을 줄 수 있다면 우린 그러길 원하고
계속 움직일 것"이라고 했다.

RM은 "밤이 깊을수록 별빛은 더 빛난다. 해 뜨기 전 새벽이 가장

어둡다"면서 "지금이야말로 우리가 스스로의 얼굴을 잊지 않고 마주해야 하는 때다. 필사적으로 자신을 사랑하고 미래를 상상하려고 노력했으면 한다"며 세계인들을 위한 위로의 메시지를 던졌다.[79]

방탄소년단은 11월 30일에는 한국어 노래인 〈라이프 고즈 온〉으로도 빌보드 '핫100' 1위에 올랐다. 〈다이너마이트〉와 〈라이프 고즈 온〉 모두 코로나19 시대를 사는 이들에게 전하는 위로와 희망의 메시지를 담은 곡이었다. 『타임』은 BTS를 '올해의 연예인'으로 선정하며, 그 이유를 이렇게 들었다. "그들은 고통과 냉소가 가득한 시기에 친절, 연결, 포용이라는 메시지에 충실했고, 팬덤은 이들의 긍정 메시지를 세계로 전파했다."[80]

이지행은 『한겨레』(2020년 12월 26일)에 기고한 「취향을 증명까지 해야 돼?」라는 글에서 "사회관계망서비스SNS와 유튜브에 관련 키워드를 검색하면, 다양한 나이와 인종·성별·직종의 아미 구성원들이 자신의 인생 중 어떤 순간에 방탄소년단을 만났으며 그들의 어떤 메시지가 마음을 뒤흔들었는지, 그로 인해 어떤 삶의 변화를 겪었는지 고백하는 영상들이 수도 없이 쏟아져 나온다"며 다음과 같이 말했다.

"방탄소년단의 지난 8년은, '팬이 있어야 내가 있다'는, 말이 쉽지 그 의미를 지키긴 너무나 어려운 이 명제를 과연 그들이 어떻게 지켜내면서 성장했는가를 증명한 시간이었다. 오늘날 세계에서 가장 강력한 팬덤이라 일컬어지는 아미의 저력은 결코 팬덤 머릿수에서 비롯된 화력에 있지 않다. 방탄소년단이라는 타인의 서사를 자신의 서사로 받아들이고 이를 삶의 태도로 연결하면서 생겨나는 확장의 힘, 다른 말로 하면 '연대'에 있다."[81]

연대의 힘을 필요로 하는 비극적인 사건은 계속해서 일어나고 있었다. 미국에서 인종차별로 인한 총기 난사 사건이 국제적 이슈로 떠오르자 방탄소년단은 2021년 3월 30일 "아시아인에 대한 혐오를 멈춰주세요(#Stop Asain Hate · SAH)", "아시아태평양계에 대한 혐오를 멈춰주세요(#Stop AAPI Hate)" 운동에 동참했다.

방탄소년단은 이날 공식 트위터에 한국어와 영어로 "지금 벌어지고 있는 일은 아시아인으로서 저희의 정체성과 떼어서 생각할 수 없다"며 "사실 이런 이야기들을 꺼내놓기까지, 또 저희의 목소리를 어떻게 전할지 결정하기까지 많은 고민이 있었다"고 했다. 이어 "그러나 결국, 우리가 전달해야 할 메시지는 분명하다"며 "우리는 인종차별에 반대한다. 우리는 폭력에 반대한다. 나, 당신, 우리 모두는 존중받을 권리가 있다. 함께하겠다"고 했다.[82]

방탄소년단BTS이 7월 9일 공개한 신곡 〈퍼미션 투 댄스Permission to Dance〉 뮤직비디오에서 선보인 수어(수화 언어) 안무가 전 세계적으로 화제를 끌었다. 엘튼 존 등 세계적 스타들이 극찬한 데 이어 WHO(세계보건기구) 사무총장 테워드로스 거브러여수스도 BTS에게 감사 인사를 전했다. 그는 자신의 트위터에 방탄소년단의 〈퍼미션 투 댄스〉 뮤직비디오를 소개하며 〈퍼미션 투 댄스〉의 뮤직비디오에 수어를 활용한 방탄소년단에게 감사한다"며 "수어는 15억 명의 청각장애인들이 삶의 활력이 되는 음악을 즐길 수 있게 했다"고 말했다.[83]

•

"BTS, 나의 100배 성취했지만 너무 힘들 것"

널리 알려져 있다시피, 기존 3대 기획사의 아이돌 관리는 철저히 '인성 교육'에 맞춰져 있었다. 이건 별도의 연구 주제이겠지만, 한국은 연예인을 '공인'으로 간주하면서 공인이 가져야 할 도덕성을 요구하는 유별난 나라다. 게다가 연예인에겐 '좋은 성격'과 '유쾌하고 명랑한 표정'까지 요구한다. 시장 풍토가 연예인의 그런 '감정노동'을 당연시하고 있으니, 그 기준을 맞추지 못하는 연예인은 퇴출 대상이었다. 따라서 기획사로서는 무슨 고결한 뜻이 있어서라기보다는 애써 키운 연예인의 '지속가능성'을 위해서라도 '인성 교육'을 강조하지 않을 수 없었다. 그런데 방탄소년단은 그런 '인성 관리'의 수준을 넘어서 팬들에게 '위로·긍정·희망·연대' 메시지를 전하는 특별한 연예인이 아닌가.

2021년 5월 H.O.T. 출신 토니안이 『동아일보』 히어로콘텐츠팀과의 인터뷰에서 BTS에 대해 의미심장한 말을 했다. 그는 "우리가 보는 BTS와 토니안이 보는 BTS는 다를 것 같은데요?"라는 질문에 이렇게 답했다. "저보다 훨씬 큰 업적을 이룬 친구들이라. 솔직히 저의 10배? 100배 될까? 그래도 저는 알죠. 제가 보는 BTS는 '너무 힘들 것 같다'죠. 너무 힘들겠죠.……더 앞으로 나아가야 한다는 압박감. 지켜야 되고. 이제 지켜야 되잖아요. 그분들이 느낄 상상도 할 수 없는 정도의 어떤 기분과 압박……올림픽 메달리스트나 전 세계에서 1등을 하신 분들, 수억 명을 뒤로하고 자기가 우승해본 그런 압박감을 느껴보신 분들이나 아실 수 있을 거예요."[84]

맞다. 그런 압박감과 더불어 이른바 '감정노동'의 강도도 다른 아이돌 그룹에 비해 훨씬 더 클 것이다. 이규탁은 "음원을 통해 전달되는 노래와 춤, 랩 및 무대에서의 퍼포먼스 같은 나의 '음악적인 자아'만이 아닌 일상생활에서의 나의 패션과 언행 하나하나가 콘텐츠화되어 수용자에게 제공된다는 것은, 아이돌의 입장에서는 그렇게 달가운 상황만은 아니다"며 다음과 같이 말한다.

"이는 '직업으로서의 아이돌'이라고 하는 공적인 영역과 업무를 마치고 '퇴근'한 이후 자연인으로서의 사적인 영역의 구분이 희미해짐을 의미하며, 더불어 케이팝의 세계화가 심화되는 요즘이라면 극단적으로 낮과 밤의 구분 없이 매일 24시간을 아이돌로서 살게 됨을 뜻한다.……그렇다면 방탄소년단의 성공은 그들의 뛰어난 음악적 역량과 더불어 자신들에게 부과된 감정노동을 거의 극한까지 수행한 결과라고 볼 수 있다."[85]

실제로 방탄소년단도 그럼 '감정노동'과 무관할 수 없는 정체성의 문제를 노래로 표현하기도 했다. 예컨대, 2019년 4월 12일 방탄소년단BTS이 전 세계에 동시 발매한 미니앨범《MAP OF THE SOUL: PERSONA(맵 오브 더 솔: 페르소나)》의 첫 번째 곡〈INTRO: PERSONA〉는 이렇게 말한다. "내가 기억하고 사람들이 아는 나, 날 토로하기 위해 내가 스스로 만들어낸 나……내가 되고 싶은 나, 사람들이 원하는 나, 네가 사랑하는 나, 또 내가 빚어내는 나, 웃고 있는 나, 가끔은 울고 있는 나."[86]

●

'위로·긍정·희망·연대' 메시지의 雙方向性

BTS는 그런 문제를 포함한 압박감과 스트레스를 어떻게 견뎌내고 있을까? BTS 멤버들이 『연합뉴스』(2018년 1월 28일) 인터뷰에서 다음과 같은 질문에 대해 답한 게 있다. "2013년 데뷔 때부터 소년과 청년의 꿈과 현실을 직시했고, 슈가의 믹스테이프〈마지막〉이란 곡에서도 아이돌 스타를 꿈꾸던 시절 현실과의 괴리감, 우울감과 강박 등에 대한 속내를 털어놓았다. 연습생 시절을 돌아봤을 때 불안의 에너지를 어떻게 극복했으며 지금은 그 꿈의 어디쯤 왔다고 생각하나."

슈가는 "불안함과 외로움은 평생 함께하는 것 같다"며 이렇게 말한다. "그걸 어떤 방식으로 풀어내느냐에 큰 의미를 두는데 평생 공부해야 하는 것 같다. 상황과 순간마다 감정은 너무 달라서, 매 순간 고민하는 것이 삶이라고 생각한다. 그래서 이 기사를 통해 많은 사람에게 '나 또한 불안하고 당신 또한 그러하니 같이 찾고 공부해봅시다'란 말을 하고 싶다."

RM은 "인간은 누구나 필연적인 고독이나 어둠을 갖고 가야 하니 안식처가 필요한 것 같다"며 이렇게 답한다. "저는 불안함과 차라리 친구가 될 수 있게 안식처를 여러 개 만들어놨다. 피규어 수집을 한다든지, 좋아하는 옷을 산다든지, 모르는 동네에 가서 사람들이 어떻게 사는지 구경한다든지. 버스를 타고 모르는 동네에 내려 다녀보면 제가 이 세계에서 멀리 떨어져 있지 않다고 거리를 좁히는 계기가 된다. 그럼 불안이 분산된다."

진은 "(힘든) 순간을 회피하는 편이어서 게임을 하며 다른 삶을 살아보려고 한다"며 이렇게 말한다. "게임을 하면 전혀 다른 성격의 나로 살아보게 된다. 최근 게임을 다시 시작했는데 10년 전 게임을 할 때 만난 친구들을 우연히 만났다. 물론 실제 만난 적은 없고 아이디로만 아는 사이버 친구들이다. 그런데 뭔가 반가웠다. 어릴 적 추억이 떠올라서 즐거웠다."

지민은 "어쩌면 지금이 가장 외롭고 지치는 시기인 것 같다"며 이렇게 말한다. "우린 항상 행복한 상황이라고 얘기해왔는데, 뭔가 힘든 순간이 왔을 때 이해해줄 수 있는 사람, 친구, 가족이 한 명도 없다는 생각이 들었을 때 외롭더라. 얼마 전에 한 일인데, 우리 노래

173

를 다시 들어보고 우리가 라이브한 영상을 찾아보니 마음이 좀 괜찮아졌다."[87]

BTS가 팬들에게 전한 '위로·긍정·희망·연대' 메시지는 쌍방향으로 이루어진다. BTS도 자기 메시지의 영향을 받는다는 뜻이다. BTS 멤버들은 "부를 때마다 흡족하다고 여겨지는 가사가 있나"라는 질문에 다음과 같이 답했다. 일부만 감상해보자.

"전 〈투마로우Tomorrow〉의 '해가 뜨기 전 새벽이 가장 어두우니까'란 구절을 가장 좋아한다. 쓸 때도 막힘없이 썼고."(슈가) "〈바다〉의 가사인 '희망이 있는 곳엔 반드시 절망이 있네'로, 뭔가 알 수 없지만 마음에 와 닿았다."(정국) "저는 최근에 쓴 가사 중 〈베스트 오브 미Best Of Me〉가 마음에 든다. 팬 아미에게 전하는 말인데 '다정한 파도이고 싶었지만 니가 바다인 건 왜 몰랐을까'란 구절이다. 제나름대로 팬들에게 다정한 파도처럼 큰 도움이 되고 싶다고 생각했는데 알고 보니 팬들이 저보다 훨씬 크고 저를 만든 존재라는 걸 깨달았다는 의미여서 좋다."(RM)[88]

BTS 멤버들은 '무결점의 사람'이 되어야 한다는 강박에 시달릴 가능성이 높고, 다른 아이돌에 비해 '감정노동'의 강도도 높았겠지만, 자신들이 아미에게 전한 메시지를 자신들에게 적용해 실천하는 길로 나아가고 있다고 말할 수 있겠다.

BTS의 자기계발 메시지는
돈벌이 수단일 뿐인가?

이제 마지막으로 짚고 넘어갈 문제가 있다. 자본, 즉 돈의 문제다. 2021년 3월 30일 'Big Hit Entertainment'는 'HYBE'로 사명을 변경했다. "하이브HYBE는 'We believe in music'이라는 미션 아래 음악 산업의 비즈니스 모델을 혁신하는 기업입니다. 하이브는 음악에 기반한 세계 최고의 엔터테인먼트 라이프 스타일 플랫폼 기업을 지향합니다. 글로벌 트렌드를 이끄는 '콘텐츠'와 우리의 고객인 '팬'을 최우선 가치로 두고, 높은 기준과 끊임없는 개선으로 고객을 만족시키도록 노력하고 있습니다."(홈페이지)

K팝 글로벌 팬덤으로 무장한 4대 기획사(SM·YG·JYP·하이브)의 시가총액은 2021년 연초 8조 4,000억 원에서 2021년 7월 말 현재 15조 원으로 78퍼센트나 늘었다. 특히 '위버스'라는 팬덤 플랫폼을 갖고 있는 하이브의 시총은 연초 5조 6,000억 원에서 11조 3,052억 원으로 100퍼센트 상승했다.[89] 하이브는 2017년부터 4년 연속 다른 3대 기획사의 영업이익과 순이익 합계를 모두 합한 것보다 더 많은 이익을 거둬왔다.[90] 방탄소년단의 2020년 기준 수입은 5,000만 달러(약 600억 원)를 기록함으로써 미국『포브스』가 발표한 '2020년 전 세계에서 수입이 많은 유명인' 47위에 올랐다. 하이

브의 수석 프로듀서인 38세 강효원(예명은 피독)은 올 상반기 주식 매수 선택권(스톡옵션) 행사 이익 덕분에 400억 7,700만 원의 보수를 받았다. 강효원을 포함한 하이브의 임직원 3명이 국내 전체 기업을 통틀어 상반기 보수 상위 5위에 들었다.[91]

빅히트가 하이브로 바뀌는 등 기획사의 규모가 커지면서 빛을 발하기 시작한 건 이제 기업가로 변신한 방시혁의 '기업가 정신'과 '기업가적 리더십'이었다. 이는 다른 연예 매니지먼트 기획사 대표들도 흔쾌히 인정하는 사실이다.[92] 하이브를 '음악에 기반한 세계 최고의 엔터테인먼트 라이프 스타일 플랫폼 기업'으로 키우겠다는 그의 야심이 시대의 트렌드를 정확히 읽어낸 것이라는 점에서도 그렇다.

'기업가 정신'과 '기업가적 리더십'을 별로 좋아하지 않는 전형적인 좌파적 시각에선 방탄소년단의 자기계발 메시지는 돈벌이를 위한 수단일 뿐이라는 주장이 가능해진다. 특히 서구 언론이 이런 주장을 자주 한다. 딱한 건 이런 문제 제기가 매우 선택적이라는 것이다. 자국의 연예인들에 대해선 좀처럼 제기하지 않는 문제를 방탄소년단에 대해선 돋보기를 들이댄다는 말이다.[93]

좋다. 그런 선택적 비판이 괘씸하긴 하지만, 방탄소년단과 하이브가 돈벌이에 신경 쓴다는 주장에 대해 일면 동의한다. 그 이유는 간단하다. 우리는 글로벌 자본주의 시대에 살고 있기 때문이다. 대중문화에 관한 논의에서 비판의 잣대로 '상업성'을 전가의 보도처럼 휘두르는 기존의 관행에 의심을 품어보자.

자본 없는, 이윤 추구를 겨냥하지 않는, 저항이나 반란은 불가능하다. 적어도 문화 시장에선 말이다. 그게 좋다는 게 아니라 우리가 처해 있는 현실이라는 말이다. '자본주의 타도'를 외친다면 모를까, 아무리 못마땅해도 그걸 인정해야 한다. 그래야 그다음 이야기가 진행될 수 있는 것이지, 언제까지 "그건 돈벌이를 겨냥한 거야"라는 말만 반복해댈 것인가?

노래가 단지 경제일 뿐이란 말인가? 이제 우리는 이미 결론이 예정된 뻔한 이야기만 되뇔 게 아니라 '소비 대중문화 산업의 자장磁場'을 인정하면서도 그 이상의 이야기를 해야 하는 게 아닐까? 좋건 나쁘건 우리 인류는 그간 새로운 미디어 테크놀로지가 불러오는 새로운 현실에 대해 적응해왔다는 역사를 상기할 필요가 있다.

막말로, BTS의 자기계발 메시지가 돈벌이 수단이면 어떤가? 좋은 메시지의 대중성과 상업성이 분리할 수 없는 동전의 양면 관계라는 걸 인정한다면, 박수 쳐도 좋을 일이 아닌가? 나는 BTS가 '살아 있는 자기계발서'로서 '위로·긍정·희망·연대'를 위한 행진을 하는 것에 대해 기꺼이 뜨거운 지지와 더불어 감사를 보내련다. 부디 돈도 더 많이 벌면서 '위로·긍정·희망·연대'의 메시지를 더 많이 주기를 바라마지 않는다.

1 전상진, 「자기계발의 사회학: 대체 우리는 자기계발 이외에 어떤 대안을 권유할 수 있는가?」, 『문화와 사회』, 5권(2008), 133쪽.

2 홍석경, 『BTS 길 위에서』(어크로스, 2020), 143쪽.

3 강준만, 「자기계발의 문화정치학: 자기계발 담론의 커뮤니케이션 유형을 중심으로」, 「스피치와 커뮤니케이션」, 제15권 3호(2016년 12월), 133~174쪽; 강준만, 『자기계발과 PR의 선구자들: 그들은 대중을 어떻게 유혹했는가?』(인물과사상사, 2017).

4 「Self-help」, 『Wikipedia』.

5 이상균, 「직장인 10명 중 7명, "나는 '강박증' 환자(?)"」, 『서울파이낸스』, 2007년 8월 16일.

6 남혜정, 「불안한 직장인들…10명 중 9명 '자기계발 강박증'」, 『세계일보』, 2016년 9월 20일.

7 오찬호, 『우리는 차별에 찬성합니다: 괴물이 된 이십대의 자화상』(개마고원, 2013), 39쪽.

8 이숙진, 「자기계발이라는 이름의 종교: 코칭프로그램의 자기테크놀로지를 중심으로」, 『종교문화비평』, 25권(2014), 242~285쪽.

9 강우량, 「2030 심리상담 붐…99만 원짜리도 예약 꽉 찼다」, 『조선일보』, 2021년 7월 20일.

10 바버라 에런라이크(Barbara Ehrenreich), 전미영 옮김, 『긍정의 배신: 긍정적 사고는 어떻게 우리의 발등을 찍는가』(부키, 2009/2011); 미키 맥기(Micki McGee), 김상화 옮김, 『자기계발의 덫』(모요사, 2005/2011).

11 서동진, 『자유의 의지 자기계발의 의지: 신자유주의 한국사회에서 자기계발하는 주체의 탄생』(돌베개, 2009), 270쪽.

12 전상진, 「자기계발의 사회학: 대체 우리는 자기계발 이외에 어떤 대안을 권유할 수 있는가?」, 『문화와 사회』, 5권(2008), 133쪽.

13 김성철, 『THIS IS 방탄DNA: 방탄소년단 콘텐츠와 소셜 파워의 비밀』(독서광, 2017), 52~63쪽; 박형준, 『BTS 마케팅: 초연결시대 플랫폼 마케팅을 위한 완전한 해답』(21세기북스, 2018), 23쪽.

14 윤여광, 「방탄소년단(BTS)의 글로벌 팬덤과 성공 요인 분석」, 『한국엔터테인먼트산업학회논문지』, 13권 3호(2019년 4월), 15, 20~21쪽; 정지은, 「케이팝(K-POP)을 위한 스토리텔링 전략에 관한 연구: 방탄소년단(BTS)을 중심으로」, 『문화산업연구』, 19권 3호(2019년 9월), 67쪽; 이규탁, 「방탄소년단: 새로운 세대의 새로운 소통 방식, 그리고 감정노동」, 『문화과학』, 93호(2018년 봄), 285~286쪽.

15 김소영, 「디지털 네트워크 세계의 팬덤에 나타난 포스트모던적 특성: '방탄소년단'과 '양준일'의 사례를 중심으로」, 『인문콘텐츠』, 제56호(2020년 3월), 66~68쪽.

16 이지영, 『BTS 예술혁명: 방탄소년단과 들뢰즈가 만나다』(파레시아, 2018), 96쪽.

17 남지은, 「24시간 내내 소속사 감시받는 아이돌들」, 『한겨레』, 2016년 7월 27일.

18   유지영, 「방시혁이 '방탄소년단'에게 강조한 두 가지 원칙: [인터뷰] 빅히트 엔터테
      인먼트의 방시혁 대표」, 『오마이뉴스』, 2017년 12월 11일.

19   박형준, 『BTS 마케팅: 초연결시대 플랫폼 마케팅을 위한 완전한 해답』(21세기북
      스, 2018), 27쪽.

20   홍석경, 「누구도 가지 못한 길을 여는 'BTS라는 세계'」, 『한겨레』, 2020년 12월 26일,
      3면.

21   김수정, 「BTS, 서사와 소통, 메시지로 세계를 매혹하다」, 한준·손열 외, 『BTS의 글
      로벌 매력 이야기』(동아시아연구원, 2020), 104, 116쪽.

22   김수정, 「BTS, 서사와 소통, 메시지로 세계를 매혹하다」, 한준·손열 외, 『BTS의 글
      로벌 매력 이야기』(동아시아연구원, 2020), 124~125쪽.

23   이지영, 『BTS 예술혁명: 방탄소년단과 들뢰즈가 만나다』(파레시아, 2018), 63~
      64쪽.

24   김영대, 『BTS: The Review 방탄소년단을 리뷰하다』(RHK, 2019), 183쪽.

25   김송연, 『BTS 오디세이: 고통과 치유의 이야기』(살림, 2021), 87~90쪽.

26   이지행, 「서구 미디어의 지배 담론에 대한 방탄소년단 글로벌 팬덤의 대항 담론적
      실천 연구」, 『여성문학연구』, 제50호(2020년 8월), 105~106쪽.

27   강준만, 「왜 'MTV'는 포스트모더니즘의 상징인가?: 전 세계적인 'MTV 세대'의 등
      장」, 『세계문화전쟁: 팍스 아메리카나와 글로벌 미디어』(인물과사상사, 2010),
      51~67쪽 참고.

28   이지영, 『BTS 예술혁명: 방탄소년단과 들뢰즈가 만나다』(파레시아, 2018), 10~
      11쪽.

29   이규탁, 『갈등하는 케이, 팝』(스리체어스, 2020), 50쪽.

30   최샛별, 「글로벌 아티스트 BTS의 경계짓기와 경계넘기」, 한준·손열 외, 『BTS의 글
      로벌 매력 이야기』(동아시아연구원, 2020), 73쪽.

31   강준만, 「왜 '진정성'은 위험할 수 있는가?: 진정성」, 『생각의 문법: 세상을 꿰뚫는
      50가지 이론 3』(인물과사상사, 2015), 203~209쪽 참고.

32   최샛별, 「글로벌 아티스트 BTS의 경계짓기와 경계넘기」, 한준·손열 외, 『BTS의 글
      로벌 매력 이야기』(동아시아연구원, 2020), 55쪽.

33   김성철, 『THIS IS 방탄DNA : 방탄소년단 콘텐츠와 소셜 파워의 비밀』(독서광,
      2017), 165쪽.

34   김영대, 『BTS: The Review 방탄소년단을 리뷰하다』(RHK, 2019), 91~92쪽; 카
      라 스티븐즈(Cara J. Stevens), 권기대 옮김, 『우리 함께하는 지금이 봄날: 방탄소
      년단, 꿈과 사랑의 여정』(베가북스, 2018/2018), 31쪽.

35   이지행, 『BTS와 아미 컬처』(커뮤니케이션북스, 2019), 1~10쪽.

36   이지행, 『BTS와 아미 컬처』(커뮤니케이션북스, 2019), 10~11쪽.

37   김성철, 『THIS IS 방탄DNA: 방탄소년단 콘텐츠와 소셜 파워의 비밀』(독서광,
      2017), 41쪽.

38   이지행, 『BTS와 아미 컬처』(커뮤니케이션북스, 2019), 12쪽.

39 김영대, 『BTS: The Review 방탄소년단을 리뷰하다』(RHK, 2019), 18~21쪽.

40 정주신, 「Big Hit의 방탄소년단(BTS) 성공 전략과 팬덤(ARMY) 분석」, 『한국과 국제사회』, 5권 1호(2021년 2월), 32~33쪽.

41 양승준, 「방탄소년단, 빌보드 어워즈 후보 올라」, 『한국일보』, 2017년 4월 11일.

42 이지행, 『BTS와 아미 컬처』(커뮤니케이션북스, 2019), 195쪽.

43 홍석경, 『BTS 길 위에서』(어크로스, 2020), 129쪽; 정지은, 「케이팝(K-POP)을 위한 스토리텔링 전략에 관한 연구: 방탄소년단(BTS)을 중심으로」, 『문화산업연구』, 19권 3호(2019년 9월), 68~69쪽.

44 김향미, 「숫자로 보는 방탄소년단 기록들」, 『경향신문』, 2017년 10월 17일.

45 강동철, 「방탄소년단 "美 900만 명 시청, 3대 토크쇼 출연…우리도 신기해요"」, 『조선일보』, 2017년 11월 22일.

46 추영춘, 「방탄소년단, SNS 영향력 최고 '2018 기네스북' 등재」, 『세계일보』, 2017년 11월 22일.

47 민경원, 「"K팝, 주류 문화로 떠오를 가능성"」, 『중앙일보』, 2017년 12월 4일.

48 이은정, 「[단독 인터뷰] 방탄소년단 "성공 비결은 SNS 아닌 진심+실력" ①」, 『연합뉴스』, 2018년 1월 28일.

49 전재성, 「BTS, 한국에서 성장한 세계인」, 한준·손열 외, 『BTS의 글로벌 매력 이야기』(동아시아연구원, 2020), 200~201쪽.

50 전재성, 「BTS, 한국에서 성장한 세계인」, 한준·손열 외, 『BTS의 글로벌 매력 이야기』(동아시아연구원, 2020), 202쪽.

51 양성희, 「[양성희의 직격인터뷰] "BTS 현상의 본질은 아미라는 유례없는 팬덤 자체"」, 『중앙일보』, 2019년 7월 26일, 26면.

52 표태준, 「보아가 문 열고, 싸이가 불붙이고 방탄소년단이 정점 찍었다」, 『조선일보』, 2018년 5월 29일.

53 이지행, 『BTS와 아미 컬처』(커뮤니케이션북스, 2019), 57~61쪽.

54 김상훈, 「BTS는 아픈 청춘들의 '방탄막'…팬이 팬을 불러 모은다」, 『중앙선데이』, 2018년 6월 2일.

55 고희진, 「BTS, 유엔 총회 연설…"당신만의 목소리를 내주세요"」, 『경향신문』, 2018년 9월 25일; 양승준, 「미국에서 만난 'BTS 아미'」, 『관훈저널』, 149호(2018년 겨울), 148쪽.

56 홍석경, 『BTS 길 위에서』(어크로스, 2020), 124~125쪽.

57 홍석경, 「누구도 가지 못한 길을 여는 'BTS라는 세계'」, 『한겨레』, 2020년 12월 26일, 3면.

58 이지영, 「방탄학(BTSology), BTS 연구는 이미 시작되었다」, 『한겨레』, 2020년 12월 26일, 4면.

59 오윤희, 「BTS 왔다, 뉴욕이 지하철까지 늘렸다」, 『조선일보』, 2018년 10월 8일.

60 이유진, 「"BTS는 미국서 가장 성공한 K팝 가수…뉴욕 공연은 땅이 흔들릴 정도로 활기"」, 『경향신문』, 2018년 10월 10일.

61 김미나, 「'타임'지 표지에 방탄소년단 '다음 세대 이끌 리더'」, 『한겨레』, 2018년 10월 12일.

62 팀 알퍼, 「유럽 팬들마저 끌어당기는 K팝의 '팬덤'」, 『조선일보』, 2019년 1월 1일.

63 송진식, 「BTS 열풍에 부쳐」, 『경향신문』, 2019년 5월 9일.

64 김다영·임성빈, 「방탄소년단 아버지 "남이 만들어 놓은 꿈을 거부하라"」, 『중앙일보』, 2019년 2월 27일. 강준만·강지원, 『빠순이는 무엇을 갈망하는가?: 소통 공동체 형성을 위한 투쟁으로서의 팬덤』(인물과사상사, 2016) 참고.

65 최보윤, 「BTS라는 자기계발서」, 『조선일보』, 2019년 6월 10일.

66 이재익, 「BTS가 제2의 비틀스 맞냐고 묻는 분들에게-BTS ②」, 『한겨레』, 2019년 6월 29일, 15면.

67 홍석경, 『BTS 길 위에서』(어크로스, 2020), 177쪽.

68 김송연, 『BTS 오디세이: 고통과 치유의 이야기』(살림, 2021), 5, 106쪽.

69 김은정, 「뉴미디어 시대의 팬덤과 문화매개자: 방탄소년단(BTS) 사례를 중심으로」, 『한국콘텐츠학회논문지』, 제20권 제1호(2020년 1월), 379~380쪽.

70 박형준, 『BTS 마케팅: 초연결시대 플랫폼 마케팅을 위한 완전한 해답』(21세기북스, 2018), 133쪽.

71 김수경, 「BTS 드라마까지…방시혁 '글로벌 K팝 제국' 꿈꾼다」, 『조선일보』, 2019년 8월 22일, A23면.

72 이지영, 「방탄학(BTSology), BTS 연구는 이미 시작되었다」, 『한겨레』, 2020년 12월 26일, 4면.

73 이재훈, 「방탄소년단 "우리 노래, 공감·감동·위로 줄 수 있으면 좋겠다"」, 『뉴시스』, 2020년 2월 24일.

74 김지혜, 「흑인 인권운동 '블랙 라이브스 매터'가 쏘아올린 K팝의 '정치적 책임'」, 『경향신문』, 2020년 6월 9일, 20면.

75 유성운, 「인종차별 반대 시위 뜻밖의 동맹군, BTS·엑소 팬들 떴다」, 『중앙일보』, 2020년 6월 10일, 2면.

76 문소영, 「올림픽 중계의 부끄러운 초상, 문화대국 한국 맞나」, 『중앙일보』, 2021년 8월 13일.

77 김지혜, 「방탄소년단, 빌보드의 '마지막 벽' 넘었다」, 『경향신문』, 2020년 9월 2일, 2면.

78 김경욱, 「7명의 소년, 세계 팝 시장의 패러다임 바꿨다…그 비결은」, 『한겨레』, 2020년 9월 2일, 2면.

79 김승현, 「BTS 두 번째 유엔 연설서 세계를 위로 "삶은 계속될 겁니다"」, 『조선일보』, 2020년 9월 24일.

80 김경욱, 「BTS의 진짜 성공비결은 '위로'와 '희망' 아닐까요」, 『한겨레』, 2020년 12월 12일, 2면.

81 이지행, 「취향을 증명까지 해야 돼?」, 『한겨레』, 2020년 12월 26일, 5면.

82 정병선·이혜운, 「BTS "우리도 인종차별 받았다…아시안 혐오 그만"」, 『조선일보』,

2021년 3월 31일.

83 최혜승, 「WHO 사무총장도 "땡큐 BTS"…신곡 수어 안무에 찬사 쏟아져」, 『조선일보』, 2021년 7월 14일.

84 김도형 외, 「H.O.T. 출신 토니안 "BTS, 나의 100배 성취했지만 너무 힘들 것"」, 『동아일보』, 2021년 7월 22일.

85 이규탁, 「방탄소년단: 새로운 세대의 새로운 소통 방식, 그리고 감정노동」, 『문화과학』, 93호(2018년 봄), 290쪽.

86 김현경, 『BTS 덕분에 시작하는 청소년 심리학 수업: 가사를 뜯어보니 심리학이 있네』(명진서가, 2020), 116, 160쪽.

87 이은정, 「[단독 인터뷰] 방탄소년단 "성공 비결은 SNS 아닌 진심+실력" ①」, 『연합뉴스』, 2018년 1월 28일.

88 이은정, 「[단독 인터뷰] 방탄소년단 "음악으로 던진 화두, 함께 고민했으면" ②」, 『연합뉴스』, 2018년 1월 28일.

89 황건강, 「K팝 기획사 빅4 시총만 15조, 증시에서도 뜨거운 관심」, 『중앙선데이』, 2021년 7월 31일.

90 이인혜·권상집, 「K-POP 패러다임을 넘어: 빅히트 엔터테인먼트의 한국형 문화 혁신에 의한 가치 창출」, 『Korea Business Review』, 제25권 제1호(2021년 2월), 57~58쪽.

91 이재영, 「방탄소년단(BTS), 포브스 '2020년 전 세계에서 수입 많은 유명인' 47위…"5,000만 달러 수익"」, 『이데일리』, 2020년 6월 9일; 최혜승, 「정몽구도 제쳤다…38세 BTS 작곡가, 상반기 연봉 400억」, 『조선일보』, 2021년 8월 18일.

92 권상집, 「빅히트 엔터테인먼트의 콘텐츠 혁신: 기업가적 리더십과 플랫폼 전략을 중심으로」, 『한국엔터테인먼트산업학회논문지』, 제15권 제1호(2021년 1월), 1~12쪽.

93 이지행, 「서구미디어의 지배담론에 대한 방탄소년단 글로벌 팬덤의 대항담론적 실천 연구」, 『여성문학연구』, 제50호(2020년 8월), 79~114쪽 참고.

제4장

너무
용감한
홍준표

왜
'막말' 이미지에서
벗어나지 못하는가?

저는
'독고다이'일 뿐
독불장군은 아닙니다.[1]
●홍준표

●

홍준표를 '보수의 전사'로 만든 '운명의 장난'

지금으로부터 25년 전인 1996년 1월 25일 밤 11시쯤 노무현 등 당시 이른바 '꼬마 민주당'의 전·현직 의원 9명이 어느 전직 검사의 집에 들이닥쳤다. 그 전직 검사는 10여 년간 오직 '법의 정의'를 향해 돌진해 '모래시계 검사'라는 영예는 얻었지만,[2] 검찰마저 성역으로 여기지 않은 탓에 사실상 검찰에서 쫓겨난 홍준표였다.

홍준표는 검찰에서 나온 지 약 3개월 후에 출간한 『홍 검사, 당신 지금 실수하는 거요』의 서문 제목을 '유다를 위한 변명'으로 달았다. 그는 "자신이 속한 조직의 비리를 수사하는 것만큼 괴로운 일은 없다. 그것은 대부분의 조직원으로부터 배신자라는 취급을 당하기 때문이다"며 다음과 같이 말했다.

"어느 집단으로부터 억울하게 배신자라는 낙인이 찍혀 황량한 벌판에 내팽개쳐졌을 때 그 사람이 느끼는 인간적인 갈등과 소외는 겪어 보지 않은 사람은 모른다. 검사로 첫 출발한 1985년 1월 28일

그날부터 사직을 한 1995년 10월 7일까지 나는 만 십일 년간 내 청춘을 바쳐 이 사회의 부정과 비리와 맞서 싸우며 하루라도 편하게 지낸 날이 없었다. 밤을 꼬박 새우며 고위 권력자의 비리를 추적하다가 이를 밝혀냈을 때 느꼈던 환희도, 부당한 압력에 단호히 맞서서 내 전부를 내던져 이를 이겨냈을 때의 쾌감도 이젠 아스라한 기억의 언덕으로 넘어가버렸다."[3]

민주당 의원들은 그런 홍준표를 민주당에 영입하기 위해 찾아온 것이었다. 홍준표도 가장 원했던 정당이었지만, 민주당 지도부는 그의 공천 요청을 외면했고, 그러던 상황에서 여당인 민자당의 요청으로 입당을 덜컥 약속해버린 상황이었다. 그것도 대통령 김영삼이 홍준표에게 직접 전화를 걸어 이루어진 약속이었으니 그걸 어기긴 어려웠다. 그는 약속대로 다음 날 민자당에 입당해 이후 보수의 대표 전사로 맹활약하게 된다.[4]

나는 요즘 텔레비전에서 국민의힘 의원 홍준표를 볼 때마다 '운명의 장난'을 떠올리곤 한다. 당시 민주당이 홍준표를 받아들였더라면 그는 진보의 대표 전사가 되었을 텐데 하는 생각을 하면서 말이다. 가난했던 흙수저 출신으로 살아온 데다 대학 시절 민주화 시위 경력까지 있었던 그의 삶의 궤적은 진보와 더 친화성이 있었다.

이는 10여 년 전 그가 주도했던 '반값 아파트' 논쟁 때 유감없이 드러난 바 있다. 당시 나는 관련 TV토론 등을 지켜보면서 홍준표가 진보를 표방하는 다른 정당의 의원들보다 훨씬 더 진보적이라는 평

가를 하는 동시에 새삼 진보-보수의 경계에 대해 의문을 품었던 적
이 있다.

●

점심은 수돗물로 배를 채우던 어린 시절

홍준표는 1954년 12월 5일 경남 창녕 소작농 집안의 2남3녀 중
넷째이자 차남으로 태어났지만, 처음부터 가난했던 건 아니다. 몰락
한 한학자의 후예였던 아버지는 부잣집의 데릴사위로 들어갔지만,
천하의 한량이었던지라 장인 사망 후 전답을 팔아 술값을 대는 일
에 몰두했다. 그 바람에 홍준표가 7세가 될 무렵 집안은 완전히 거
덜나버리고 말았다.

홍준표가 초등학교 1학년 때인 12월 말 가족은 리어카에 이삿짐
을 싣고 이틀을 걸어 도망치듯 대구로 이사를 갔다. 온 가족이 단칸
월세방에서 살아야 하는 참담한 삶이었다. 아버지는 팔공산에 가서
땔감으로 나무를 해와 시장에 내다 팔고, 어머니는 행상을 해서 간
신히 먹고살았다. 홍준표와 여동생은 미군 구호물자인 강냉이 죽을
얻으려고 10리나 떨어진 큰 고개를 넘어 동사무소를 다니곤 했다.

어머니는 5·16 직후 고리 사채 신고를 했다는 이유로 사채업자
에게 머리채를 잡혀 길거리에서 끌려 다니기도 했다. 이를 늘 마음
에 담고 있던 홍준표는 2011년 한나라당 7·4 전당대회의 당 대표

당선 수락 연설에서 "고리 사채로 머리채를 잡혀 길거리를 끌려 다니던 어머니의 아들이 집권 여당의 대표가 될 수 있다는 희망을 국민에게 보여줬다"고 했다.

대구에서 먹고사는 게 도무지 해결이 되지 않자 홍준표가 3학년 때인 12월 말 가족은 다시 리어카를 끌고 이틀이나 걸어서 고향이 아닌 창녕 읍내로 이사를 갔다. 아버지는 알루미늄 그릇 행상을 했지만 외상만 잔뜩 깔아놓고 수금도 못하는 밑지는 장사를 계속했다. 아버지는 또 이사를 가자고 했다. 아주 촌구석으로 가야 한다며 도착한 곳은 합천군 덕곡면 율지라는 곳이었다.

이렇듯 이사를 자주 다닌 탓에 홍준표는 초등학교 6년 동안 다섯 번이나 전학을 해야만 했다. 굶는 날이나 먹는 날이 반반꼴이었으며, 점심은 수돗물로 배를 채운 적이 많았다. 그럼에도 초등학교 졸업 즈음 홍준표는 스스로 중학교만큼은 대구로 유학을 가야 한다는 생각을 했고, 아버지를 설득해 이 계획을 밀어붙였다.

홍준표는 대구에서 방직 공장에 다니고 있던 작은 누나의 월세방에서 다시 대구 생활을 시작했다. 불행 중 다행히도 공부를 잘했던 홍준표는 6년간 공납금을 면제받는 장학생으로 영남중·고등학교를 다닐 수 있었다. 지금이야 좋은 학교지만 그때만 해도 영남중·고등학교는 변두리에 위치한 볼품없는 학교였다. 홍준표는 "가방을 들고 버스를 타면, 종점에 도착할 때까지 여학생들이 눈길은커녕 가방도 받아 주지 않던 굴욕의 세월이었다"고 회고했다.

　고교 시절 홍준표가 가장 부러워했던 것은 점심시간에 매점에서 파는 단팥빵을 사 먹는 학생들이었다. 도시락을 싸지 못해 수돗물로 배를 채우던 시절이었으니 그게 얼마나 먹고 싶었겠는가. 어쩌다 친구들이 나눠준 걸 먹어본 맛은 그야말로 꿀맛이었다. 그런 애잔한 기억 때문에 단팥빵은 지금도 그가 즐겨 먹는 애호 식품이 되었다.

　가난에 시달리고 사람들의 인정에도 굶주린 홍준표의 꿈은 의사가 되는 것이었다. 경북대학교 의대를 목표로 2학년으로 올라가면서 이과 반으로 옮겼다. 그러나 3학년이 되자 아버지는 의대는 학비가 많이 든다며 학비가 필요 없는 육군사관학교를 가라고 했다. 괴로웠지만 결국 아버지의 뜻을 따른 홍준표는 그해 10월 육사 특차 시험에 합격한 후 11월에 시골로 내려갔다.

　그런데 12월에 뜻밖의 일이 벌어졌다. 아버지가, 훔친 비료를 구입한 장물 취득이라는 억울한 누명을 쓴 사건이 터진 것이다. '평소 한 성격 하는' 아버지가 사사건건 마을 유지들과 대립을 했던 것이 원인이 된 누명이었다. 아버지는 우여곡절 끝에 누명은 벗었지만, 경찰의 횡포를 겪은 홍준표는 "군대에 갈 일이 아니구나. 순경을 이기려면 순경보다 더 높은 검사를 해야겠다"고 결심했다.

　홍준표는 다시 대구로 올라가 한 달간 문과 공부를 벼락치기로 한 후에 1972년 고려대학교 법대에 당당히 합격했다. 훗날 홍준표는 "만약 우리 집이 그토록 가난하지 않았다면 나는 의사가 되었을

것이다"며 안타까워했다. 그가 의사가 되었다면 아이들을 웃겨주면
서 인자한 풍모를 자랑하는 소아과 명의가 되었을 것 같다.

●

"나는 뼛속까지 흙수저"

1972년 봄 MBC 코미디 프로그램인 〈웃으면 복이와요〉로 유명한
PD이자 고려대학교 법대 출신인 김경태는 고려대학교 법대 신입
생 환영회에서 홍준표가 말하는 걸 눈여겨보다가 개그맨을 해보라
고 권했다. 훗날 홍준표는 "개그맨 하면 돈 많이 준단 소리 듣고 하
려고 했다"며 "내가 그때 개그맨을 했으면 이용식하고 김병조하고
동기다"고 했다.

그해 10월 17일에 터져 나온 날벼락 같은 '10월 유신' 선포가 아
니었다면 홍준표의 인생은 또 한번 달라졌을지도 모르겠다. 홍준표
는 대학이 문을 닫아 고향으로 내려가는 바람에 응시 원서까지 냈
다는 개그맨 시험을 놓쳤다고 하니 말이다('10월 유신'은 박정희 대통
령 종신제를 보장하기 위한 민주주의 파괴 조치로, 전국에 비상계엄이 선포
된 가운데 언론은 사전 검열을 받았으며 대학은 아예 문을 닫아버렸다).

홍준표의 "뼛속까지 흙수저"라는 말은 결코 과장이 아니었다. 그
는 고려대학교에 진학해서도 가정교사를 하면서 스스로 학비를 벌
어야 했다. 공부를 할 생각이 전혀 없는 아이를 만나면 성적이 오를

리 없고, 그러면 곧장 해고를 당하기도 했다. 그런 식으로 해고된 날 고려대학교 본관 앞 인촌 동상 밑에서 소주 2병을 마시면서 "내가 서울에 가정교사를 하러 온 건가? 아니면 내 공부를 하러 온 건가?" 라고 신세를 한탄한 적도 있었다. 그런 힘겨운 삶 때문에 "세상이 뒤집어졌으면 좋겠다"는 생각까지 했을 정도였다.[5]

홍준표는 고독하고 외로웠다. 고려대학교에 동문이 있을 리 없건만 장난삼아 '영남고등학교 출신 동문 모임'이라는 벽보를 붙여놓고 혹시 하는 마음에 가보니 아무도 없었다. 학교 축제 중 내키지 않은 미팅에 나가보기도 했지만, 영남고등학교 출신이라는 이유만으로 파트너인 대구 경북여고 출신 이화여대생에게 즉각 퇴짜를 맞는 수모를 당해야 했다.

그 상처를 속으로만 삭이면 좋았으련만, 홍준표는 2011년 "이화여대 계집애들 싫어한다"는 말을 했고, 이게 2017년 대선에서 다시 문제가 되었다. 그는 "농담한 거였다.……제가 나온 데는 (당시) 대구 삼류고였다"며 "(미팅 파트너인 이화여대생이) 그걸 듣자마자 일어서서 나가버렸다. 그래서 그 이후 대학 생활에 미팅을 한 번도 안 갔다. 그때 상처 많이 받았다"고 했다. 그러면서 "(과거에 갖게 된 선입견은) 없다"며 "(국정 농단 사태에서) 잘못된 걸 바로잡는 데 이대생들이 큰 역할을 했다"고 말했다.

홍준표는 1974년 2월에 대학에 복학을 했지만, 가족은 그해 6월 마지막 종착지인 울산으로 이사를 갔다. 아버지는 현대조선소 임시직 야간 경비원으로 일했다. 사람들이 쇠붙이를 훔쳐가지 못하도록 지키는 일이었다. 홍준표는 겨울방학 때 아버지가 일하는 모습을 보기 위해 영하 18도의 추위가 몰아친 어느 날 밤 조선소에 몰래 가 보았다. 홍준표는 추위에 떠는 아버지의 모습을 지켜보면서 "마음 속으로 피눈물을 흘렸다"며 다음과 같이 말했다.

"등받이 의자는 졸기 때문에 주지 않고, 천막도 없는 허허벌판에 모닥불 하나에 의지하여 밤을 새우는 야간 경비원들에게 회사가 배려해주는 것이라곤 추위를 이기라고 막소주를 제공하는 것이 전부였다. 그 추운 겨울을 막소주로 버티면서 야간 경비를 하던 아버지는 이듬해인 환갑 되던 해 여름에 술병으로 돌아가셨다."

●

좌우 구분을 거부하는 '억강부약'

서울에서 사법고시 준비를 하던 홍준표는 1976년 4월 고려대학교 앞에 있는 국민은행 안암동 지점 창구에서 일하던 '달덩이 같은' 미모의 여직원 이순삼을 보자마자 홀딱 반해버리고 말았다. 그는 단지 더 보고 싶은 마음으로 1,000원씩 인출을 빙자해 은행을 자주 들락거렸다. 국민은행에서 일하던 선배의 도움으로 그녀와 첫 데이트를 한 후 곧바로 프러포즈를 했다. 이후 6년간 본격적인 연애가 시작되었다. 이순삼은 전북 부안 출신으로 군산여자상업고등학교를 졸업했고, 홍준표보다는 1년 연하였다.

연애를 6년간이나 한 이유는 홍준표의 군 복무와 거듭된 사법고시 낙방 때문이었다. 그는 1980년 4월 방위 소집에 응해 14개월간 군부대에서 근무했으며, 1981년 6월 소집 해제 후 사법시험을 포기하고 연합철강에 취직했다. 그러나 이른바 '고시병'이 도져 1982년 1월부터 다시 사법시험에 매달렸다.

1982년 7월 홍준표는 "이게 마지막"이라는 결심을 하고 불합격에 대비해 한라자원의 파푸아뉴기니 원목 채취 현장으로 가는 대비책까지 세워놓고 사법고시에 응시했다. 그는 9월 3일 한라자원에 첫 출근하기 전날 발표된 사법고시 2차 시험에 합격했고, 운이 따라준 탓이었는지 그해부터는 학생 시절 시위 경력도 눈감아주는 첫해 시험이어서 무난히 3차 시험까지 통과할 수 있었다.

홍준표는 그해 12월 23일 이순삼과 결혼식을 올리고 봉천 7동 지하 단칸 셋방에서 행복한 신혼 생활을 시작했다. 그런데 여기서 사법고시 합격 전 홍준표의 '처가 방문 사건'도 2017년 대선에서 논란이 되었다는 점을 짚고 넘어갈 필요가 있겠다. 5월 4일 군산 유세에서 홍준표 스스로 털어놓은 이야기였다. 첫 인사를 드리고 나서 이순삼을 통해 전해들은 장인의 반응은 "그거 구름 잡는 놈이다. 택도 아닌 놈이다. 그런 놈이 고시 되면 내 손에 장을 지진다"라고 반대했고, 장모는 "사람 착해 보이니 잘 해봐라"라고 했다나.

홍준표는 이걸 소개하면서 사법고시 최종 합격 후 장인에게 전화해 "딸은 데리고 갑니다. 고생 안 시킵니다"라며 "대신 장인어른은 우리 집에 올 생각하지 마소"라고 말했다고 했다. 이어 "(장인을) 집에 못 오게 했다. 장모만 오게 했다"라며 "처가에 드리는 용돈도 장모님한테만 주면서 '이 돈을 영감탱이(장인)와 나눠 쓰면 절대 앞으로 한 푼도 안 준다'고 얘기했다. 그렇게 26년을 살았다"라고 밝혔다.

경쟁 정당들과 후보들의 맹비난이 쏟아질 걸 예상하지 못했던 걸까? 하여튼 묘한 성격이다. 정작 마지막에는 장인 모시고 병수발 하고, 임종도 지켰던 사람이 왜 그렇게 위악僞惡을 떤 걸까? 청중을 재미있게 만들어주겠다는 '개그 본능' 이외엔 달리 설명할 길이 없는 사건이었다. 그의 이런 '개그 본능'은 이후로도 계속된다. '한국 코미디·개그계의 대부'로 불리던 김경태가 인재를 알아보는 탁월한 안목이 있었다는 점에 새삼 놀라게 된다.

홍준표는 사법연수원 수료 후 울산에서 변호사 개업을 위해 사무실을 알아보았으나 도저히 개업 비용을 감당할 길이 없었다. 그래서 회사를 알아보기 시작했는데 삼성에서 상무 자리를 주겠다고 했다. 그때는 지금과는 달리 사법고시 합격증의 가치가 훨씬 높았으며, 삼성의 위상도 오늘날과는 거리가 있던 시절이었다.

망설이고 있던 차에 검사 시보 시절 지도부장을 하던 부장검사가 검찰에 지원하라고 권한 게 또 한번 그의 인생을 바꿔놓았다. 결국 1985년 1월 청주지검으로 초임 검사 발령을 받은 홍준표는 "세상을 다 얻은 것처럼 기뻤다." 이후 보람은 컸지만 험난한 11년간의 검사 생활을 보내게 된다.

강자는 누르고 약자는 도와준다는 '억강부약抑强扶弱'은 그의 검사 시절 좌우명이었지만, 이후 그의 평생을 관통하는 신념이 되었다. 그는 자신에 대해 "중앙에서도 비주류가 되었던 사람"이라고 했다. "고려대 법대생이 되었을 때 주류가 될 줄 알았는데 생계에 쫓기느라 그러질 못했고, 검찰에 들어와서는 11년 내내 비주류로 있다가 검사 복을 벗었습니다. 정치인이 되어서도 늘 저격수 역할만 맡다보니 배척을 당하면 당했지, 주류에 들어간 적이 없었습니다."[6]

강한 소신과 하고 싶은 말은 해야 하는 성품도 늘 그를 비주류에 머무르게 만들었다. "오랫동안 비주류로 살다보니 '나의 편향성'에 대해 고민이 됐던 적도 많았습니다. 행여나 편향성으로 인해 가족이나 측근들이 다치지는 않을까? 늘 조바심이 났습니다. 하지만 그것이 홍준표라는 사람의 정체성이니 어쩔 수 없다고 생각합니다. 주류에 있으려면 타협도 하고 비겁해지면 되는데, 다 알다시피 저는 그것이 안 되는 사람입니다."[7]

그러나 이걸 아는 사람은 의외로 많지 않다. 그가 이념보다는 성품에 의해 더 좌우되는 사람이라는 걸 말이다. 보수보다는 진보 쪽의 오해가 더 심하다. 그는 한나라당 시절 '서민정책특별위원회 위원장'으로 있으면서 반값 아파트 추진, 은행연합회와 협의해 서민의 금리를 인하하는 햇살론 등을 도입한 덕에 당내에선 "홍준표는 우파에 있으면서 왜 좌파 짓을 하느냐"는 욕을 많이 듣기도 했다.

하지만 그는 경남도지사 시절엔 '진주의료원 폐쇄' 사건과 '선별적 무상급식' 정책으로 진보좌파 진영으로부터 정반대의 욕을 먹었다. 왜 그는 좌우를 오락가락하는 걸까? 그의 답은 간단하다. "제가 정책을 선택하는 기준은 좌파냐 우파냐가 아닙니다. 국익입니다. 국익에 맞으면 좌파 정책도 할 수 있고, 우파 정책도 할 수 있습니다."[8]

●

진보의 공적이 되게 만든
'진주의료원 폐쇄' 사건

누구나 인정하겠지만, 홍준표는 용감하다. 물론 보는 관점에 따라선 '무모하다'거나 '너무 용감하다'고 볼 수 있겠지만 말이다. 이게 잘 드러난 사건이 박근혜 정권 때인 2013년 홍준표가 경남지사 시절 감행한 '진주의료원 폐쇄' 사건이다. 『중앙일보』(2013년 6월 20일)의 홍준표 인터뷰 기사는 이렇게 시작하고 있다.

"요즘 홍준표 경남지사는 사면초가四面楚歌 신세다. 진주의료원 폐쇄 결정 때문에 민주당과 진보 단체들의 제1공적公敵이 된 것은 물론 새누리당과 청와대·정부까지도 그를 불편한 시선으로 바라보고 있다. 하지만 19일 만난 홍 지사의 표정엔 기죽은 구석이라곤 찾아볼 수 없었다."

홍준표는 "공공의료 확충과 공공병원 확충은 전혀 다른 개념인

196

데 정치권과 정부가 좌파 포퓰리즘에 휩싸여 국민들을 현혹하고 있
다"고 목청을 높였다. 그는 "진주의료원 폐쇄는 철밥통 귀족 노조만
을 위한 병원을 없애는 대신 실질적으로 저소득층에게 도움을 주는
공공의료 정책을 시행하겠다는 것"이라고 주장했다.

홍준표는 "진주의료원 폐쇄에 대해 '공공의료는 경제 논리로 접
근하면 안 된다'는 비판이 있다"는 기자의 질문에 이렇게 답했다.
"천만의 말씀이다. 도립병원만 공공의료 기관인가? 우리나라 모든
병원이 공공의료 기관이다. 포괄수가제 때문에 전국 어느 병원에
가도 수술비가 다 똑같다. 공공병원에서 적자가 나는 건 싸게 진료
비를 받아서가 아니다. 노조가 득세를 하고 있어 직원들이 민간병
원처럼 열심히 일해서 수익을 올려 일할 생각이 없기 때문이다. 김
천의료원은 어떻게 흑자를 냈나? 노조가 와해되고 난 뒤 뼈를 깎는
구조조정을 한 덕분이다."

홍준표는 "공공의료 체계를 위축시킬 것이란 우려가 있다"는 질
문엔 이렇게 답했다. "지나친 확대 해석이다. 민노총 소속 보건의료
노조 가운데 가장 악성이 진주의료원 노조다. 경남에선 14년 전부
터 진주의료원 존폐 문제가 불거졌지만 전임 지사들이 폭탄 돌리기
에 급급했다. 2008년부터 도청과 도의회에서 47회에 걸쳐 경영 개
선 요구를 했지만 노조에서 전부 거부했다. 매년 수십억 원씩 적자
를 보면서도 노조원들은 세습 채용, 가족 입원비 90% 감면 등 온갖
특혜를 누렸다."

홍준표는 "차기 대권 행보로 해석하는 사람도 있다"는 기자의 마지막 질문에 이렇게 답했다. "(크게 웃으며) 차기 대권을 위해서라면 의료원을 자꾸 더 지어야지 왜 없애나. 나는 오로지 파탄 지경에 이른 경남도의 재정을 살리겠다는 생각 하나뿐이다. 18일자 『중앙일보』 송호근 칼럼(「용감한 준표씨」)이 상황을 정확하게 썼더라."9

●

홍준표의 '우군 없는 외로운 투쟁'

의료사회학에 밝은 서울대학교 사회학과 교수 송호근은 그 칼럼에서 무슨 말을 했던가? 그는 "홍반장이 드디어 일을 냈다. 실세의 부상에 떠밀려 퇴진해야 했던 새누리당 전 대표, 거침없는 화술로 공적을 양산했던 겁 없는 정치인 홍준표가 격투기 도전장을 내밀었다. 대회 이름은 '경남 공공의료 타이틀 방어전', 그가 지명한 챔피언은 격투기 고수 민노총이 코치를 맡은 전국보건의료노조다. 도전자 홍반장은 나 홀로 선수다. 잡음을 싫어하는 청와대는 관전 중이고, 복지부 장관은 불똥이 튈까 두려워 내려오라고 다그치고 있다. 거기에 보건의료노조와 진보 단체가 응원군을 한가득 태운 생명버스를 파견할 예정이라니, 간 큰 홍반장, 난처하게 됐다"며 다음과 같이 말했다.

"용감한 준표씨, 뭐든 조심조심 짚고 가는 현 정권에서 일단 싸움을 걸었다는 사실이 반갑다. 물론 '닥치고 공격!'이 능사는 아닐 테지만 일단 싸워야 뭐가 문젠지, 누가 진짜 선수인지를 가려낼 수 있지 않은가. 누적 적자 279억 원, 지난해 한 해만 69억 원 적자를 낸 진주의료원, 그냥 뒀다가 떠나면 그만인 것을 까탈스러운 홍반장이 참을 리 없었다. 적자에 허덕이는 전국 34개 지방 의료원들도 5년간 1조 원에 가까운 혈세로 버티고 있는 판에 유독 홍반장만은 '폐쇄'라는 강공을 선택했던 것이다."

이어 송호근은 "직원 240명에 하루 환자 200명이 내원했다. 너무 한가하고 너무 조용한 병원이었던 것이다. 적자 재정을 떠안은 도정의 경영 개선 명령은 번번이 무산되었다. 한적한 병원에서 의사, 간호사, 직원의 봉급은 민간병원 수준이었다. 병원장은 노조와의 합의 없이 개혁 드라이브를 걸 수도 없었고 적자를 메워주는 마당에 무리수를 둘 필요도 없었다"며 다음과 같이 말했다.

"노조라고 뭐 뾰족한 수가 있으랴만, 노조 보호막만은 단단하게 쳤다. 직원 및 가족 진료비 감면 조항을 과감하게 늘렸다. 빚잔치와 다를 바 없는 '혜택 향연'은 적자 지방 의료원의 공통 사항이지만, 정년퇴직자 가족 '우선 채용'은 진주의료원에서 발견되는 특이한 협약 사항이다.……돈 내기는 싫고 공공성 열망은 세계 최고인 한국에서 홍반장이 선택한 이 극약처방을 '공공의료 말살'로 비난할 수 있을까? 생명버스가 부려놓을 거칠고 화려한 구호들과 대면할 '용감한 준표씨'는 우군 없는 외로운 투쟁에 나설 것이다. 아, 불쌍한 홍반장!"[10]

"돈 내기는 싫고 공공성 열망은 세계 최고인 한국"이라는 말이 인상적이다. 한국의 진보는 진정한 진보라기보다는 그런 열망에 부응하려는 감성 집단에 가깝다. 예컨대, 국민연금을 보라. 국민연금 기금이 2041년 정점을 찍고 적자로 돌아서 2057년 소진하게 되어 있고, 공무원 연금은 정부 지원 예산이 눈덩이처럼 불어나 한해 2조 6,000억 원(2019년 기준)에 이르지만, 문재인 정권은 아무 말이 없다.[11] 오히려 보수 정당인 국민의힘의 유승민과 윤희숙 정도가 국민연금 개혁을 주장하고 있을 뿐, 진보 진영은 천하태평이다. 홍준표가 불쌍할 정도로 몰매를 맞은 건 그런 천하태평형 진보 때문이기도 했음을 어찌 부인할 수 있으랴.

●

"무상급식보다 교육 격차 해소가 우선이다"

그렇듯 나 홀로 하는 싸움, 전세는 홍준표에게 매우 불리했다. 그럼에도 그는 뚝심 있게 밀어붙여 자신의 뜻을 관철시켰지만, 남은 건 악명惡名과 상처뿐이었다. 그러나 그는 전혀 기죽지 않은 채 2014년 11월엔 무상급식 예산 지원을 중단하겠다고 발표하면서 제2의 '복지 전쟁'을 일으켰다. 그의 무상급식 지원 중단 선언은 표면적으론 경남도교육청과의 갈등에서 비롯되었다. 경남도가 전체 무상급식 예산의 4분의 1을 내고 있는 상황에서 그 돈이 제대로 쓰이고 있는지 감사하겠다고 하자 도교육청이 이 요구를 거부하면서 빚어진 것이었다.

진보 진영에선 또 맹비난이 쏟아졌지만,[12] 홍준표는 전혀 아랑곳하지 않은 채 또 한 번 자신의 뜻대로 밀어붙였다. 그는 2015년 3월 13일『조선일보』인터뷰에서 "전면 무상급식을 선별 방식으로 전환하고 여기서 남는 600여억 원의 재원을 저소득층 교육비 지원에 쓸 것"이라고 했다. 그는 "좌파 교육감들이 무상급식 예산은 기하급수적으로 늘렸지만, 교육 기자재 예산 등 교육 관련 예산은 많게는 40%나 깎았다"며 "좌파들의 왜곡된 복지관觀 때문에 오히려 가난한 사람들에 대한 기회가 줄어들었다. 공부하기 위한 학교가 아니라 밥 먹기 위한 학교를 만든 꼴"이라고 말했다.[13]

홍준표는 "우리 경제 수준에서 무상급식 정도는 할 수 있다는 의견도 많다"는 기자의 질문에 다음과 같이 답했다. "작년 통계청 발표를 보면 소득 상위 20%가 쓰는 교육비와 소득 하위 20%가 쓰는 교육비의 격차가 무려 8배다. 한국 사회가 교육이 희망인데, 이런 교육 격차를 방치해서야 되겠나. 무상급식보다 교육 격차 해소가 우선이다. 그리고 부자들에게 세금을 더 걷어서 서민층에 지원하자는 것이 원래 진보 좌파의 가치관이다. 그런데도 부자들에게 걷은 돈을 (보편적 복지로) 부자에게 돌려준다는 게 말이 되나."

홍준표가 '개천에서 난 용'이 된 건 교육 덕분이었으니, 그로선 개천에서 더 많은 용이 나올 수 있게끔 하는 것을 중요하게 여겼을 것이고, 실제로 그런 정책을 폈다. 한국의 거의 모든 정치인들이 '개천에서 용 나는' 모델을 신봉하고 있긴 하지만, 실천에 있어선 홍준표를 따를 사람이 없다는 것이다. 물론 이에 대해 이견이 있을 수 있다. 나는 지방 식민지 타파의 차원에서 '개천에서 용 나는' 모델을 비판해온 사람이지만, 그건 다른 맥락에서 해야 할 이야기일 게다. 그런데 당시 반대자들은 그런 이견 제시의 수준을 넘어서 '홍준표 악마화' 전략으로 대응했다.

홍준표는 "그렇다고 갑자기 혜택을 줄이면 반발이 클 텐데"라는 기자의 질문에 이렇게 답했다. "지난해까지 경남도에서 무상급식 혜택을 받던 학생들은 총 28만 명 정도였다. 이번에 무상급식 지원을 철회해도 (다른 항목을 통해) 서민 자녀 6만 6,000여 명은 여전히 무상급식을 받는다. 여기에다 경남도에서 무상급식으로 지원하던 600억 원을 상대적으로 소득이 낮은 계층의 아이들 10만 명에게 돌려 연간 50만 원씩 교육비로 지원하자는 것이다. 결국 서민 자녀는 무상급식에다 교육비 지원까지 받을 수 있게 된다."[14]

물론 이는 진영 전쟁으로 번졌다. 『한겨레』는 "도지사가 도민의 뜻도 묻지 않고 교육 문제에 이념을 끌어들여 정치적 논란을 불러일으키는 것이야말로 무책임한 포퓰리즘의 전형이다"고 했지만,[15] 『동아일보』는 정반대로 "그의 반反포퓰리즘 전쟁이 어떻게 끝나느냐에 따라 대한민국의 미래는 크게 달라질 것"이라고 했다.[16]

여론은 어땠을까? 2015년 3월 20일 한국갤럽이 발표한 여론조사에 따르면 초·중등학교 무상급식에 대해 '재원財源을 고려해 소득 상위 계층을 제외하고 선별적으로 해야 한다'가 63퍼센트로, '정부 지원을 늘려서라도 소득에 상관없이 전면적으로 계속 해야 한다'는 34퍼센트에 비해 높은 것으로 나타났다. 홍준표의 조치에 대해서도 '잘한 일'(49퍼센트)이란 응답이 '잘못한 일(37퍼센트)보다 많았다.[17]

●

"개가 짖어도 기차는 간다"

그러나 이 논란은 정치인으로서의 홍준표에겐 속된 말로 '남는 장사'가 아니었다. 아니 그의 이미지를 놓고 보자면 '치명타'였다고 해도 과언이 아니다. 무엇보다도 '밥'에 대한 정서의 문제가 결정적이었다. 「밥 가지고 장난치지 마라」, 「"준표 형님, 형님 팔자 고친 것도 '밥심'이었잖아요"」, 「가난을 입증하고 다시 눈칫밥 먹으라는 건가」, 「밥이 공부다」 등 진보 쪽에서 나온 칼럼 제목이 시사하듯이,[18] 진보 진영에서 홍준표는 '밥'을 건드리는 '몹쓸 사람' 비슷하게 여겨졌다. "아이들 점심값에 분개하는 어느 도지사의 야바위를 보며 참을 수 없이 욕지기가 치민다"는 말까지 나왔으니 말이다.[19]

이 문제는 '보편 복지'냐 '선별 복지'냐의 문제로 여겨졌지만, 한국 사회의 수준에 관한 문제이기도 했다. 이 점을 『한겨레』 경제부장 정남구가 잘 지적했다. 그는 "차가운 머리로 생각하면, '무상급식 전면 확대'가 정답이라고 단정해 말하기는 어렵다. 선진국 가운데도 모든 학생에게 급식을 전액 지원하는 나라는 한 손으로 꼽을 정도다. 나랏돈을 급식 지원보다 먼저 투입해야 할 분야가 있으니, 지원이 필요한 학생에게만 지원하고 남는 재원은 우선순위가 급한 곳에 쓰자는 주장도 전혀 일리 없는 얘기는 아니다"며 다음과 같이 말했다.

"몇 해 전 도쿄특파원으로 근무하면서, 일본의 학생 급식 지원 방식을 살펴본 일이 있다. 학교에는 모두가 급식비를 낸다. 지원이 필요한 사람은 밀봉한 봉투에 담은 신청서를 당국에 내면, 주민세 신고 내역 등을 보고 소득을 파악한 뒤 지원 대상을 선정해 계좌로 몰래 돈을 넣어준다. 누가 지원받는지 알려지지도 않고, 지원을 받는다고 부끄러울 것도 없다. 문제는 우리 사회에선 그런 장치가 제대로 작동하지 못한다는 데 있다. 얼마 전 서울 충암고 교감이 식당 앞 복도에서 급식비 미납자 명단을 들고 학생들을 한 명씩 확인하며, 급식비를 못 낸 학생들에게 막말을 퍼부었다. 그게 우리 현실이다. 밥을 나누기는커녕, 돈 몇 푼으로 사람의 마음에 씻을 수 없는 상처를 남기는 천박함을 우리는 아직 벗지 못했다. 그래서 더욱 밥부터 나누어야 한다."[20]

누가 지원받는지 알려지지도 않고, 지원을 받는다고 부끄러울 것도 없는 장치가 제대로 작동하지 않는 한국 사회의 수준을 감안하자면, 홍준표는 밥부터 나누는 것을 중요하게 여겼어야 했다. 그렇게 하지 않은 건 그가 짊어져야 할 업보였지만, 그런 문제에 대한 논의는 없이 '홍준표 악마화'로만 나간 건 진보의 수치였다. 왜 '밥'을 건드리느냐는 분노만이 곧 진보의 상징이자 실체로 통했으며, 이는 오늘날에도 마찬가지다.

홍준표는 진득하게 자신의 선의를 설명하는 일을 하고 또 하는 수고를 아끼지 않았어야 했다. 그의 지론은 "선별적 복지냐? 아니면 보편적 복지냐"의 문제를 넘어서 "세금을 가지고 정책을 펼치는 사람이라면 제일 먼저 '재정적인 관점'에서 복지 문제를 봐야 한다"는 것이었다. 그는 "경남은 18개의 시·군 중 절반이나 재정 자립도가 10퍼센트 미만"이며, "이 아홉 곳은 자체적으로 공무원 인건비조차 충당하지 못하고 있다"고 했다. 게다가 경남의 빚이 1조 3,500억 원에 달했는데, 자신이 "2016년 5월 31일부로 채무 제로를 달성했다"고 했다. 그렇다면 바로 이런 이야기들을 입이 닳도록 말하고 또 말했어야 했다는 것이다.[21]

그러나 홍준표는 때로 '버럭'으로 대처하곤 했다. 2016년 7월 12일에 벌어진 '쓰레기 사건'이 대표적인 예다. 당시 경남도의원(정의당) 여영국은 경남도 의회 앞에서 홍준표의 사퇴를 요구하며 단식 농성을 하고 있었다. 이유는 "그동안 홍준표 지사는 권력을 이용해 공공의료 기관을 폐쇄하고 학교 무상급식을 중단하여 도민 분노를 불러일으키고 도민 갈등과 분열의 진원지 역할을 했다. 이에 정치적·도의적 책임을 물어 홍 지사를 지사직에서 사퇴시키는 것이 파탄 위기와 범죄자로 내몰린 공무원과 도민을 살리는 길이라 확신한다"는 것이었다. 홍준표는 여영국에게 "쓰레기가 단식한다고…….개가 짖어도 기차는 간다"는 막말을 퍼부었다.[22]

●

정치는 곧 '이미지 정치'다

홍준표가 화가 났다는 건 이해할 수 있겠지만, 그래도 그렇지 어찌 그리 험한 말을! 왜 그랬을까? 나는 그가 '소통'을 오해하고 있는 건 아닌가 하는 생각이 든다. 그는 2017년 대선 직전에 출간한 『홍준표가 답하다』에서 "저는 아무런 결단도 내리지 않고 소통만 강조하는 리더를 '스타일리스트 정치인'이라고 부릅니다"며 이렇게 말한다. "이들은 이미지 정치에만 몰두한 나머지 여론의 눈치를 살피고 욕먹는 일엔 나서지 않습니다. 이른바 총대를 메지 않습니다.……소통이 능사인 시대는 지나갔습니다. 정치적 결단이 없는 소통의 리더십으로 국가적 난제를 풀 수 없는 만큼, 국민들이 이러한 후보는 걸러내 주셔야 합니다."[23]

아마도 문재인을 겨냥해서 한 말 같은데, 순진해도 너무 순진한 말이다. 당시건 지금이건, 문재인이 소통의 지도자였나? 소통의 시늦만 내거나 소통의 이미지만 풍기는 지도자일 뿐, 그는 불통의 리더십을 체질로 갖고 있는 인물이다. 중요한 건 유권자들에게 그가 소통에 친화적인 지도자로 비쳐졌다는 사실이다. 반면 홍준표는 "개가 짖어도 기차는 간다"는 신념의 신봉자로 여겨졌다. 국가적 난제를 풀 수 있는 정치적 결단의 기회는 후보 시절엔 오지 않는 법이다. 유권자들에게 중요한 건 이미지일 뿐, 그 이상도 그 이하도 아니다. 그게 좋다는 뜻이 아니라, 그게 정치의 현실이라는 것이다.[24]

홍준표가 이미지를 무시한다는 것은 그가 2019년 1월에 출간한 책의 제목에서도 잘 드러난다. 제목이 달랑 『당랑의 꿈』이다. 아니 '당랑'이 뭐지? 이런 호기심을 불러일으키려고 했던 걸까? 그게 아니다. "사마귀가 수레바퀴를 막는다"는 뜻의 사자성어인 당랑거철螳螂拒轍을 그가 너무 좋아했기 때문이다. 보좌진이 강하게 반대하고 나선 건 당연한 일이었다.

"왜 '당랑'입니까?"

"내 살아온 변방의 모습을 잘 보여준다. 나는 사마귀가 거대한 수레바퀴에 맞서듯 세상을 살아왔다. 당랑으로 간다."

"이제 변방 개념은 의식 속에 간직하십시오. 현실 속의 홍준표는 기득권입니다. 당랑은 거리가 너무 멉니다."[25]

홍준표의 측근인 이필형은 설득에 설득을 거듭했지만, 결국 홍준표의 뜻을 꺾지 못한 채 『당랑의 꿈』이라는 제목의 책이 세상에 선을 보였다. 이필형은 그간 홍준표에게 "외곽, 아웃사이더, 독불장군,

야생마, 당랑 등 변방 인식을 바꾸자"고 했지만, 홍준표는 늘 "나는 나의 길을 간다"는 고집으로 버티곤 했다.²⁶

홍준표는 『당랑의 꿈』의 서문에서 "이제 나머지 내 인생은 내 나라가 부국강병한 나라가 되고 선진 강국이 되도록 진충보국盡忠報國하는 일만 남았다"며 "수레에 달려드는 당랑으로 내 마지막 꿈을 이루고자 이 책을 낸다"고 했다.²⁷ 그는 "내 인생의 멘토는 '엄마'다"고 했다. 그는 자신이 1996년 제15대 총선에서 첫 금배지를 단 지 2주일 만에 돌아가신 어머니의 꿈이 곧 자신의 꿈이라면서 다음과 같이 말한다.

"어머니가 남기신 꿈 하나 가슴에 품고 정치를 시작했다. 그 꿈은, 가진 것 없고 힘없는 사람들, 평생 일만 하고 고생만 하신 내 어머니 같은 분들이 잘사는 세상을 만드는 것이다. 그것이 내 인생의 마지막 꿈이다. 돈도 '빽'도 통하지 않는 그런 공정한 사회를 만들어 보자. 그것이다."²⁸

그러나 홍준표가 그런 꿈을 이루기 위해 정치적 삶을 살고 있다는 걸 아는 사람은 많지 않았다. 왜 그럴까? '어머니의 꿈'을 말한 대목의 다음, 다음 페이지에 나오는 분노의 언어가 대변하는 정치적 자세 때문일 게다. "영어 단어 외우는 시간에 거리에 나가 촛불 시위를 하면 성공하는 세상이 되었다. 온통 주사파 운동권 세력들이 대한민국을 좌파 광풍의 시대로 만들고 있는 세상이 되어버렸다. 서민의 꿈이 무너져 내리고 떼법만이 판치는 강성 노조의 나라가 되어버렸다. 성장은 멈추고 세금으로 서로 나누어 먹는 사회주의적 배급의 나라가 되어버렸다."[29]

●

"노무현,
트럼프가 품격이 있어서 대통령이 됐느냐"

2020년 12월에 출간된 홍준표의 『꿈꾸는 대한민국: 홍준표의 facebook 희망편지③』를 재미있게 읽었다. 처음엔 "아니 페이스북 글을 묶어낸 걸 누가 읽나" 하는 생각을 했지만, 뜻밖에도 읽는 재미가 쏠쏠했다. 홍준표는 고려대학교 재학 시절부터 필력이 뛰어나 유신 철폐 유인물 작성을 도맡아 하기도 했다는데,[30] 아마도 그런 글빨과 타고난 말빨 덕분일 게다. 이 책에도 자신의 이미지에 대한 불평이 자주 등장한다. 하나만 소개하자면 이렇다. "당이 걱정이 되어 충고를 하면 그걸 내부 총질이라고 펄펄 뛴다. 총질이나 한번 해보고 그런 말해라. 총질은 적을 보고 하는 것이지 내부 총질이라는 것은 없다."(2019년 11월 8일)[31]

그런데 문제는 좀 다른 데에 있는 것 같다. '내부 총질'이건 '외부 총질'이건 말이 너무 거칠다는 것이다. 홍준표는 "말을 좀 세게 할 뿐인데 전부 막말로 취급하고 하니까 요즘 말하기가 굉장히 힘들다"고 하소연하기도 했으며,[32] "노무현, 트럼프가 품격이 있어서 대통령이 됐느냐"고 목소리를 높이기도 했다. 그는 또 "품격이 위선과 상통할 때가 있다는 것도 알아야 한다"며 "소탈한 것을 품격 없다고 매도하는 것 자체가 위선"이라고 주장했다.[33]

나 역시 거친 글을 많이 써왔던 사람으로서 동병상련同病相憐하는 점이 없진 않지만, 품격에 대한 양해는 메시지의 성격과 직결되어 있다는 말씀을 드리고 싶다. 기득권 권력이나 금력의 어두운 면을 공격하면서 거친 말을 하는 건 양해되지만, 개인에 대한 인신공격의 성격이 있는 메시지엔 그런 양해심은 발휘되지 않는 법이다. 그런데 홍준표의 메시지는 후자에 치우친 경우가 적지 않았다.

홍준표는 지난 2018년 이재명과 김부선의 스캔들 의혹을 언급하며 "(이 지사가) 워낙 무상을 좋아하니 불륜도 무상으로 했다는 의혹을 받는다"고 했다.[34] 지나친 말이었다. 정치적으로 올바르지도 않거니와 김부선의 입장을 전혀 배려하지 않은 말이었다. 이 발언 어디에 공적 대의와 명분이 있단 말인가.

홍준표는 2021년 6월 28일 서울 마포구의 한 카페에서 열린 청년 정책 토크쇼에서 최근 남녀 갈등 논란에 대해 이야기하다가 "조국 사태 때 (내가) 조국이 보고 '그 새끼 사내새끼 아니다'(라고 생각했다)"며 "잘못했으면 자기가 (감옥에) 들어가야지 각시가 들어가나"라고 했다. 홍준표는 2019년 MBC 〈100분 토론〉에서 "나는 내 각시를 그런 식으로 내몰지 않는다, 내가 왜 조국에게 화가 났겠는가, 재는 사내새끼가 아니라는 것"이라고 했었다.[35]

이는 "(내가 조국이었다면) 내가 책임지겠다. 내가 감옥에 가는 게 낫다"는 취지에서 한 말이라곤 하지만, 지나쳤다. 사석에선 할 수 있는 말일망정 공적 담론으론 부적합했다는 것이다. 무엇보다도 공적 대의가 결여된 발언이었기 때문이다. 듣는 이들의 주목은 받을 수 있겠지만, 이는 홍준표 자신을 희생으로 한 것이다. 단지 사나이의 자질과 책임을 역설하기 위해 말을 너무 거칠게 한다는 평판을 얻어 남는 게 뭐란 말인가.

지난 2017년 대선에서 그를 괴롭혔던 '돼지흥분제 사건'만 해도 그렇다. 그는 2005년에 출간한 『나 돌아가고 싶다』라는 책에 대학 1학년 때 고대 앞 하숙집에서 일어난 일을 썼다. 어떤 여학생을 짝사랑하던 하숙집 룸메이트의 몹쓸 음모를 돕기 위해 하숙집 친구들이 '돼지흥분제'를 구해줬다가 벌어진 일을 소개한 것인데, 이게 대선 20일을 앞둔 시점에서 논란이 됐다. 그는 결국 "어릴 때 저질렀던 잘못이고 스스로 고백했다"며 "이제 그만 용서해달라"고 했지만, 책을 통한 공개적인 '고백' 자체가 문제라는 걸 절감하진 못한 것 같았다.

홍준표는 그 책이 '참회록'이라고 주장했는데, 그렇다면 그의 화려한 입담이 문제였을까? 말을 재미있게 해 좌중을 휘어잡는 능력은 그의 장점이지만, 참회는 재미있게 이야기하면 안 되는 법이다. 고대 로마의 역사가 타키투스는 "솔직함도 지나치면 망친다"고 했는데, 홍준표가 명심하면 좋을 말이다. 공석과 사석의 구분을 하지

않은 채 사석에서나 할 수 있는 말을 공개적으로 하는 건 자제해야
한다. 못 말리는 '개그 본능'의 자제가 앞으로 그에게 남은 숙제라
하겠다.

●

윤석열·이재명은 "조폭·양아치 리더십"

대선 국면을 맞아 홍준표의 '센 말' 또는 '막말'이 본격적으로 터져
나오기 시작했다. 2021년 4월 24일 홍준표는 페이스북에 글을 올
려 '양강 대선 주자'인 전 검찰총장 윤석열과 경기지사 이재명을 향
해 "조폭 리더십이 형님 리더십으로 미화되고, 양아치 리더십이 사
이다 리더십으로 둔갑하고, 응답률 5%도 안 되는 여론조사가 활개
를 치는 나라가 돼서도 안 된다"고 주장했다. "평상심이 지배하고
상식이 변칙을 누르는 정상 사회로 돌아가야 한다"는 그의 말은 백
번 옳지만,[36] "조폭·양아치 리더십"이란 말은 너무 심하지 않은가?
15개월 전까지만 해도 윤석열을 '의인義人'으로 칭송했던 것도 감
안했어야 하지 않을까?

　5월 19일 『조선일보』 논설위원 배성규는 「올드보이와 영남당으
로 정권 잡겠나」라는 제목의 칼럼에서 국민의힘 복당을 신청한 홍
준표를 '올드보이'로 지칭했다. 그러자 홍준표는 "어느 조간신문 칼
럼에서 논설위원이 당 대표도 여론조사 비율을 높이라고 의도적으

로 초선을 띄우는 듯한 칼럼을 썼다"면서 "그러면 그 언론사도 기자 1년 차를 편집국장으로 임명하시라"고 반박했다. 그는 "올드보이라고 계속 헐뜯는데 YS(김영삼), DJ(김대중), 노무현, 이명박, 박근혜, 문재인은 뉴보이였나"라고 반문했다.[37]

6월 24일 국민의힘이 최고위원회의에서 홍준표의 복당을 의결하자, 홍준표는 국회에서 기자회견을 열고 "어쩔 수 없이 잠시 집을 떠나야 했던 집안의 맏아들이 돌아왔다"며 "공정과 자유, 서민과 소통을 기치로 정권 교체를 위한 한 알 밀알이 되겠다"고 말했다.[38] 홍준표는 다음 날 CBS라디오에서 "야당으로 정권 교체를 해야 되는데, 대표 주자가 제가 돼도 좋고 또 다른 사람이 돼도 좋다"면서도 "문재인 정권이 대한민국 70년 업적을 허물고 있다. 나라를 강력하게 재건하고 정상화할 사람은 그래도 홍준표밖에 없지 않으냐"고 했다. 그는 '거침없는 이미지가 시원하기도 하지만 꼰대스러운 것 아니냐는 오해도 불러일으킨다'는 지적에 대해 "국민들이 싫어하니까 싫어하는 건 안 하도록 하겠다"며 "바꾸고 있는 중"이라고 했다.[39]

6월 28일 『중앙일보』는 「추다르크·홍반장 뜨자, 되레 반대 진영서 "화이팅" 외친다」는 제목의 기사에서 "두 사람의 활동 재개를 반기는 건 역설적으로 상대 당 지지자다"고 했다. 친여親與 성향 온라인 홈페이지 '클리앙'에선 홍준표 관련 기사를 올릴 때마다 "역시 홍카콜라", "믿고 보는 준표 형님"이란 댓글이 달리며, 반대로 친야親野 성향 '에펨코리아'에선 "진지하게 추미애 지지한다", "추미애

화이팅" 같은 글이 올라오고 있다는 것이다.[40]

7월 2일 홍준표는 『한겨레』 인터뷰에서 조국 일가 수사에 대해 "검찰이 보통 가족 수사를 할 때는 가족 중 대표자만 수사한다"며 "윤 전 총장은 과잉수사를 했다"고 지적했다. 그는 "요즘에 와서 윤 전 총장이 고발도 스물 몇 건 당했는데 자기 처와 장모가 다 걸렸다. 자업자득이다"라며 "조국 수사할 때 강력하게 수사했던 것을 지금 본인 가족 수사에 대해서 '나는 아니다' 이런 식으로 하면 안 된다. 자기도 극복하고 나가야지"라고 말했다.[41] 이 발언을 가장 반긴 이는 바로 조국이었다. 그는 해당 인터뷰 내용을 자신의 페이스북에 공유하며 "홍준표 의원의 평가"라고 적었다.[42]

●

거친 비판을 해야만 보도하는 언론도 문제다

2021년 7월 14일 홍준표는 페이스북을 통해 대선 공약으로 시세의 4분의 1 값 아파트 공급을 내걸었다. 그는 내 집 마련 정책을 제시하고 "2009년 제가 통과시켰으나 제가 경남지사로 가 있을 때 여야가 합의로 폐기한 반값 아파트 법안을 되살려 강북 재개발을 할 때 대규모로 반값 아파트를 지어 서민들에게 공급하고자 한다"고 밝혔다.

홍준표가 언급한 법안은 이명박 정권에서 한나라당이 당론으로 채택해 통과시킨 '토지임대부 분양주택 공급 특별법'이었다. 소위 반값 아파트법으로 토지는 임대하고 건물만 분양하는 방식으로 저렴하게 주택을 공급하는 것이었다. 2011~2012년에 서울 강남구 서초동과 자곡동 등에서 성공적으로 분양되었지만 이후 건설업계의 반발 속에 논란이 이어지다가 박근혜 정권 시절(2015년 말) 폐지되고 말았다.

그걸 되살려보겠다는 홍준표는 "서울의 집값 안정이 곧 전국 집값 안정으로 귀결되기 때문에 우선 시범적으로 서울 강북지역 재개발을 대규모로 착수하면서 반값이 아닌 현 시세의 1/4 아파트를 공급하고자 한다"고 말했다. 강북 재개발 과정에서 초기 시범사업으로 집값 안정 효과를 위해 아예 반의 반값 즉 4분의 1 값 아파트를 내놓겠다는 것이다.[43]

아주 좋은 제안이다. 4분의 1 값 아파트의 가능성을 검토해보는 기사들이 나온다면 얼마나 좋으랴. 가능하지 않다는 비판이 많이 나오더라도 부동산 가격을 폭등시킨 문재인 정권과의 대비 효과를 누리면서 좀더 정교한 정책 입안으로 나아갈 수 있을 것이다. 그러나 언론은 이런 정책이나 공약은 잘 받아주질 않는다. 기사로 많이 다루지 않는다는 뜻이다. 언론은 그래놓고선 대선 후보들이 정책 경쟁을 하지 않는다고 호통을 친다. 언론이 사랑하는 건 네거티브 공세이면서도 사설이나 칼럼에선 그런 위선을 떠는 것이다.

피아彼我를 가리지 않는 홍준표의 네거티브 공세는 언론의 사랑은 받을망정 국민의힘에서 환영을 받기는 어려웠다. 7월 22일 홍준표는 자신이 윤석열을 잇따라 비판하고 있는 것과 관련 "자꾸 내부 총질이라고 하는데 윤 전 총장은 우리 당 사람인지 아닌지 아직은 모른다"며 따라서 "그건 외부 총질이지 내부 총질이 아니다"라고 했다. 자신의 비판을 '윤석열 견제'로 보는 시각에 대해선 "참 답답하다"며 "난 피아를 안 가린다. 우리 측이라고 잘못된 거 덮어주고 그렇게 하지 않는다. 요즘은 참 많이 참는다"라고 했다.[44]

홍준표가 피아를 가리지 않는 건 분명하다. 그는 7월 8일 페이스북에 "정치란 옳고 그름을 가리는 것이 그 첫째가 돼야 한다"며 "진영 논리에 갇혀 우리 편이면 무조건 덮어주고 반대편이면 무조건 비난하는 편협한 사고방식으로 정치를 하지도 않고 해본 일도 없다"고 했다.[45] 옳은 말씀이다. 나는 "너 죽어라" 대신 "너 잘돼라"는 성격의 비판 문화를 조성하자는 취지에서 내부 비판을 활성화하자고 주장해왔기에 홍준표의 그런 생각에 지지를 보낸다. 그런데 문제는 늘 과유불급過猶不及이다.

●

"윤석열의 '조국 수사'는 여권 내부 권력투쟁……공정으로 포장"

2021년 8월 8일 홍준표는 『국민일보』 인터뷰에서 윤석열을 겨냥해 "조국 수사는 문재인 정권 내부의 권력투쟁이었다"면서 "윤 전 총장이 이것(조국 수사)을 공정과 상식으로 포장했다"고 강하게 비판했다. 그러면서 윤석열의 지지율을 "착시 현상"이라고 주장했다. 또 그는 "윤 전 총장이 서울중앙지검장 재직 시절 이끌었던 적폐 청산 수사로 200명 이상이 구속되고, 900명 이상이 조사를 받았다"면서 "윤 전 총장은 보수 우파를 궤멸시킨 주범"이라고 주장했다.

홍준표는 "윤 전 총장의 발언에 대해서도 '매일 실언'이라고 비판했는데"라는 질문에 이렇게 답했다. "윤 전 총장의 최근 실언들은 검사 26년의 시각으로 국정을 이끌 수 없다는 사실을 보여주는 증거다. 국정은 날치기 공부로 준비할 수 있는 것이 아니다. 어떤 사람은 매일 실언을 하고, 또 어떤 사람(최재형 전 감사원장을 지칭)은 질문에 답도 못하고. 이런 준비 안 된 사람들이 대한민국을 이끌 수 없다는 점을 나는 강조하는 것이다."

홍준표는 "'윤석열 공격'의 반사이익이 홍 의원이 아니라 최재형 전 원장에게 돌아갈 수 있다는 분석도 있는데"라는 질문엔 이렇게 답했다. "나는 정치적 계산에 따라 움직이는 사람이 아니다. 옳고 그름의 판단에 따라 말하고 행동할 뿐이다." 또 "윤석열 비판을 계속할 경우 홍 의원에 대한 보수층의 반발이 높아질 수도 있는데"라는 질문에 대해선 이렇게 답했다. "나는 여론을 의식하는 사람이 아니다. 옳다고 생각하는 말은 하는 사람이다."[46]

옳다고 생각하는 말을 하는 건 좋지만, 옳지 않은 말을 한다고 생각하는 사람들도 많았다는 게 문제였다. 특히 국민의힘 내부에서 말이다. 국민의힘 의원 윤희숙은 "조국 전 장관의 '내로남불'은 정권 교체의 대의이자 상징이다. 정권의 가증스런 두 얼굴을 적나라하게 까발림으로써 우리 국민은 공정이란 가치가 문재인 정권에게 얼마나 짓밟히고 있는지 깨달았다"라며 "그런데 홍준표 의원님은 윤석열 후보를 공격하기 위해 조국 전 장관 수사를 희화화하고 있다. 홍준표 의원께선 지금 우리 국민들이 단순한 권력 다툼에 놀아났다고 이야기하시는 건가? 이게 정권 교체의 대의를 부정하는 행위가 아니면 무엇인가"라고 비판했다.

이어 "단순한 조국 게이트가 아니라 청와대, 법무부, 법원까지 연루된 문재인 정권 게이트이자, 제2의 최순실 사건이라 소리 높였던 분은 어디 갔나?"라며 "그랬던 홍 의원님께서 지금 표를 얻겠다고 조국 수사의 의미를 퇴행시키는 것은 바로 스스로를 웃음거리로 만드는 것이다. 당의 대선배께서 홍카콜라라는 애칭에 걸맞게 소신을 지키며 정정당당하게 싸우는 모습을 기대한다"고 했다.[47]

이 문제를 어떻게 보아야 할까? 홍준표가 『국민일보』와 주고받은 짧은 문답에 의외로 많은 이야기가 숨어 있다. 나는 홍준표가 정치적 계산에 따라 움직이는 사람이 아니며, 옳고 그름의 판단에 따라 말하고 행동할 뿐이며, 여론을 의식하는 사람이 아니며, 옳다고 생각하는 말은 하는 사람이라는 걸 믿는다. 늘 100퍼센트 그런 건 아닐망정 한국의 그 어떤 정치인보다 더 그렇다는 걸 믿어 의심치 않는다.

그런데 바로 그게 문제다. 그렇게 살겠다는 정치인이 대통령을 해보겠다고 나서는 건 난센스다. 정치적 계산도 없고, 여론을 의식하지도 않으면서 대통령이 되겠다? 이걸 난센스라 부르지 않으면 무엇을 난센스라고 할 것인가? 그런 계산과 의식을 한다고 해서 그게 곧 옳다고 생각하는 말을 할 수 없거나 하지 말라는 건 아니다. 중요한 건 '어떻게'다. 맥락을 고려해 메시지의 수위와 표현 방식을 조절할 줄 아는 마인드와 역량이다. 그래야 자신이 과거 했던 발언과 상충되는 주장도 피해갈 수 있다. 똑같은 비판일지라도 나의 비판은 옳지만 경쟁자의 비판은 옳지 않다는 자세는 곤란하다는 이야기다.

●

"전교조와 강성 노조의 횡포를 막겠다"

앞서 보았듯이, 홍준표는 "서민의 꿈이 무너져 내리고 떼법만이 판치는 강성 노조의 나라가 되어버렸다"고 개탄해온 정치인이다. 대선 국면을 맞아 이런 식의 주장이 계속 제기되었다. 이에 대해서도 논의해보기로 하자.

2021년 8월 1일 홍준표는 페이스북을 통해 "초중고 교육을 좌파 이념 교육장으로 만든 전교조와 법위에 군림해 세상을 무법천지로 만들고 있는 강성 노조의 횡포는 선진국 시대에는 있을 수 없는 폭거"라며 "집권하면 모든 수단을 총동원해 전교조와 강성 노조의 횡포를 막겠다"라고 했다. 이어 "이런 메시지를 내면 또 보수 강화 운운할 수도 있지만 보수 강화가 아니라 나라를 바로 세우는 선진국 시대의 교육과 노동정책"이라고 강조했다.[48]

물론 이건 막말이 아니다. 매우 용기 있는 비판이다. 하지만 너무 지나치게 용기 있는 비판으로 볼 수도 있다. 나는 그가 경남지사 시절 전교조 및 강성 노조와 치열한 '전쟁'을 벌인 기억과 상처에 사로잡혀 스스로 '지는 게임'에 발을 들여놓은 게 아닌가 싶다. 2014~2015년의 무상급식, 즉 '밥 사건'을 상기할 필요가 있다. 앞서 지적했듯이, 냉정하게 보자면 홍준표는 중요한 문제를 제기한 것이었지만, 진보와 일부 중도 유권자들은 그렇게 생각하지 않았다. 전교조와 강성 노조의 문제도 비슷하다. 누가 옳고 그르건, 그들과의 전면전을 선포하는 방식으론 결코 이길 수 없는 싸움이다. 그건 '기억과의 전쟁'이기 때문이다.

정치는 의외로 많은 경우 과거와의 전쟁이다. 만약 정치가 현재와의 전쟁이라면 문 정권은 연이은 실정으로 큰 위기에 처해졌겠지만, 유권자들은 과거를 기억한다. 국민의힘은 여전히 박근혜 탄핵과 촛불집회의 분노라는 멍에로부터 자유롭지 못하다. 문 정권이 어떤 실정을 거듭한다 해도 그건 이명박 정권과 박근혜 정권 시절에 저질러진 실망스러운 작태보다는 낫다고 생각한다. 586 민주화 투사들이 권력을 가진 후 아무리 타락했어도 그들을 무자비하게 탄압했던 독재 정권에 협력했던 사람들보다는 훨씬 나은 사람들이라는 생각은 여전히 국민의힘에 대한 평가에도 영향을 미친다.

전교조와 강성 노조도 이들이 나타나게 된, 아니 나타날 수밖에 없었던 역사적 배경을 감안해야 한다. 그리고 그 배경과 국민의힘이 어떤 관계를 맺었던가를 성찰해야 한다. 그래서 문 정권처럼 전교조와 강성 노조를 절대 성역으로 섬겨야 한다는 뜻이 아니다. 진보와 중도에도 전교조와 강성 노조의 문제를 심각하게 생각하는 사람들이 많지만, 그들이 모든 수단을 총동원해 억제해야 할 정도로 나쁜 적敵은 아니라고 보기에 엉거주춤한 자세를 취하고 있을 뿐이다. 즉, 같은 취지의 말을 하더라도 세게 말하는 게 능사일 수는 없다는 것이다. 그런 화법은 일부 보수의 속은 후련하게 만들어줄망정 폭넓은 지지를 받기는 어렵다.

국민의힘 대선 후보 경쟁자인 유승민은 '연금개혁안'을 들고 공무원노조를 방문했다. 그는 간담회 자리에서 "노동과 복지 분야에 대해서는 누구보다도 전향적 생각을 가지고 있다. 국민의힘 후보 중에도 '노조 타파' 식으로 공약을 내세우는 사람이 있는데 저는 분명히 다르다"며 "노조는 타도의 대상이 아니라 대화하고 설득할 대상이라는 정신을 분명히 갖고 있다"고 밝혔다.[49]

홍준표로선 "그런 식으로 접근하니까 유승민의 지지율이 낮다"고 생각할지 모르겠지만, 지지율을 떠나서 '막말' 이미지를 넘어서기 위해선 바로 그런 접근이 필요하다. 홍준표가 지금과 같은 식으로 전교조와 강성 노조를 비판하는 건 '이념 전쟁'으로 빠지는 지름길이다. 정녕 그걸 원하는 걸까? 홍준표가 쓰고 싶어 하는 구체적 수단과 방법을 미리 밝히면서 '정책 경쟁'으로 나아갈 수 있는 길은 없을까? 그들에게 공개 토론을 요청하거나 직접 방문해 토론을 벌여서 얻을 게 없다고 하더라도 이미지 하나는 달라질 게 아닌가. 그리고 스스로 언어 구사에 대한 각성 효과를 갖게 될 게 아닌가.

홍준표가 그런 방법이 있음에도 그렇게 하지 않는 건 '정책 경쟁'이 언론의 주목을 받을 수 없는데다 지지자나 잠재적 지지자들의 속을 후련하게 만들어 줄 수 없기 때문일 게다. 또 구체적 수단과 방법을 강구하는 게 쉽지 않다는 이유도 있을 게다. 그러나 지도자는 때로 힘든 길을 택해야 한다. 무너져 내린 서민의 꿈을 살리기 위한 일인데, 그렇게 못할 이유가 없잖은가.

●

"'독고다이'일 뿐 독불장군은 아니다"

홍준표의 발언들이 재미있다는 건 분명하다. 홍준표는 시원시원하게 자신의 생각을 얘기하는 점 때문에 '컬트적 인기'가 있다는 평가도 나오는 것도 바로 그 점과 무관치 않을 것이다.[50] 하지만 그런 재미를 주려는 충정으로 하는 일이라면, 그건 소탐대실小貪大失이 아닐지 생각해볼 필요가 있겠다. '컬트적 인기'는 아무리 열광적일망정 확장성이 없다는 점에서 대중 정치인에겐 치명적인 약점일 수도 있잖은가.

홍준표 자신도 어쩔 수 없는 기질 때문일까? 2017년 8월 1일 『조선일보』주필 김대중이 쓴 「홍준표론」이란 제목의 칼럼을 두고 벌어진 논쟁을 살펴보자. 김대중은 이 칼럼에서 "어떤 사람들은 그의 능력과 자질에 의문을 갖는다. 어떤 사람은 그의 언쟁을 문제 삼아 그를 즉흥적이고 논쟁적이고 때로는 포퓰리스트적이라고 폄하하기도 한다"며 "하지만 그는 오늘날 지리멸렬한 야권을 통합하고 정통 보수 정당을 재건할 유일한 위치에 있다"고 했다. 그러면서 이런 고언을 했다. "그의 이미지는 독불장군이었다. 혼자서 차車 치고 포包 치고 하는 식이었다. 이제는 제1야당의 대표로서, 국정의 파트너이며 견제 세력의 주자답게 행세했으면 한다. 막말은 듣기엔 시원해도 상대방의 마음을 열지 못한다."

이에 홍준표는 "미천한 가족사 출신이지만 자존과 명예욕 하나로 세상을 살았습니다"라며 "충동적, 즉흥적이라는 비난이 있는데, 어떻게 충동적이고 즉흥적인 사람이 검사에다가 험지에서 국회의원 4선을 하고 도지사 2번 하고 보수당 대통령 후보까지 될 수 있겠습니까"라고 반박했다. 그는 '독불장군'이라는 평가에 대해서도 다음과 같은 반론을 폈다.

"저는 '독고다이'일 뿐 독불장군은 아닙니다. 독불장군은 부하라도 있지만 저는 부하 한 명 두지 않은 독고다이입니다. 이 나이 되도록 독고다이 정신으로 강인함이 없이 살았다면 저는 검사 때 이미 한국 사회에서 매장되었을 겁니다. 언제나 주변의 조언을 듣고 결정하고, 결정하면 머뭇거림 없는 독고다이입니다."[51]

'독불장군'과 '독고다이'가 어떻게 다른 것이기에 그러는 걸까? 독불장군은 무슨 일이든 자기 마음대로 혼자서 처리하는 사람이고, 일본어에서 온 독고다이는 스스로 결정하여 홀로 일을 처리하거나 그런 사람을 속되게 이르는 말이다. 이런 사전적 정의로는 쉽게 구분이 잘 되지 않는다. 홍준표가 자신을 독고다이라고 한 것은 패거리를 만들지 않으면서 경청敬聽은 하는 단독자임을 강조하기 위한 것으로 보인다.

실제로 홍준표는 그간 '계파 없는 정치'를 해온 독보적인 인물이다. 그는 『당랑의 꿈』(2019)에서 이렇게 말한다. "나는 23년 정치하면서 계파에 속하거나, 계파를 만들어본 일이 없다. 국회의원은 헌법상 독립 기관으로서 국민대표 기관이지 어느 계파의 대리인이 되어서는 안 된다는 소신 때문이다. 소위 언론에서 만들어낸 친홍계라는 것은 내가 당 대표를 할 때 같이 일하던 당직자들일 뿐이다."[52]

홍준표는 이런 말도 했다. "이회창 총재 시절에도, 박근혜 대표 시절에도, 이명박 대통령 시절에도 나는 계보에 속하지 않았다. 그것은 국회의원으로서 자존심 문제였다. 헌법기관인 국민의 대표가 계파 보스의 하수인 노릇을 한다는 것은 국회의원으로서 자존심이 허락하지 않았다."[53]

●

'독고다이 기질'의 통제가 최대 과제다

계파를 한사코 거부하는 홍준표, 멋지다! 전 한국정치학회장 김용
호는 「대선 후보 '캠프 정치'라는 잘못된 관행」이라는 최근 칼럼에
서 "대선 주자들의 '캠프 정치'가 정당 민주주의를 심각하게 훼손
하고 있다. 대선 후보의 사조직에 불과한 캠프가 헌법에 명시된 공
조직인 정당을 압도하는 바람에 정당이 제 기능을 제대로 수행하지
못하고 있다"고 일갈했다.[54] 이런 문제의식에 비추어 보더라도 홍준
표의 계파 거부는 칭찬받아 마땅하다.

그런데 문제는 늘 이론이나 당위와는 다른 현실이다. 그가 '줄 세
우기 정치'를 비판하면서 "무리 지어 레밍처럼 절벽을 향해 달리는
군상들도 본다. 참 딱하고 가엾다"고 한 건 백번 옳지만,[55] 모두가 다
그렇게 하면 어떡할 것인가? 정치는 좋게 말해 '세력 싸움', 안 좋게
말하자면 '패거리 싸움'이다. 앞서 언론의 위선을 지적했지만, 언론
도 평소엔 계파 정치를 비판하면서도 대선 후보로서의 정치인을 평
가할 때엔 계파가 있느냐 없느냐를 매우 중요하게 생각한다. 물론
있어야 하며 강해야 한다는 쪽으로 말이다. 『한겨레』가 연재한 대선
후보 'SWOT 분석'에서 홍준표의 약점으로 꼽힌 것 역시 '홍준표

225

의 사람들'이 없다는 것이었다.

"앞으로 어떤 사람들과 함께할 것인지 보여주지 않는다면, 대통령이 됐을 때 어떻게 국정 운영을 하고 정책 방향을 잡아 나갈지 예측이 어렵다. 주변에서 때로는 직언도, 정책적 조언도 해줄 측근이 없다는 건 대통령으로서 약점으로 꼽힌다. 계파 정치 책임에서는 벗어날 수 있지만, 당내 경선에서 조직 기반이 없는 건 치명타로 작용해 불리하다."[56]

그런데 흥미로운 건 홍준표는 그럼에도 자신을 '정치적 현실주의자'라고 부른다는 점이다. "나는 정치적 현실주의자이다. 현재 있는 현상을 그대로를 받아들이고 그것을 타개해 나갈 현실적이고 타당한 방법을 찾아가는 것이 정치적 현실주의자이다."[57] 물론 이는 그가 좌파-우파 구분을 비웃으면서 국익과 서민을 위해 실용적인 노선을 걷는다는 의미로 한 말이겠지만, 일반적으로 쓰이는 용법에 따르자면 '정치적 현실주의자'가 계파를 거부하는 독고다이라는 건 말이 안 된다.

더욱 흥미로운 건 홍준표 이전의 한국 정치사에서 대표적인 독고다이는 전 국민의힘 비상대책위원장 김종인이라고 할 수 있는데,[58] 둘의 사이가 영 좋지 않다는 점이다. 물론 그 이유는 간단하다. 나의 개인적인 가설이지만, 독고다이는 다른 독고다이를 싫어할 가능성이 높다. 두 사람은 전혀 다른 것 같지만 둘 다 독고다이라는 점에선 놀라울 정도로 닮은 점이 있다.

홍준표가 어차피 경쟁 상대도 아닌데 국민의힘에 상당한 지분을 갖고 있는 김종인과 치열한 각을 세운 게 실익이 있었을까? 아니다. 그건 실익의 문제가 아니라 기질의 문제일 게다. 나는 가끔 홍준표가 실용적인 실익보다는 자신의 기질에만 충실하다는 생각을 하곤 한다. 그 기질을 스스로 통제하는 게 앞으로 홍준표의 최대 과제가 아닌가 싶다.

●

독창을 떼창으로 만들기 위해선

『조선일보』 논설위원 선우정은 「내가 본 야당 대선 주자들」이라는 제목의 최근 칼럼에서 홍준표에 대해 "달변가이자 다변가였다"며 "그의 낙천성과 자신감이 좋았다"고 썼다. 그는 "(홍준표는) 자력으로 가난을 딛고 일어나 스타 검사로 성장했고 24년 동안 정계에서 국회의원, 지사, 당 대표, 대선 후보를 지냈다"며 다음과 같이 말한다.

"적을 줄이고 사람을 끌어안고 언어를 정제하면 충분히 대통령이 될 수 있다고 생각했다. 그의 주변 사람에게 이 말을 몇 번이나 했는지 모른다. 만난 김에 직접 하려고 했는데 끝내 못 했다. 그의 자신감엔 파고들 빈틈이 없었다. 그래도 그를 기대한다. 그런 입지전적 서사敍事를 가진 인물은 드물기 때문이다."[59]

나는 홍준표가 자신의 이미지를 고려하지 않는 게 그의 자신감에서 비롯된 것이라고 생각한다. 홍준표는 이미 잊어버렸는지 모르겠지만, 『꿈꾸는 대한민국』에 실린 그의 2019년 3월 9일의 페이스북 글은 바로 그 문제에 대한 성찰을 담고 있어 흥미롭다. 그는 어느 정치 컨설턴트를 만나 조언을 들으면서 "업적과 비전까지는 이해가 되는데 이미지가 중요하다는 말엔 동의하기가 어려웠다"고 했다. 이어지는 다음 말은 성찰인지 아니면 비아냥인지 헷갈리긴 하지만, 성찰 쪽으로 해석하기로 하자.

"그러나 곰곰 생각을 해보면, 문재인 대통령의 최근 모습과 탁현민 행정관의 이미지 관리 기술을 보면서, 나는 비로소 이미지 정치도 중요한 것이구나 하고 뒤늦게 알았습니다. 국민들이 오해하지 않도록 하는 것도 중요한 정치 기술 중 하나가 될 수도 있겠다는 생각이 들었습니다. 주위 분들이 일치해서 조언하는 말이 이미지 개선이라는 말에는 안타깝지만 동의하지 않을 수 없다는 생각이 드는 주말입니다."[60]

그러나 홍준표가 이후에도 계속 '막말' 이미지를 만들어낼 수 있는 발언을 멈추지 않은 걸 보면 자신의 '입단속'이 쉽지 않았나 보다. 그렇다면 거친 말을 계속하더라도 공적 대의와 명분이 있는 사안에 국한시켜 보면 어떨까? "지도자는 막말이 문제가 아니라 거짓말이 문제다"는 그의 말은 백번 옳지만,[61] 거짓말이 밝혀지는 데엔 오랜 시간이 걸리는 반면 막말은 즉각적으로 효과를 발휘한다는 걸 유념하면 좋겠다. 홍준표 개인은 물론 한국의 정치 발전을 위해서 말이다. 사람들을 재미있게 만들어주는 것보다는 생각하게 만드는 것이 지도자가 되기를 원하는 정치인의 덕목임을 믿어 의심치 않기에 드리는 말씀이다.

홍준표는 20년 전부터 "50년대의 화두는 건국이었고, 60~70년대의 화두는 조국 근대화였으며, 80~90년대의 화두는 민주화였는데, 21세기의 화두는 무엇인가? 앞으로 우리나라의 지도자는 이 21세기의 화두를 선점하는 사람에게 있다"는 말을 해왔다.[62] 21세기가 이미 20년이 지났는데도 한국 사회가 지향해야 할 화두는 잘 보이지 않는다. 나는 그가 인내심을 갖고 그 화두의 전파를 위한 소통과 설득에 나서줄 것을 기대한다.

홍준표는 "비록 텅 빈 광장에서 나 홀로 부르는 노래로 출발할지라도 그것이 우리들의 노래가 되고 전 국민이 다 같이 부르는 노래가 될 때까지 나는 부르고 또 부를 것이다"고 했다.[63] 부디 그가 부르는 노래에 동참하는 사람들이 많아져 떼창으로 발전하기를 바라마지 않는다. 독창을 떼창으로 만들기 위해선 독고다이 기질을 통제하면서 이미지에 신경 쓰는, 지금보다는 덜 용감한 홍준표가 되어야 할 것이다.

주

1 홍준표, 『당랑의 꿈』(실크로드, 2019), 199~200쪽.

2 고위 권력층도 구속 기소하는 등 홍준표가 검사로 활약한 내용 일부가 선풍적인 인기를 불러일으킨 SBS-TV 드라마 〈모래시계〉(1995년 1~2월 방영)를 통해 알려짐으로써 얻은 영예였다.

3 홍준표, 『홍 검사, 당신 지금 실수하는 거요: 홍준표 전 검사의 수사 일지』(동지, 1995), 5쪽.

4 홍준표, 『변방』(형설라이프, 2009), 128~130쪽.

5 홍준표, 김대식 엮음, 『홍준표가 답하다: 변방에서 중심으로』(봄봄스토리, 2017), 5, 13, 188쪽; 홍준표, 『당랑의 꿈』(실크로드, 2019), 229~230쪽.

6 홍준표, 김대식 엮음, 『홍준표가 답하다: 변방에서 중심으로』(봄봄스토리, 2017), 65쪽; 홍준표, 『변방』(형설라이프, 2009), 85~92쪽.

7 홍준표, 김대식 엮음, 『홍준표가 답하다: 변방에서 중심으로』(봄봄스토리, 2017), 65~66쪽.

8 홍준표, 김대식 엮음, 『홍준표가 답하다: 변방에서 중심으로』(봄봄스토리, 2017), 5, 13, 126~127쪽.

9 김정하·권호, 「"공공의료 축소 아닌 귀족 노조 철밥통 없앤 것": 홍준표 경남지사, 진주의료원 폐쇄 논란에 정면 반박」, 『중앙일보』, 2013년 6월 20일.

10 송호근, 「용감한 준표씨」, 『중앙일보』, 2013년 6월 18일.

11 김민철, 「역대 대통령 다 했는데 文 대통령만 외면하는 것」, 『조선일보』, 2021년 8월 11일.

12 「[사설] 불온한 여권의 '무상급식' 흔들기 움직임」, 『한겨레』, 2014년 11월 6일; 「[사설] 무상급식·무상보육 파탄시킬 셈인가」, 『경향신문』, 2014년 11월 7일; 강수돌, 「밥 가지고 장난치지 마라」, 『경향신문』, 2014년 11월 10일; 박권일, 「도지사의 야바위」, 『한겨레』, 2014년 11월 11일.

13 조의준, 「"저소득층 더 돕는 게 진정한 복지"」, 『조선일보』, 2015년 3월 14일.

14 조의준, 「左派 복지가 오히려 가난한 학생 교육 기회 뺏어"」, 『조선일보』, 2015년 3월 14일.

15 「[사설] 복지 우선순위 무시한 홍준표의 포퓰리즘」, 『한겨레』, 2015년 3월 12일.

16 정성희, 「홍준표 反포퓰리즘의 미래」, 『동아일보』, 2015년 3월 17일.

17 홍영림, 「홍준표 무상급식 중단…"잘했다" 49% "잘못했다" 37%」, 『조선일보』, 2015년 3월 21일.

18 강수돌, 「밥 가지고 장난치지 마라」, 『경향신문』, 2014년 11월 10일; 이계삼, 「"준표 형님, 형님 팔자 고친 것도 '밥심'이었잖아요"」, 『한겨레』, 2015년 3월 17일; 「[사설] 가난을 입증하고 다시 눈칫밥 먹으라는 건가」, 『경향신문』, 2015년 3월 21일; 노정태, 「밥이 공부다」, 『경향신문』, 2015년 3월 23일.

19 박권일, 「도지사의 야바위」, 『한겨레』, 2014년 11월 11일.

20 정남구, 「'밥은 먹었냐?'」, 『한겨레』, 2015년 4월 20일.

21 홍준표, 김대식 엮음, 『홍준표가 답하다: 변방에서 중심으로』(봄봄스토리, 2017), 181~183쪽.

22 최상원, 「홍준표, 단식농성 도의원에 '쓰레기' 막말 논란」, 『한겨레』, 2016년 7월 12일.

23 홍준표, 김대식 엮음, 『홍준표가 답하다: 변방에서 중심으로』(봄봄스토리, 2017), 132~133쪽.

24 강준만, 『정치는 쇼비즈니스다』(인물과사상사, 1998); 강준만, 「제5장 왜 정치는 '상징조작의 예술'인가?: 머리 에델먼」, 『커뮤니케이션 사상가들(개정판)』(인물과 사상사, 2017), 185~213쪽 참고.

25 이필형, 『홍도는 잘 있느냐: 홍준표, 당신이 모르는 이야기』(실크로드, 2021), 148쪽.

26 이필형, 『홍도는 잘 있느냐: 홍준표, 당신이 모르는 이야기』(실크로드, 2021), 94, 156~157쪽.

27 홍준표, 『당랑의 꿈』(실크로드, 2019), 5~8쪽.

28 홍준표, 『당랑의 꿈』(실크로드, 2019), 17~18쪽.

29 홍준표, 『당랑의 꿈』(실크로드, 2019), 20쪽.

30 홍준표, 『변방』(형설라이프, 2009), 69~70쪽; 홍준표, 김대식 엮음, 『홍준표가 답 하다: 변방에서 중심으로』(봄봄스토리, 2017), 31쪽.

31 홍준표, 『꿈꾸는 대한민국: 홍준표의 facebook 희망편지③』(봄봄스토리, 2020), 170쪽.

32 김지영, 「홍준표, '막말' 비판에 "좀 세게 할뿐…우리 편 옳고 그름 가려야"」, 『머니 투데이』, 2021년 7월 8일.

33 변휘, 「홍준표 "노무현, 품격 있어 대통령 됐나…가장 소탈했던 분"」, 『머니투데이』, 2021년 5월 19일.

34 나운채, 「김부선 "홍 아무개처럼 무상불륜 이딴 말 안 해…복귀하려 산탄다"」, 『중 앙일보』, 2021년 6월 29일.

35 원선우, 「홍준표 "조국은 사내새끼 아냐, 감옥에 '각시' 보내다니"」, 『조선일보』, 2021년 6월 29일.

36 장나래, 「"조폭·양아치 리더십"…홍준표, 윤석열·이재명 동시 저격」, 『한겨레』, 2021년 4월 26일.

37 신혜연, 「홍준표 "올드보이 안 된다고? 1년 차 기자 편집국장 시켜라"」, 『중앙일보』, 2021년 5월 19일.

38 성지원, 「15개월 만에 복당한 홍준표 "맏아들이 돌아왔다"」, 『중앙일보』, 2021년 6월 25일.

39 김승재, 「홍준표 "꼰대 이미지 바꾸는 중…野 대표 주자 나 아니어도 상관없어"」, 『조선일보』, 2021년 6월 25일.

40 오현석·성지원, 「추다르크·홍반장 뜨자, 되레 반대 진영서 "화이팅" 외친다」, 『중앙 일보』, 2021년 6월 28일.

41 이주현·오연서, 「홍준표 "적폐 청산·조국 수사 윤석열, 이번엔 본인이 의혹 극복해

야"」, 『한겨레』, 2021년 7월 2일.

42 조유경, 「홍준표 "조국 일가 과잉수사하더니 尹 자업자득" 인터뷰 공유한 조국」, 『동아닷컴』, 2021년 7월 2일.

43 박종진, 「홍준표 "'반값 아파트법 부활'로 강북서 시세 1/4에 공급"」, 『머니투데이』, 2021년 7월 18일.

44 주형식, 「홍준표 "이재명은 너무 막살아, 여권 최종 후보는 이낙연"」, 『조선일보』, 2021년 7월 23일.

45 김지영, 「홍준표, '막말' 비판에 "좀 세게 할뿐…우리 편 옳고 그름 가려야"」, 『머니투데이』, 2021년 7월 8일.

46 하윤해, 「[단독] 홍준표 "윤석열의 '조국 수사'는 여권 내부 권력투쟁…공정으로 포장"」, 『국민일보』, 2021년 8월 8일.

47 김명일, 「홍준표, 또 조국 수사 尹 비판…윤희숙 "아무리 표가 급해도"」, 『조선일보』, 2021년 8월 9일.

48 박미영, 「홍준표 "집권하면 수단 총동원해 전교조·강성 노조 혁파"」, 『뉴시스』, 2021년 8월 1일.

49 김미나, 「유승민, '연금개혁안' 들고 공무원노조 방문」, 『한겨레』, 2021년 8월 12일.

50 토론 배틀을 통해 국민의힘 대변인이 된 양준우가 웃으면서 한 말이다. 곽승한, 「국힘 20대 대변인 "20대가 퇴행적? 김어준씨, 근거도 설명해주세요"」, 『주간조선』, 2021년 7월 25일.

51 홍준표, 『당랑의 꿈』(실크로드, 2019), 199~200쪽.

52 홍준표, 『당랑의 꿈』(실크로드, 2019), 97~98쪽.

53 홍준표, 『당랑의 꿈』(실크로드, 2019), 145쪽.

54 김용호, 「대선 후보 '캠프 정치'라는 잘못된 관행」, 『중앙일보』, 2021년 8월 12일.

55 김소영, 「홍준표 "尹, 매일 실언 연발하는 어쭙잖은 돌고래…나는 이 당의 적장자"」, 『아시아경제』, 2021년 8월 7일.

56 오연서, 「짱짱한 경륜에 실용 중시…중도 확장 안 보이는 '독불보수'」, 『한겨레』, 2021년 8월 10일.

57 홍준표, 『당랑의 꿈』(실크로드, 2019), 177쪽.

58 강준만, 「제1장 왜 김종인은 늘 '배신'을 당하는가?: '돌직구 품성'과 '단독자 기질'의 명암」, 『THE인물과사상 1: 단독자 김종인의 명암』(인물과사상사, 2021), 15~52쪽 참고.

59 선우정, 「내가 본 야당 대선 주자들」, 『조선일보』, 2021년 6월 30일.

60 홍준표, 『꿈꾸는 대한민국: 홍준표의 facebook 희망편지③』(봄봄스토리, 2020), 55~56쪽.

61 이필형, 『홍도는 잘 있느냐: 홍준표, 당신이 모르는 이야기』(실크로드, 2021), 146쪽.

62 손학규, 「하서(賀書)」, 홍준표, 『이 시대는 그렇게 흘러가는가: 홍준표 수상록』(문예당, 2000), 8쪽.

63 홍준표, 『당랑의 꿈』(실크로드, 2019), 5쪽.

제5장

'윤석열 비판' 콘텐츠가 드러낸 민주당의 본질

부족주의와 내로남불을 넘어서

국민과
더불어민주당

적을 사랑할 필요는 없지만,
적에 대해 거짓말을 하는 걸 자제한다면
충분히 잘하고 있는 것이다[1]
●미국 작가 에드 하우

●

비판의 콘텐츠는 비판자의 수준을 폭로한다

"국민의힘 입당을 미루면서 진보와 탈진보까지도, 중원을 향해 갈 것처럼 얘기해왔는데 정치 선언 이후를 보면 중원을 포기한 사람처럼 보인다. 그게 실망스럽다. 정치 선언도 통합 얘기는 없고 분노만 표출된 것이다."[2]

2021년 7월 13일 여권 원로인 전 민주당 의원 유인태가 전 검찰총장 윤석열에 대해 한 말이다. 전적으로 동의한다. 분노를 표출하더라도 통합의 메시지를 곁들이면서 통합을 위한 분노임을 분명히 했어야 했는데, 그게 없었다. 유인태의 말은 매우 생산적이며 윤석열의 성찰에 큰 영향을 미칠 수 있는 비판이라는 점에서 환영할 만하다. 분노의 담론은 수긍하지 못하는 쪽의 분노를 불러옴으로써 증폭되기 마련이지만, 통합의 담론은 더 나은 통합을 위한 아이디어 경쟁을 유도할 수 있기 때문이다.

그런데 시간이 흐르면서 '통합' 문제를 넘어서 다른 문제가 나타나기 시작했다. 윤석열이 범한 일련의 '실언' 문제다. 일부 비판자들의 주장처럼 '밑천'이 벌써 다 드러난 걸까? 그럴 수도 있겠지만, 그건 내 관심 사안이 아니다. 나는 이번 대선에서 '소통하는 대한민국'을 만들기 위한 노력의 일환으로 중립을 지키기로 했으니 말이다.

내 관심은 윤석열의 대선 후보로서의 문제를 자신들의 정당성을 옹호하려는 '증거'로 써먹으려는 문재인 정권의 발상과 행태다. 달리 말해, 윤석열이 중도 하차하는 일이 벌어진다 해도 그것이 곧 문 정권의 '정략적 검찰 개혁'이 정당했음을 말해주는 건 아니라는 뜻이다. 그간 내가 문 정권에 대해 가장 큰 문제 제기를 해온 건 편 가르기를 이용한 정략적이고 부족주의적인 국정 운영이었다. 나는 바로 이런 행태가 나라를 망치는 길이라는 걸 역설해왔다.

질문 내용이 질문을 하는 사람의 수준을 말해줄 수 있듯이, 비판 내용 역시 비판 대상보다는 비판을 하는 사람의 수준을 말해준다. 윤석열의 문 정권 비판 콘텐츠는 전반적으로 보아 매우 실망스러운 수준이었다. 그렇다면 문 정권의 윤석열 비판 콘텐츠는 어떠했던가? 그건 실망을 넘어 절망스러운 것이었다. 비판의 과정에서 문 정권의 본질이 다 들통나버리고 말았기 때문이다. 그 본질은 바로 부족주의와 내로남불이다. 이제 나는 그런 이야기를 해보려고 한다.

●

공사 구분을 하지 않는 부족주의적 비판

분노만 표출하는 것 이외에도 정치권의 비판 문화에서 사라져야 할 유형의 비판이 많지만, 나는 공적 관계를 사적 관계로 오인하는 부족주의적 비판이 사라지면 좋겠다는 생각을 자주 한다. 정치는 물론 사회 전반의 대표적인 고질병이 공사 구분을 하지 않는 것이라고 보기 때문이다.

그간 외쳐진 검찰 개혁의 주요 의제 가운데 하나도 검찰의 부족주의 문화를 청산하자는 게 아니었나. 그렇다면 검찰 개혁을 신앙처럼 여겨온 문 정권이 제발 스스로 부족주의를 넘어서기 위해 애써달라는 말씀을 드리고 싶다. 비판은 상호작용인데, 부족주의적 비판은 상대편의 비판 수준도 낮추기 마련이며, 이는 비판의 전반적인 질적 하향으로 이어지기 때문이다.

부족주의란 원시시대의 부족사회를 지배하던 '부족의, 부족에 의한, 부족을 위한' 사고방식을 말한다. 한 부족이 다른 부족들과의 전쟁이나 갈등에서 살아남기 위해선 자신의 부족에 대한 맹목적 충성이 필요했다. 세상이 발달하면서 부족사회나 부족국가는 사라졌지만, 그런 '부족 본능'은 살아남았다. 그래서 많은 사람들이 새로운 부족을 만들어 공동의 이익을 도모하는 마피아 집단 비슷하게 살아가고 있는 게 현실이다.

의리는 아름답다. 물론 사적 영역에서만 그렇다. 공직자가 공적 영역에서 사적 의리를 앞세우는 생각과 행동을 해선 안 된다. 우리는 부족사회나 부족국가의 시대에 살고 있는 게 아니기 때문이다. 하지만 부족 본능은 끊임없이 우리를 유혹한다. 혈연, 지연, 학연은 말할 것도 없고 부족화된 각종 이념 공동체나 이익 공동체의 소속 감이 공사 구분의 경계를 넘어서라고 집요하게 꼬드긴다. 이 꼬드 김에 굴복한 정권의 말로가 얼마나 비참했는가는 우리는 경험으로 잘 알고 있지만, 부족 본능의 발호는 여전히 계속되고 있다.

"(새정치민주연합엔) 기득권을 지키기 위해서 잘못이 있더라도 숨 겨주고 서로 보호해주는 폐습이 만연해 있다."[3] 지난 2015년 당시 새정치민주연합의 당원이었던 변호사 금태섭이 『이기는 야당을 갖고 싶다』라는 책에서 한 말이다. 새정치민주연합의 후신인 더불어 민주당은 집권에 성공하긴 했지만, 그건 박근혜가 헌납한 것이었을 뿐 민주당의 고질적인 폐습을 청산한 덕에 이루어진 건 아니었다.

반면 보수 정당은 어떤가? 국민의힘 의원 홍준표는 "보수 정당은 이념도 없고 동지애도 없다. 오로지 자기들의 이익만 있을 뿐이다"고 말한다.[4] 바로 이게 문제다. 개인적인 이익에만 집착하는 보수 정 당의 그런 성향 때문에 민주당의 시대착오적인 폐습이 오히려 경쟁력이 되는 역설이 벌어지고 있으니, 이게 바로 한국 정치의 최대 비극이다.

그러나 과유불급過猶不及이란 말이 있잖은가. 잘못이 있더라도 숨

겨주고 서로 보호해주는 부족주의적 폐습은 그 정도가 지나쳐 이제 민주당의 목을 조르고 있다. 민주당 대선 후보 경선에선 '적자·서자·얼자 타령'에 '맏며느리 타령'까지 등장하는 등 때 아닌 '족보 전쟁'이 벌어졌다.[5] 오죽하면 "지금 종친회 대표 뽑는 자리냐"(김은주 한국여성정치연구소장)는 말까지 나왔을까.[6] 이 또한 그런 부족주의적 폐습이 건재하고 있음을 말해주는 게 아니고 무엇이랴.

●

문 정권 인사들의 '형님 타령'

나는 15년 전에 출간한 『한국생활문화사전』에서 부족주의라는 낯선 용어 대신에 '형님주의'라는 항목을 주제로 글을 쓴 적이 있다. 원래 '형님주의'라는 말은 없지만, 한국 사회에서 '호형호제呼兄呼弟' 문화가 공적 영역에서 얼마나 큰 문제를 양산해내고 있는가를 강조하기 위해 쓴 말이다. 나는 "공평무사가 없는 개혁이란 형님 패거리의 영달을 추구하기 위한 용도로 팔아먹는 상품일 뿐이다"고 주장했었는데,[7] 여전히 유효한 주장이 아닌가 싶다. 문 정권의 '형님주의'가 너무 심하다는 생각이 들 때가 많으니 말이다.

민주당 의원 정청래는 자주 선악 이분법에 근거한 증오의 말을 많이 하는 게 문제이긴 하지만, 2016년에 출간한 『정청래의 국회의원 사용법』에서 정말 옳은 말을 했다. 그는 '나쁜 국회의원 유형'을 거론하면서 "형님동생 문화는 공사 구분을 흐리고, 형님동생 관계에 끼지 못하는 사람을 소외시킨다"며 "국회가 무슨 친목 모임도 아니고 공적 책무를 다해야 하는 자리에 앉은 사람이 이런 구태의연한 행태를 보이면 한심스럽다"고 했다.[8] 그러나 정치권에선 이런 한심스러운 일이 자주 일어나는 걸 어이하랴.

2018년 6월 울산시장 후보 송철호는 선거 유세에서 "(문 대통령이) 유일하게 형이라고 호칭하는 사람 저 하나뿐입니다"라고 외쳤다.[9] 그게 선거와 무슨 관련이 있다는 걸까? 그러나 유권자들은 그 숨은 의미를 잘 안다. 그렇다면 아우는? 2018년 7월 강원지사 최문순은 YTN 〈시사 안드로메다 시즌3〉에 출연해 동해 북부선 철도 연결 문제와 관련해 "우리 재인이 형하고 하고 있다"고 말했다. 그는 "저는 (문재인 대통령을) 그렇게 (형이라고) 부르고 있다"라며 "그런데 우리 대통령께서는 저를 동생으로 생각하지 않는 것 같다"는 말을 덧붙여 그런가 보다 했다.[10]

2019년 11월 이른바 '유재수 파동'이 터졌을 때, 전 부산 부시장 유재수가 문재인을 '재인이 형'이라 부를 만큼 가까운 관계였다는 기사를 보면서 좀 놀랐다. 노무현을 수석·비서실장으로 모신 문재인이 '큰형'이고, 직원으로 모신 자신은 동생이란 개념이었다고 한다.[11] 좀 친해지면 '형·아우' 관계를 맺는 한국 특유의 문화를 모르는 건 아니지만, 문재인만큼은 그런 문화와 거리를 둘 것만 같은 느낌이 들어서 의아하다는 생각을 했었다.

2021년 6월 12일 민주당 의원 김두관은 페이스북 글에서 문재인을 향해 "큰형님 죄송하고, 앞으로 잘하겠습니다"라고 했는데, 이 또한 뜻밖의 사건이었다. 김두관은 2012년 대선 경선 과정에서 당시 경쟁 상대였던 문재인을 향해 "기득권 정치를 한다"며 친문 계파주의를 맹비난했었다. 또 "문재인으로 질 것인가 김두관으로 이길 것인가"라는 문구를 넣은 홍보물을 제작해 당내에서 논란을 일으키기도 했다. 당시 문재인 지지자들이 거세게 반발하자, "뻔히 질 후보를 뽑으시겠습니까? 이길 '김두관을 뽑으시겠습니까?"로 문구를 수정했지만, 반발은 가라앉지 않았다.[12]

실제로 문재인은 박근혜에게 패배했기 때문에 김두관이 적어도 절반의 진실은 말한 것이었는데, 그게 아니란 말인가? 이제 대선 후보로서 그런 과거를 털고 가지 않으면 친문의 폭넓은 지지를 받기 어렵다고 생각해서 그런 뒤늦은 사과를 한 게 아닌가 싶다. 그런데 왜 하필 '큰형님'이라고 했는지, 그래도 되는 건지, 그 점이 의아했다.

●

"'내가 너 데려다 키웠다'는 건달 마인드"

문재인이 부족주의에 심취한 인물인지는 단언할 수 없지만, 문 정권이 부족주의와의 거리두기에 실패한 건 분명해 보인다. 과도한 '코드 인사'는 말할 것도 없거니와 이 정권 들어서 유난히 '도리',

'은혜', '의리', '배신', '변절'이란 단어들이 난무하는 것도 그걸 방증해준다. 민주당의 탈부족주의를 위해 헌신한 금태섭을 몰매를 때리면서 내쫓은 사건과 더불어 최근의 윤석열·최재형 논란으로 인해 그게 더 잘 드러난 게 아닌가 싶다. 이 두 사람과 관련된, 민주당 인사들의 '배은망덕론'을 좀 감상해보자.

의원 김병기는 "물먹고 변방에서 소일하던 윤 검사를 파격적으로 발탁한 분이 대통령이다. 윤 총장이 다른 사람에게는 몰라도 대통령께는 진심으로 감사해야 하고, 인간적인 도리도 다해야 한다"고 했다.[13] 최고위원 노웅래는 "오랫동안 한직에 밀려 있던 사람을 갖은 반대를 무릅쓰고 검찰총장으로 임명했는데 은인(문재인) 등에 칼을 꽂은 배은망덕하고 뻔뻔한 사람"이라고 했다.[14]

대표 송영길은 "문재인 대통령으로부터 일종의 발탁 은혜를 입었는데, 이를 배신하고 야당의 대선 후보가 된다는 것은 도의상 맞지 않는 일"이라며 '배신자 필패론'을 주장했다.[15] 전 법무부 장관 추미애는 "대통령의 신임마저 저버린 배은망덕한 행위를 한 윤석열 총장은 역사의 심판을 피할 길이 없어 보인다"고 했고,[16] 의원 윤건영은 "열 길 물속은 알아도 한 길 사람 속은 모른다고 하지 않나. 배신하겠다는 사람을 어떻게 알겠나"라고 했다.[17]

의원 정청래는 "바야흐로 배신의 계절인가? 한 번 배신한 사람은 또 배신하게 돼 있고 누군가 배신의 길을 열면 우르르 따라쟁이가 줄을 선다"고 했다.[18] '형님동생' 하는 부족주의적 성향이 강한 의원을 '나쁜 국회의원 유형'으로 질타했던 그가 '배신 타령'이라니, 자신이 했던 말을 잊은 건가? 아니면 적敵을 공격할 땐 '나쁜 국회의원'이 되어도 괜찮다는 것인가?

윤석열을 향해 검찰 조직의 내부 의리에만 매몰된 '조폭'이라는 맹공을 퍼부었던 여당이 왜 이렇게 '윤석열 따라쟁이' 노릇을 하는 건지 모를 일이었다. 공사 구분의 문제를 초월해 배은망덕은 결코 용서할 수 없다면, 역지사지易地思之도 해봐야 하는 게 아닐까? 배은망덕하다고 느끼는 건 오히려 윤석열일 수도 있다는 가능성은 생각해보고 하는 말일까?

윤석열을 잘 아는 한 검찰 출신 변호사는 이렇게 말한다. "윤 총장은 이 정권이 임명장을 줬다고 해서 빚을 졌다고는 생각하지 않을 거다. 자신이 국정 농단 특검에 가서 박근혜·최순실을 수사했기 때문에 오늘 이 정권이 있는 거라고, 반대로 생각하지 않을까."[19]

이 세상 모든 사람들이 문 정권 사람들처럼 사적 의리에 죽고 사는 사람들은 아닐 수 있다는 가능성도 한번쯤 생각해보는 게 좋겠다. 논객 조은산이 윤석열을 직접 만난 자리에서 던졌다는 이 질문은 어떤가? "조국 수사를 왜 했느냐. 국정원 수사에 이어 적폐 청산까지 마무리했으니 그대로 진보 진영의 화신으로 거듭나지 그랬느냐."[20]

그러니 배은망덕 타령은 접어두는 게 좋겠건만, 문 정권 인사들에겐 그럴 뜻이 없는 것 같았다. 그들의 배은망덕론이 쓸모가 전혀 없는 건 아니다. 적어도 문 정권의 '비밀'을 폭로해준 가치는 있다. 여태까지 문 정권의 인사가 그런 부족주의적 정서로 이루어졌다는 걸 시사해준 게 아닐까? 문 정권에서 야당 동의 없이 임명된 장관급 인사가 31명으로 노무현 정권 3명, 이명박 정권 17명, 박근혜 정권 10명 등 도합 30명을 넘어선 대기록이 탄생할 수 있었던 것도 바로 그런 부족주의의 결과로 보아야 하지 않을까?

『중앙일보』 논설위원 이상언은 "윤 전 총장과 최 전 감사원장을 배신자가 아니라 '갑질' 피해자로 보는 국민이 많다"며 "총장·원장 시켜줬는데 어떻게 이럴 수가 있느냐"고 펄펄 뛰는 건 "딱 '내가 너 데려다 키웠다'는 건달 마인드"라고 했다.[21]

아닌 게 아니라 문 정권 인사들은 '키웠다'는 말을 정말 좋아한다. 추미애는 7월 20일 TBS 교통방송 〈김어준의 뉴스공장〉 인터뷰에서 "예비 경선에서 명추 연대라는 이야기를 들을 정도로 이재명 지사를 엄호했다"라는 질문에 대해 "특별히 엄호한 게 아니고 이 지사나 누구나 다 제가 다 공천장을 드렸다"며 "다 키운 거죠"라고 말했다.[22]

과거 자신의 당 대표 시절을 언급하며 한 말인데, 이른바 '보스 정치'가 사라진 지 언제인데 아직까지 '키웠다'는 발상을 할 수 있는 걸까? 물론 웃자고 한 말이었겠지만, 개그라고 해도 썩 품질이 좋지 않은 개그다. '배은망덕'이 문제인지 '건달 마인드'가 문제인지는 사람들마다 생각이 다르겠지만, 한 가지 분명한 사실은 문 정권의 부족주의 정서가 매우 심하다는 점일 게다.

●
윤석열 장모의 법정 구속에 환호한 민주당

부족주의 정서는 의외로 많은 국민들도 공유하고 있는 것인바, 문 정권의 그런 대처법이 꼭 어리석다고 할 수는 없을지도 모르겠다. 하지만 스스로 '부족 정권'이나 '부족 정당'임을 널리 알려서 좋을 게 무엇이란 말인가? 혹 윤석열과 최재형을 공격할 다른 레퍼토리 가 부족해서 그런 것이라면, 이런 사태 역시 부족주의적 국정 운영 으로 인해 빚어진 건 아닌지 되돌아볼 필요가 있겠다. 어느덧 민주 당의 본질처럼 되어버린 내로남불은 부족주의의 당연한 귀결인바, '내로남불형 비판'도 우리가 반드시 넘어서야 할 폐습임은 두말할 나위가 없다. 이번엔 '내로남불형 비판'을 살펴보기로 하자.

2021년 7월 2일 윤석열의 장모 최 모 씨가 1심에서 요양급여 부 정 수급 혐의로 징역 3년을 선고받고 법정 구속되었다. 경기도 지사 이재명은 '사필귀정事必歸正'이라고 평가했다. 그는 "이분이 '엄청난 배경이 있나 보다' 생각했다"라며 "범죄적 사업을 했는데 이분만 빠 졌다는 게 사법적 정의 측면에서 옳지 않았다는 생각이 들고 제자 리로 간 것 같다"고 했다.[23]

전 총리 정세균은 "검찰총장 출신답지 않게 검찰 수사를 무리한 수사라 단정 짓더니 사법부 판결도 무리한 판결이라 할 것이냐"고 반문했다. 전 법무부 장관 추미애는 "'추윤 갈등'으로 보자기 씌우듯 감싼 특권과 반칙, 한 꺼풀만 벗겨져도 검찰총장 출신 대권 후보의 거대한 악의 바벨탑이 드러나기 시작했다"며 "누가 옳았느냐"고 목소리를 높였다.[24]

민주당 대표 송영길은 "그동안 검찰총장 사위란 존재 때문에 동업자만 구속되고 최 씨는 빠져나왔던 것으로 알려졌다"며 "검찰총장 사위가 사라지자 제대로 기소되고 법적 정의가 밝혀졌다"고 했다. 최고위원 김용민은 "가족에 한없이 관대한 검찰의 민낯을 보여주는 사건"이라고 했고, 최고위원 강병원은 "빙산의 일각만 드러났을 뿐인데 벌써 '윤석열 몰락의 종소리'가 울린다"고 했다.[25]

'빙산의 일각'이라는 말이 의미심장하다. 그렇다면, 2년 전 검찰총장 후보자였던 윤석열의 인사 검증 실패에 대한 사과, 그리고 야당의 비판에 대응해 윤석열을 찬양했던 과거에 대한 사과도 곁들이면서 그런 공세를 퍼붓는 게 좋을 것이다. 물론 결코 그럴 순 없을 거라는 걸 이해는 한다. 문 정권의 주요 인사 검증 기준이 "우리 편인가 아닌가"라는 건 이젠 천하가 다 아는 비밀이 아닌가. 뒤늦게라도 우리 편이 아니라는 걸 확인하면 180도 돌변해 찬양의 언어를 저주의 언어로 바꾸는 데에 아무 거리낌이 없다는 것도 질리도록 확인한 사실이 아닌가.

그럼에도 문 정권 인사들의 비판이 모두 다 좋은 말씀이라는 건 분명하다. 일단 법원 판결을 존중했다는 의미에서 말이다. 자신들에게 유리한 판결이면 존중하고 불리한 판결이면 비난하는 내로남불을 저질러선 안 된다. 판결에 이의 제기를 하더라도 논리적이고 합리적인 언어로 해야 한다. 그 누구건 동의할 수 있는 원칙일 게다. 나는 문 정권 인사들이 이 판결을 계기로 앞으로 이 원칙에 충실하기를 바란다. 그런 의미에서 불과 6~7개월 전 그들이 보인 전혀 다른 모습을 상기시켜 드리는 게 좋을 것 같다. 여러 사례들이 있지만, 여기선 딱 2개만 살펴보기로 하자.

•

'정경심 징역 4년'과
'윤석열 중징계 집행정지'엔 광분

2020년 12월 23일 전 법무부 장관 조국의 부인 정경심 씨가 1심에서 징역 4년을 선고받고 법정 구속되었을 때 민주당은 어떤 반응을 보였던가? 한마디로 광분狂奔 그 자체였다. 의원 우상호는 "감정이 섞인 판결, 실망을 넘어 분노를 느낀다"고 했고, 의원 정청래는 "억울하고 분한 판결"이라고 했다. 최고위원 신동근은 "'검찰 개혁 집중하느라 사법 개혁을 못했다'(는 말을) 오늘 뼈저리게 실감한다"고 했다.[26] 의원 김용민은 "윤석열 검찰총장이 판사 사찰을 노린 것이 바로 이런 거였다"며 판사 실명까지 거론하며 '좌표'를 찍었다.[27]

의원 이수진은 "괘씸죄로 단죄하고자 하는 의욕이 넘쳐나는 판결"
이라고 했고,[28] 최고위원 김종민은 "의심의 정황으로 유죄판결을 한
것"이라고 했다. 민주연구원장 홍익표는 "재판부 선입견이나 편견
이 상당히 작용한 매우 나쁜 판례"라고 했고, 사무부총장 조한기는
"검찰과 사법부의 유착에 새삼 분노할 수밖에 없다"고 했다.[29]

민주당 의원들의 총애를 받는 김어준은 TBS 〈김어준의 뉴스공
장〉에서 "사법이 법복을 입고 판결로 정치를 했다"고 주장했다.[30]
그는 유튜브 '다스뵈이다'에선 "기득권이 반격하는 것", "죽어봐라
이 새끼들아, 이런 식의 판결", "결론을 낸 뒤 재판을 요식행위로 진
행했다"는 등의 비난을 쏟아냈다. 그는 "그게 유죄면 그 시절 부모
들 다 감옥 간다"는 주장까지 했다.[31]

다음 날 법무부의 윤석열 검찰총장 정직 2개월 중징계에 대해 법
원이 '집행정지 결정'을 내렸을 땐 어떤 일이 벌어졌던가? 대표 이
낙연은 "대한민국이 사법의 과잉지배를 받고 있다는 국민의 우려가
커졌다"며 "정치의 사법화, 사법의 정치화가 위험수위를 넘었다는
탄식이 들린다"고 말했다.[32] 의원 김두관은 "국민이 선출한 대통령
권력을 정지시킨 사법 쿠데타"라며 "헌법적 수단을 총동원해야 한
다"고 했다. 그는 "윤석열 탄핵, 김두관이 앞장서겠다"고 했다. 이어
그는 "대통령을 지키는 것이 민주주의를 지키는 것"이라며 "검찰총
장 탄핵이 제도 개혁의 선결 조건"이라고 주장했다.[33]

의원 민형배는 "대통령의 징계 재가를 번복하는 명백한 삼권분

립 위반 아닌가. 일개 재판부가 대통령을 흔들어대는 것 아니냐"라고 했다. 의원 김성환은 검찰과 법원을 '기득권 카르텔'로 지목하며 "이젠 온라인에서 촛불을 들어야겠다"고 했다. 최고위원 신동근은 "법조 카르텔의 강고한 저항"이라며 검찰과 법원에 대한 통제 시스템 구축을 주장했다.[34] 김어준은 〈김어준의 뉴스공장〉에서 "행정법원의 일개 판사가 '본인의 검찰총장 임기를 내가 보장해줄게' 이렇게 한 것"이라며 "검찰과 사법이 하나가 되어 법적 쿠데타를 만들어낸 것 아니냐"고 했다.[35]

●

내 입에 달면 '사법 정의', 쓰면 '사법 쿠데타'

놀랍다. 불과 6~7개월 사이에 법원을 바라보는 시각이 180도 달라졌다는 게 말이다. 그간 문 정권이 사법 개혁을 열심히 해서 법원이 다시 태어나기라도 했다는 건가? 그게 아니라면, 바로 이게 감탄고토甘呑苦吐의 전형적인 사례가 아닌가 싶다. 감탄고토는 "달면 삼키고 쓰면 뱉는다"는 뜻으로, 사리事理에 옳고 그름을 돌보지 않고, 자기 비위에 맞으면 취하고 싫으면 버린다는 뜻이다. 감탄고토도 정도 문제 아닌가? 하지만 문 정권에겐 감탄고토와 더불어 내로남불이 본질이자 정체성처럼 되어버리고 말았으니 하나마나한 질문인지도 모르겠다.

7월 16일 '검언유착' 의혹을 받은 전 채널A 기자 이동재에 대해 1심 법원이 무죄판결을 내리자, 또 어떤 일이 벌어졌던가? 또 내로남불이었다! 이런 내로남불의 압권은 단연 추미애의 반응이다. 불과 2주일 전 윤석열의 장모 최 모 씨에 대해 1심 법원이 징역 3년을 선고하자 "검찰총장 출신 대권 후보의 거대한 악의 바벨탑이 드러나기 시작했다"며 "누가 옳았느냐"고 외쳤던 추미애는 전혀 다른 태도를 보였다.

추미애는 "(윤석열) 검찰총장의 집요한 감찰과 수사 방해가 있었다"며 "공판 진행도 검언유착스러웠다"고 주장했다. 그는 "이제 공수처가 수사에 적극 나서야 한다"라며 "사법 정의가 실종된 이 사태를 좌시하지 않을 것"이라고 했다.[36] 일국의 법무부 장관을 지낸데다 대통령까지 해보겠다고 나선 사람이 이래도 되는 건가? 이럴 바엔 차라리 법무부가 사법부의 역할까지 도맡아야 한다고 말하는 게 일관성이라도 있는 게 아닐까?

문 정권 인사들은 윤석열의 몰락을 바라겠지만, 중요한 건 그의 몰락 여부가 아니다. 문 정권의 내로남불을 비판하는 사람들이 모두 윤석열 지지자는 아니거니와 정파성과 무관하게 문 정권의 내로남불 자체에 심각한 문제의식을 갖고 있는 사람들이 많기 때문이다. 국정 운영을 책임진 사람들이 "내 입에 달면 '사법 정의', 내 입에 쓰면 '사법 쿠데타'"라고 하는 내로남불을 국정 운영의 방법론으로 삼는 건 곤란하지 않은가.

송영길은 "검찰총장 사위가 사라지자 제대로 기소되고 법적 정의가 밝혀졌다"고 했다. 이는 의외로 아주 중요한 말씀이다. "검찰총장 권한이 엄청나 보이지? 그러나 대통령의 권력에 비하면 새 발의 피야."[37] 어느 검찰 인사의 말이다. 누구나 다 아는 상식일 게다. 그렇다면 이런 의문이 떠오르지 않는가? "검찰총장보다 훨씬 강하거니와 검찰 인사권을 쥔 대통령 권력이 사라지면 어떻게 될까?"

그렇게 되면 제대로 기소되고 법적 정의가 작동해 밝혀질 일들이 하나둘이 아닐 수도 있다고 보아야 하는 건가? 송영길의 발언은 바로 그 점을 간접적으로나마 시사한 발언이라는 점에서 유념해둘 필요가 있겠다. 역사는 돌고 도는 법이다. 문 정권 인사들이 내세웠던 '법적 정의'와 같은 아름다운 말들은 부메랑이 되어 그들을 향할지도 모른다.

손바닥으로 하늘을 가리는 데에도 한계가 있는 법이다. 멀리 갈 것도 없이 지난 6·4 검찰 고위간부 인사와 6·25 검찰 중간간부 인사를 보라. 정권 안보 보호막을 세우기 위한 '편 가르기'와 '내로남불'의 극치였다고 말할 수 있을 정도로 정파성이 두드러졌다. 사필귀정마저 내로남불이 아니라면, 뒤늦게라도 사필귀정의 원리를 믿는 방향으로 개과천선改過遷善하면 좋겠다. 그게 가능할지는 의문이지만, 우리 인간이 희망 없이 어찌 살겠는가. 조급해 하면서 일희일비一喜一悲하지 말고 부디 멀리 내다보면 좋겠다.

●

『추미애의 깃발』이 보여준 '운동권 정치'

역사적으로 보자면 내로남불은 선악善惡 이분법이 불가피했던 운동권 정치의 산물이다. 이해할 수 있다. 얼마든지 이해할 수 있다. 민주화 운동가들에게 잔인한 물리적 탄압이 가해진 건 물론이고 목숨까지 잃을 수 있는 위협이 상존했던 상황에서 소통이나 역지사지易地思之 등과 같은 개념들은 존재할 수 없었다. 내로남불은 불가피한 정도를 넘어서 꼭 지켜야 할 필수 덕목이었다. 똑같은 거짓말을 하더라도 총을 들고 죽이려는 자의 거짓말과 총을 피해 살아남으려는 자의 거짓말이 어찌 같은 성격의 것이라고 할 수 있겠는가.

문제는 세상의 변화다. 세월은 흘러 민주화가 이루어졌지만, 독재 정권 시절에 체득했던 선악 이분법과 내로남불의 습성은 건재했다. 이게 바로 비극의 원천이다. 최근 출간된 『추미애의 깃발』을 읽으면서 그런 비극을 실감할 수 있었다. 이 책을 읽으면서 내내 궁금했던 건 "누구를 향해 말을 하고 있는 것일까?"라는 물음이었다. 열성 지지자들? 그렇다면 성공한 작품이다. 어차피 대선에 출마한 이상 나 같은 중립적 관전자까지 염두에 두고 말할 여유는 없었던 걸까? 아무래도 그런 것 같다. 일단 민주당 경선을 통과해야 할 테니까 말이다.

중립적 관전자이긴 하지만, 나 역시 추미애가 몹시 억울해하는 심정엔 꽤 공감하고 동의할 수 있었다. 추미애의 말이 모두 사실이라면 윤석열이 추미애에게 정말 오만하게 굴었구나 하는 판단을 내리기에 부족함이 없었다. 그러나 내내 이 책의 치명적인 결함이 신뢰도를 크게 떨어트려 이만저만 아쉬운 게 아니었다.

왜 하필 대담자로 경희대학교 미래문명원 교수 김민웅을 택했을까? 김민웅은 '검찰 개혁' 문제에 있어서 추미애보다 더 센 강경파인데다 추미애의 열렬한 지지자가 아닌가.[38] 대담이 내내 맞장구와 더불어 화기애애한 상호 덕담으로 이루어진 건 이미 예정된 일이었다. 추미애가 자신에 관한 부정적인 여론에 대해 정녕 억울함을 느꼈다면 반대편은 아니더라도 중립적인 지점에 있는 사람을 대담자로 삼아 많은 사람들의 오해를 풀 수 있는 비판적 질문에 답하는 형식이어야 했던 게 아닐까?

예컨대, 추미애는 "울산 사건은 검찰이 청와대에 뒤집어씌운 경우"라고 주장한다. "원래 울산의 토착 비리로 고소와 고발이 벌어졌던 건인데, 청와대가 시켜서 수사했다며 '(청와대발) 하명 수사'라고 작명까지 했다"는 것이다. 그간 제기된 의혹들과 일부 관련 인사들에 대한 기소에 대해 납득할 수 있는 반론을 펴면서 그런 말씀을 하시면 모르겠는데, 최종 심판관처럼 말씀해버리시니 좀 황당하다. 이어지는 추미애의 '무리한 수사'와 '부실 수사' 비판에 대한 반론 질문이 무궁무진할 텐데, 김민웅은 이렇게 맞장구를 치는 데에 그친다. "그걸 보고 이른바 '선택적 정의'라고 하는데, 정확한 표현이 아니라고 봅니다. 선택한 내용 자체가 정의가 아니니까요. 불법·부당 수사지요. 있는 죄 덮고, 없는 죄 만들어내는 태도가 검찰 전체의 명예를 추락시키고 신뢰를 훼손하는 것 아닌가요?"[39]

도저히 납득하기 어려운 주장들이 많지만, 지금 여기서 그런 이야길 하려는 건 아니다. 반대편이나 중립파와의 소통마저 거부한 채, 아니 소통의 필요성조차 느끼지 못한 채, 우리 편 세력을 동원하는 데에만 치중하는 운동권 정치의 잔재가 안타깝다는 말을 하려는 것이다. 강고하고 잔인한 독재 정권과 싸워야 하는 운동권 정치에서 소통은 가당찮은 발상이었겠지만, 지금은 민주화가 이루어진 시대가 아닌가.

나는 문 정권 인사들이 독재 정권과 싸우던 운동권 정치를 정당화하기 위해 자꾸 독재 정권 시절을 소환하는 수사법에 의존하는 건 자신들마저 속이는 부작용을 낳을 수 있다고 생각한다. 지지자들의 피를 끓게 만드는 데엔 성공할 수 있을망정, 폭넓은 국민적 지지를 얻는 데엔 장애가 된다는 것이다. 추미애는 자신의 '윤석열 사단' 해체를 "김영삼 대통령이 신군부 세력의 중심인 하나회를 척결한 일에 비교할 수 있다"고 자평한다.[40] 김민웅은 윤석열의 대권 주자 등판은 '검찰 쿠데타'를 정치로 완성하려는 것이며, 이는 "민주주의의 이름을 도용해서 민주주의와 헌법을 파괴하는 파시즘의 도래를 뜻한다"고 주장한다.[41]

나는 문 정권이 추진해온 이런 식의 '윤석열 죽이기'가 한국 민주

주의의 질적 수준을 크게 훼손하고 있다고 생각한다. 윤석열이 죽
느냐 사느냐가 중요한 게 아니다. 수단과 방법을 가리지 않고 적을
죽이는 일에만 능한 정권은 내가 15년 전에 했던 말의 타당성을 재
확인시켜 줄 뿐이다. "공평무사가 없는 개혁이란 형님 패거리의 영
달을 추구하기 위한 용도로 팔아먹는 상품일 뿐이다."

1   Donald O. Bolander, ed., 『Instant Quotation Dictionary』(Little Falls, NJ: Career Publishing, 1981), p.101.
2   김동호, 「유인태 "尹 중원 포기한 사람처럼 보여…통합 없고 분노만"」, 『연합뉴스』, 2021년 7월 13일.
3   금태섭, 『이기는 야당을 갖고 싶다』(푸른숲, 2015), 293쪽.
4   홍준표, 『꿈꾸는 대한민국: 홍준표의 facebook 희망편지③』(봄봄스토리, 2020), 86쪽. 보수우파 활동을 하는 베스트셀러 작가 이지성도 진보좌파는 '자기편'을 꼭 챙기지만 보수우파는 '자기 출세'에만 관심이 있다고 말한다. 송의달, 「"책 안 읽고 공부 안하는 우파…이래선 대선 이겨도 금방 뺏긴다": '세상과의 전쟁' 나선 이지성 작가」, 『조선일보』, 2021년 8월 7일.
5   조미현, 「추미애 "내가 민주당 맏며느리…아들들 '적통 경쟁 반가워'」, 『한국경제』, 2021년 7월 21일; 남경문, 「김두관 "이낙연, 노무현 적자라니 서자는커녕 얼자 되기 어렵다"」, 『뉴스핌』, 2021년 7월 23일; 김동하, 「'이재명·이낙연, 적자·서자 이어 맏며느리 '족보 전쟁'까지」, 『조선일보』, 2021년 7월 24일; 송채경화, 「적자·서자·맏며느리…핏줄 싸움, 퇴행하는 민주당」, 『한겨레』, 2021년 7월 26일.
6   송채경화, 「적자·서자·맏며느리…핏줄 싸움, 퇴행하는 민주당」, 『한겨레』, 2021년 7월 26일.
7   강준만, 『한국생활문화사전』(인물과사상사, 2006), 530쪽.
8   정청래, 『정청래의 국회의원 사용법』(푸른숲, 2016), 39쪽.

9   박정훈, 「[박정훈 앵커가 고른 한마디] '재인이 형!'」, 『TV조선』, 2019년 12월 8일.

10 이은비, 「[시사 안드로메다] 최문순, "동해북부선? 재인이 형과 하고 있다"」, 『YTN』, 2018년 7월 8일.

11 강찬호, 「"재인이 형" 불렀던 유재수, 감찰수사관에 "아직도 靑에 있나"」, 『중앙일보』, 2019년 11월 27일, 26면.

12 연합뉴스, 「김두관, 문 대통령에 "큰형님, 10년 전 공격 죄송…잘하겠다"」, 『매일경제』, 2021년 6월 12일; 손덕호, 「'문재인으로 질 것인가' 김두관, 9년 만에 사과 "큰형님, 죄송"」, 『조선비즈』, 2021년 6월 12일; 이희경, 「김어준 권유로 文에 사과한 김두관…"업보 풀지 못하고는 무엇도 할 수 없어"」, 『세계일보』, 2021년 6월 12일.

13 김동호, 「與 친문계 "검찰·법원이 국민에 충성하게 만들자…촛불 들어야"」, 『연합뉴스』, 2020년 12월 25일.

14 김승현, 「노웅래 "윤석열, 은인 文 등에 칼 꽂아…배은망덕·후안무치"」, 『조선일보』, 2021년 3월 5일.

15 이해준, 「尹 때린 송영길 "YS 배신한 이회창 실패…文 배신 도의 아냐"」, 『중앙일보』, 2021년 6월 10일.

16 신동규, 「추미애 "尹, 검찰 개혁 부적응자…역사의 심판 피할 길 없다"」, 『MBN』, 2021년 7월 10일; 윤창수, 「추미애 "윤석열의 횡설수설 출마의 변이 좁쌀스럽다"」, 『서울신문』, 2021년 7월 10일.

17 나운채, 「윤건영 "최재형 출마는 국민에 대한 모독…가선 안 될 길"」, 『중앙일보』, 2021년 6월 24일.

18 배민영, 「정청래, 윤석열·최재형에 불쾌감 표해…"바야흐로 배신의 계절"」, 『세계일보』, 2021년 6월 28일.

19 강희철, 『검찰외전: 다시 검찰의 시간이 온다』(평사리, 2020), 266쪽.

20 이에 윤석열은 "조국 수사는 정의도 아니고 정치도 아니었다. 그건 상식이었다"고 답했다고 한다. 김승현, 「윤석열, 조은산 만나 "KO 노리는 타이슨 같은 정치 하고 싶다"」, 『조선일보』, 2021년 8월 3일.

21 이상언, 「건달 조직 닮은 '배신' 타령 접으시죠」, 『중앙일보』, 2021년 6월 30일.

22 이해준, 「秋 "나에게 국민누나라더라…尹 내가 키웠으니 내가 잡을게"」, 『중앙일보』, 2021년 7월 20일.

23 조유경, 「이재명, 尹 장모 구속에 "사법 정의 제자리로 간 것"」, 『동아닷컴』, 2021년 7월 2일.

24 이동준, 「민주 대선 후보들 '장모 유죄' 판결에 윤석열 맹폭」, 『세계일보』, 2021년 7월 2일.

25 김명일, 「"총장 사위 때문에 그동안 구속 피한 것" 與, '장모 실형' 尹 맹공」, 『조선일보』, 2021년 7월 2일.

26 박상기·주형식, 「'조국 수사는 검찰 쿠데타'라던 與…유죄에 당혹」, 『조선일보』, 2020년 12월 24일, A2면.

27 이세영, 「진중권, 정경심 판결 규탄한 여권에 "단체로 실성"」, 『조선일보』, 2020

년 12월 23일; 조형국, 「판사 실명까지 거론하며 '좌표' 찍는 여당『, 『경향신문』, 2020년 12월 25일, 5면.

28 박상기, 「친문, 정경심 재판 판사 신상 털며 "사법 사기꾼 손봐야"」, 『조선일보』, 2020년 12월 25일.

29 「[사설] 법원 총공격에 나선 집권당, 삼권분립부터 새로 배우라」, 『중앙일보』, 2020년 12월 25일, 30면.

30 정철운, 「'조국백서' 후원회장과 '조국흑서' 집필자, 정경심 판결에 엇갈린 반응」, 『미디어오늘』, 2020년 12월 24일.

31 김도연, 「'맹비난' 김어준 "정경심 법정 구속, 정치인 조국 탄생 목격할 것"」, 『미디어오늘』, 2020년 12월 26일.

32 「[사설] 윤석열 탄핵 거론하는 여당…대통령의 사과는 뭔가」, 『중앙일보』, 2020년 12월 28일, 34면.

33 최경운, 「친문 "사법 쿠데타"…與 일각선 출구 찾기 고심」, 『조선일보』, 2020년 12월 26일, A2면; 정유정, 「최성해에 회유성 전화 의혹, 유시민·김두관 수사 가능성」, 『중앙일보』, 2020년 12월 28일, 4면.

34 최경운, 「친문 "사법 쿠데타"…與 일각선 출구 찾기 고심」, 『조선일보』, 2020년 12월 26일, A2면.

35 김승현, 「김어준, "일개 판사가…" "법적 쿠데타" 윤석열 판결에 막말 쏟아내」, 『조선일보』, 2020년 12월 25일.

36 오원석, 「추미애 '채널A 사건' 무죄에…"재판도 유착, 공수처 나서라"」, 『중앙일보』, 2021년 7월 17일; 김명일, 「검언유착 무죄에 추미애 "尹의 집요한 수사 방해 탓, 공수처가 나서야"」, 『조선일보』, 2021년 7월 17일.

37 강희철, 『검찰외전: 다시 검찰의 시간이 온다』(평사리, 2020), 288쪽.

38 김민웅은 7월 18일 자신의 페이스북에 추미애의 본선 경쟁력 3가지를 꼽았다. 그는 "말이 곧 행동"이라며 "그래서 '추'진력이 있다"고 했다. 또 "생각이 아름답다. 이름이 '미(美)'애다", "국민을 무조건 사랑한다. 그러니 미'애(愛)'다"라며 추미애의 이름을 이용해 설명했다. 그러면서 "눈빛이 아름다운 사람 추미애, 그러면 다 된 것 아닌가요?"라고 덧붙였다. 이가영, 「'조국백서' 김민웅 "秋의 본선 경쟁력, 눈빛 아름다운 사람"」, 『조선일보』, 2021년 7월 19일.

39 추미애, 『추미애의 깃발: 우리 함께 손잡고』(한길사, 2021), 219~220쪽.

40 추미애, 『추미애의 깃발: 우리 함께 손잡고』(한길사, 2021), 197쪽.

41 추미애, 『추미애의 깃발: 우리 함께 손잡고』(한길사, 2021), 197쪽.

제6장

노회찬재단 이사장
조돈문의 반론에
답한다

'비정규직 없는 세상'은
거짓말이다

**소득격차
양극화**
정규직과 비정규직

좌파?
자본주의도 제대로 해보지 못한 처지에서
신자유주의 타령이다.
자본주의 사용법,
즉 정책 수단에 대한 이해가 없다.
틈만 나면 법과 행정명령으로
경제 주체의 행위를 제약하고
불확실성을 높일 뿐이다.[1]
● 고려대학교 경영대 교수 이한상

●

'비정규직 없는 세상'은 거짓말이다

2017년 5월 12일 문재인 대통령이 취임 3일 만에 첫 대외 활동으로 그동안 비정규직 문제가 심각하게 제기되어왔던 인천공항공사를 방문해 '공공부문 비정규직 제로시대'를 선언했다. 행사 현장에 있던 일부 비정규직 노동자들은 감격의 눈물을 흘렸고, 이 뉴스를 접한 일부 문 대통령 지지자들도 눈물을 흘렸다.『오마이뉴스』의 관련 기사에 달린 '베스트 댓글'은 다음과 같이 말했다.

"악조건에서, 불안하게, 근무하던, 1만 명의 직원들이 정규직이 된다? 내가 다 눈물이 나네요. 대통령의 민생 문제 해결의 진정성에, 감동의 눈물을 흘리지 않을 수가 없네요. 더군다나, 정규직화로 인하여, 경비도 3% 정도 절감된다는데, 어찌하여 이제까지 못했었는지.……사랑의 마음으로 들여다보면, 인천공항처럼, 큰 비용 안 들이고도, 노동자들의 애로사항을 해결할 수 있는 길도 많이 있다고 봅니다. 좋은 소식 계속되기를 빕니다."[2]

세상에 이렇게 훌륭한 대통령이 있다니! 이렇게 생각한 사람들이 많았나 보다. 문 대통령의 인기는 하늘 높은 줄 모르고 치솟기 시작했다. 대통령 지지율은 리얼미터의 5월 둘째 주 여론조사에서 74.8퍼센트를 기록했다. '비정규직 제로시대'는 공공부문에만 국한된 것이 아니었다. 정부가 공공부문을 먼저 할 테니 기업들도 그렇게 하라는 것이었다.

우선 '공공부문 비정규직 제로시대'의 결과는 어떠했는가? 4년 후인 2021년 6월 4일 인천공항 카트 운영·송환 대기실 노동자들은 여의도 국회의사당 앞에서 기자회견을 열고 처우 개선과 비정규직의 완전한 정규직화를 촉구했다. 노조는 인천공항 비정규직 노동자 중 99퍼센트는 자회사에 고용되었지만, 인천공항 정규직은 1년에 182일 근무하는 반면 자회사 직원은 243일로 1년에 60일 더 일하고도 평균 임금은 정규직의 3분 1밖에 안 된다며 차별 해소와 처우 개선 등을 요구하고 나섰다.[3]

문 정부는 전반적인 공공부문 성과를 강조했지만 정작 나라 전체의 정규직화 현황은 역대 최저 수준으로 악화했다는 주장이 제기되었다. 2021년 2월 통계청장을 지낸 유경준 국민의힘 의원은 경제활동인구조사 패널 데이터를 분석해 문재인 정부 출범 4년 동안 비정규직이 무려 94만 5,000명 늘어 역대 정부 가운데 증가 규모로는 최고치라고 주장했다. 이에 고용노동부가 반박 자료를 내는 등 논쟁이 벌어졌지만,[4] 한 가지 분명한 사실은 모든 노동시장에서 비정규직의 정규직화는 허황된 꿈에 가까웠다는 사실이다.

문제의 본질은 대기업과 중소기업, 정규직과 비정규직의 임금 격차였다. 이 문제를 외면하지 말고 정면으로 대응해 부문 간 임금 격차를 줄이는 사회적 대타협을 이끌어내면서 비정규직도 충분히 먹고살 수 있게끔 하는 게 현실적인 방법이었다. 이건 경제학을 몰라도 상식적인 수준에서 얼마든지 판단할 수 있는 문제가 아닌가. 그럼에도 우리는 과도한 임금 격차를 '능력주의'로 포장해 당연시하면서 방치했다. '모든 노동자의 대기업 노동자화'와 '모든 비정규직의 정규직화'라는 목표를 진보적인 것이라고 내세우면서 언제 실현될지도 모를 기약 없는 '희망 고문'에만 매달렸다.

그래서 어떤 일이 벌어졌는가? 박종성『경향신문』논설위원이 잘 지적했듯이, 한국 사회에서 정규직 진입은 '사활의 문제'가 되고, "정규직의 성안으로 들어가면 문을 닫아버리고 자신만 살겠다"고 혈안이 되는 상황이 벌어진다.[5] 대기업 정규직과 같은 좋은 일자리는 늘 모자라고 게임이 반복될 때마다 누군가는 탈락하고 추방되어야 하기 때문에 모두가 탈락의 공포에 시달리는 '의자 뺏기 게임'에 몰두한다. 이게 바로 그간 한국에서 보수와 진보를 막론하고 추진되어온 정책들의 기본 골격이었다.

문 대통령은 인천공항을 방문했을 당시 국가 경영을 맡은 지도자라기보다는 정규직은 좋고 비정규직은 나쁘다는 선악 이분법을 설파하는 도덕적 설교자였다. 이런 '도덕 정치'의 분위기가 전국을 휩

쓸었다. 길거리 여기저기엔 "비정규직 없는 세상에 살고 싶다"는 현수막이 내걸렸고, 진보 진영은 '비정규직 없는 세상'을 만들기 위해 총집결한 것처럼 보였다.

그 누구도 '일자리 창출'도 하면서 '비정규직 없는 세상'을 만드는 게 가능한가 하는 점에 대해선 묻지 않았다. 대기업 정규직의 임금 양보 문제는 아예 거론조차 되지 않았다. 무지한 동시에 비겁했다. 그러나 세상이 그렇게 돌아가는 걸 어이하랴. 문 대통령의 지지도는 한국갤럽의 6월 첫째 주 여론조사에선 84퍼센트를 기록하면서, 지지자들은 "우리 이니 맘대로 해봐"라고 외쳐대고 있었다. 문 정권의 비극이 이미 이때부터 시작되고 있었는지도 모르겠다.

문 대통령만 탓할 일은 아니었다. 진보는 아무리 옳은 말이라도 보수가 하면 듣지 않았을 뿐만 아니라 반대로 나아가려고만 했다. 물론 보수 역시 그랬다. 진보 진영에 속하는 그 많은 경제학자들 중 문 정권이 빠져 있는 '경제의 도덕화'를 비판할 사람이 그리도 없었던 말인가. 없었다! 있었을지라도 문 대통령의 노동정책에 감격하는 사람들이 많은 상황에서 굳이 나서고 싶지 않았을 것이다.

불행 중 다행히도 최근 들어 진보 진영에서도 좀 다른 목소리가 나오기 시작했다. 참여연대 사무처장 출신인 김기식 더미래연구소 정책 위원장은 『한겨레』(2020년 11월 11일)에 기고한 「우리 시대 진보란 무엇인가」라는 칼럼에서 "3차 산업 중심의 고용구조하에서 비정규직의 정규직화만이 대책일 수 없다. 노동권이 강한 독일조차

2017년 기준 비정규직 비율은 35.1%로 32%인 우리보다 높다. 그런데 비정규직의 정규직화만 주장되고, 임금구조 개편은 논의의 대상조차 되지 못하고 있다"며 다음과 같이 말한다.

"연차에 따라 임금이 정해지는 연공급 구조는 직무급으로 전환되어야 한다. 상시 업무의 정규직화는 당연하지만, 산업구조상 발생하는 비정규직에 대해서는 임금 등 차별을 금지하고, 나아가 시간당 임금을 정규직보다 더 주도록 하는 것이 실질적 대책이 될 수 있다. 개별 기업 차원이 아니라 산별 교섭을 통해 독일처럼 대기업의 인상폭은 낮추고, 중소기업의 인상폭은 높이는 연대 임금 전략이 실행되어야 한다. 모두 진보의 기반인 노조, 특히 대기업, 공공부문 노조의 저항이 불가피하다. 그러나 그것에 도전해 구조를 근본적으로 바꾸려 하지 않으면서 청년세대에게 진보에 투표하라 할 수 있는가."[6]

진보 정치인 중에선 박용진 민주당 의원이 진실을 정면 대응한 거의 유일한 의원이기에 경의를 표하지 않을 수 없다. 그는 2021년 2월에 출간한 『리셋 대한민국』에서 "비정규직을 전부 철폐할 수 있다는 거짓말을 그 누구도 더 이상 해서는 안 된다"고 역설한다. "비정규직 자체를 없애는 건 토머스 모어가 설파한 유토피아의 도래일 수도 있고, 혹은 플라톤이 묘사한 이데아의 실현일 수도 있습니다. 문제는 이게 현실적으로는 불가능하다는 점이에요. 따라서 정치인들이 국민들에게 단지 비정규직이라는 이유만으로 겪고 있는 부당하고 불합리한 차별을 없애주겠다, 그리고 차별하면 꼭 처벌하겠다고 약속해야만 옳습니다."[7]

원승연 명지대학교 교수는 『한겨레』(2021년 6월 2일) 인터뷰에서 "대통령이 현장을 찾아가 정규직화를 선언하는 것만으로 해결되지 않는다"며 이렇게 말한다. "산업구조의 변화로 정규직화가 쉽지 않다. 기업에 무조건 강제할 수도 없다. 비정규직 처우 개선 방법을 더 고민했어야 한다. 동일한 종류의 노동에 동일한 임금을 주는 '동일노동 동일임금' 도입도 중요하고, 고용 안정 노력과 사회 안전망 강화도 필요했다. 정치적으로는 독재 정권에서 탈피했는데, 경제적으로는 과거 방식을 그대로 답습한다."[8]

뒤늦게나마 6월 17일 민주당 대선 후보인 정세균 전 총리가 출마 선언식에서 '비정규직 우대 임금제도 도입' 등 비정규직 문제를 정면 대응하는 공약을 발표한 게 반갑다. 왜 이렇게 오랜 시간이 걸려야 했는가. '경제의 도덕화' 수준에 머무르고 있는 진보의 한심한 수준에 대한 쓴소리는 더 쏟아져 나와야 한다. 그래야 진보는 학예회를 하는 게 아니라 국정 운영이라는 무서운 책임을 지고 있다는 걸 자각하게 될 것이다. 진보는 '책임 윤리'를 두렵게 생각해야 한다. 우선 당장 '비정규직 없는 세상'은 거짓말이라는 걸 인정하는 기반 위에서 '희망 고문'을 중단하고 비정규직 노동자들의 어려움과 고통을 덜어주는 현실적인 해법을 모색하고 실천에 옮겨야 할 것이다.

●

'금요일의 남자' 조돈문의 반론

위 글은 내가 『경향신문』 2021년 6월 23일자에 기고했던 것이다 (참고문헌 표시만 추가했음). 이 글에 대해 조돈문 노회찬재단 이사장 께서 『프레시안』 인터뷰를 통해 반론을 주셨다. 감사드린다. 엄밀히 말하자면, 반론이라고 말하기는 어렵다. 기자가 이른바 '급'에도 맞 지 않는 사람(강준만)의 주장을 질문으로 던져 짧은 반응을 이끌어 낸 것뿐이니까 말이다.

나는 '급'을 따지는 걸 싫어하는 사람이지만, 스스로 자신이 낮은 '급'에 속하는 걸 인정하면서 쓰는 건 무방하다고 생각한다. 조돈문 은 노동 전문가이며, 특히 비정규직 전문가다. 게다가 그는 한국 지 식계에선 매우 드물게 언행일치와 실천을 치열하게 해온 지식인이 다. 그가 지난 2019년 가톨릭대학 사회학과 교수직에서 정년퇴직 을 했을 때 나온 『오마이뉴스』 인터뷰 기사를 소개하는 게 좋겠다.

"그는 삼성 반올림 투쟁 현장에서 일명 '금요일의 남자'로 불렸 다. 강남역 8번 출구 앞에서 1,023일 동안 치러진 삼성 반올림 농성 에 금요일이면 불현듯 나타나 밤을 지새우고 집으로 돌아갔기 때문 이다. 그는 언제 농성장이 철거될지 몰라 두려워하는 활동가들에게 도 든든한 존재였다. 반올림 투쟁의 당사자인 삼성LCD 뇌종양 피 해자 한혜경 씨는 그를 '아버지 같은 분'으로 호명했다.……조 교수는 대학 차원에서 퇴임식을 열어주겠다는 제안을 거절하고 영등포 하자센터에서 활동가들이 열어준 퇴임식에 참석했다. '퇴임식을 준비할 테니 시간만 비워달라'는 단체들의 요청을 차마 거절하지 못했기 때문이다. 30일 조돈문 교수 퇴임식에는 비정규직 운동 단체 및 삼성운동 활동가 등 100여 명이 참석했다."

이어 이 기사는 "조돈문 교수는 정년이 보장된 '정규직 교수'였지만 동시에 '비정규직 운동 활동가'로도 살았다. 노동계급을 연구하면서 노동계급을 위한 실천을 하지 않는다면 '포주'와 다를 바 없다는 이유 때문이라고 한다"며 그의 말을 이렇게 소개했다. "노동자들 팔아서 먹고사는 순수 연구자나 성매매 여성 팔아서 먹고사는 포주나 다를 바 없다. 기본적으로는 포주와 달라야 한다고 생각했고, 그렇게 살고자 했다."⁹

마지막 발언은 좀 과격하긴 하지만, 그가 매우 훌륭한 지식인이자 활동가라는 점엔 이견이 없을 게다. 그는 정년퇴임 후 노회찬재단 이사장 외에도 한국비정규노동센터 대표, 삼성노동인권지킴이 대표로 활동했다. 이런 분과 내가 비정규직 문제에 대한 논쟁에 있어서 급이 맞는다고 생각할 사람은 아무도 없을 게다. 아니 그 이전에 경제 전문가도 아니고 노동 전문가도 아닌 주제에 감히 비정규직 문제에 대한 글을 쓸 수 있느냐는 의문이 제기될 수 있겠다. 내 답은 간단하다. '비정규직 없는 세상'이 가능하냐 하는 문제는 전문적 지식을 필요로 하지 않으며, 웬만한 사람이면 다 갖고 있는 상식

수준에서 판단할 문제라는 것이다.

조돈문의 반론을 차례대로 소개하면서 내 생각을 말씀드려보겠다. 그는 내 칼럼에 대해 다음과 같은 총평을 내렸다. "강준만 교수 칼럼은 문재인 정부의 비정규직 정책에 대해 비판을 많이 했다. 주요 근거는 대선 공약이었다. '약속했던 거 지켜라'였다. 핵심적인 공약을 지키지 않으니 비판했다. 그렇다고 문재인 정부의 비정규직 정책이 완전히 잘못되었다거나 이명박 정부나 박근혜 정부보다 못하다는 평가에는 동의할 수 없다. 정확하게 평가해야 한다는 입장이다."[10]

내 메시지는 "약속했던 거 지켜라"가 아니다. 애초부터 지킬 수 없는 약속이었다는 게 내 주장이다. 나는 문재인 정부의 비정규직 정책이 이명박 정부나 박근혜 정부보다 못하다고 말한 적은 없다. 그걸 판단하는 건 나의 역량 밖에 속하는 문제다. 야당에서 나온 그런 주장이 있는데, 정부가 반박하는 등 논쟁이 벌어졌다는 걸 소개하면서, 누가 옳건 그르건 "한 가지 분명한 사실은 모든 노동시장에서 비정규직의 정규직화는 허황된 꿈에 가까웠다는 사실이다"는 내 지론을 반복해 말했을 뿐이다.

●

초등학생도 이해할 수 있는
간단한 상식의 문제다

기자는 이런 질문을 던졌다. "강준만 전북대학교 신문방송학과 명예교수가 칼럼에서 '모든 노동시장에서 비정규직의 정규직화는 허황된 꿈에 가까웠다'고 도발적으로 이야기했다. 비정규직 정규직화가 불가능하다는 이야기에 대해 어떻게 생각하나."

이에 조돈문은 "강 교수가 뛰어나다고 생각했다. 강 교수가 아니면 뽑기 어려운 강한 언어의 제목, 과도한 단순화가 눈에 쏙 들어왔다. 사회현상이 얼마나 복합적인가. 연구자의 글이라면 그걸 체계적으로 분석하는 깊이가 있어야 한다. 세상은 복잡한데 과도하게 단순화해 설명하면 문제 해결에는 도움이 안 된다"며 다음과 같이 말한다.

"강 교수의 칼럼을 보면 '비정규직 없는 세상을 진보 진영 모두가 강요했다'고 읽힌다. 그런데 그런 적이 없다. '비정규직 없는 세상'은 슬로건이다. 나도 비정규직과 관련한 내 책을 선물하면 앞에 그렇게 적는다. 하지만 책에는 문 대통령 공약과 비슷한 이야기가 담겨 있다. '상시 업무 직접 고용', '생명·안전 업무 직접 고용' 말이다. 모든 비정규직을 다 정규직 전환하라는 게 아니다. 상시 일자리가 있고 아닌 일자리가 있다. 예컨대, 수도나 설비는 어쩌다 한번 고장

나는데 이를 수리하는 전기공이나 수도공, 에어컨 수리공 등은 모두 정규직으로 채용할 수 없다. 이런 경우에는 용역을 쓸 수 있다."

'과도한 단순화'를 비판하고 '사회현상의 복합성'을 지적한 게 반갑다. 똑같은 이유를 들어 두 사람이 전혀 다른 말을 하고 있다는 게 재미있기는 하지만 말이다. 모든 비정규직 노동자의 100퍼센트를 정규직화하자는 이야기는 아니었다는 말은 100번 옳지만, 나는 이 말씀을 듣는 순간 지엽적인 문제로 논점을 흐리는 '논점 일탈의 오류'가 아닌가 하는 생각이 들었다. '상시 업무'와 '생명·안전 업무'에 종사하는 비정규직의 수가 용역이 가능한 비정규직의 수에 비하면 훨씬 적다는 뜻은 아닐 텐데 왜 본말本末을 흐리실까 하는 생각이 들어서 말이다.

그렇게 정색을 하면서 정확한 언어 사용의 중요성을 강조하시니 슬그머니 미안해진다. "'업무가 상시적이고 지속적이며 생명·안전을 다루는 직종의 비정규직은 반드시 정규직으로 전환하겠다'는 문재인의 말은 거짓말이다"라고 달았어야 할 제목을, "'비정규직 없는 세상'은 거짓말이다"라고 했으니 말이다. "비정규직 없는 세상에 살고 싶다"는 슬로건에 대처하기 위해 반대의 슬로건을 내세웠건만, 그건 책을 선물할 때나 써먹는 거라고 하시니 할 말이 없다(웃으면서 하는 말이니 오해 없으시길 바란다).

견해 차이는 여기에 있는 것 같다. 나를 연구자로 인정해준 건 고맙지만, 나는 이 문제에 관한 한 연구자가 아니며 연구자의 입장으로 문제의 글을 쓴 것도 아니다. 나는 초등학생도 이해할 수 있는 간단한 상식의 문제를 제기한 것이다. '설국열차'라는 비유를 들어 설명해보면 어떨까?

설국열차는 별도의 차량인 1호 차와 2호 차로 나뉘어 있다. 1호 차엔 노동자들보다 상위 계급의 사람들이 타고 있고, 2호 차엔 노동자들만 타고 있다. 2호 차 1등 칸엔 정규직이 타고 있다. 2등 칸엔 1등 칸에 들어갈 수 있는 기회를 기다리는 사람들이 타고 있다. 3등 칸엔 그런 기회조차 넘볼 수 없는 사람들이 타고 있다. 1등 칸, 2등 칸, 3등 칸의 격차는 매우 심하다. 1등 칸에선 원하는 좋은 음식을 마음대로 먹을 수 있지만, 3등 칸에선 죽지 않을 정도로 생존을 위한 수준의 음식만 제공되고, 2등 칸은 그 중간쯤 된다.

설국열차 1호 차와 2호 차의 총 관리자인 문재인은 1호 차와 2호 차의 격차, 2호 차 내의 격차를 줄이겠다고 나섰다. 그런데 그는 1호 차보다는 2호 차 내의 격차에만 집중하면서 '2등 칸의 1등 칸화'를 선언하고 나섰다. 2등 칸 내에도 서열이 있는데, 실제로 서열 높은 일부 2등 칸 승객들이 1등 칸의 대접을 받는 일이 벌어졌다. 많은 사람들이 눈물을 흘리며 감격했지만, 서열 낮은 2등 칸 승객들에겐 그런 기회가 돌아가지 않았다. 일부 승객들에겐 1등 칸에서 먹다 남은 음식이 제공되기도 했다. 그로 인한 갈등이 심해졌지만, 3등 칸 승객들에겐 그런 갈등조차 넘보기 어려운 '딴 나라 세상' 풍경이었다.

집단적 이익을 추구하는 목소리의 크기는 절박한 정도에 따라 결정되는 게 아니라 집단의 조직화 능력에 따라 결정되는 법이다. 가장 잘 조직화되어 있는 집단은 두말할 나위 없이 1등 칸 승객들이다. 그들은 막강한 조직력과 자금력을 갖추고 있다. 이에 비하면 2등 칸 승객들은 보잘것없긴 하지만, 그래도 작은 목소리나마 낼 수는 있다. 반면 3등 칸 승객들은 당장 허기를 달랠 음식을 찾기에 바빠 모래알처럼 분산되어 있는 가운데 아무런 목소리조차 내질 못한다.

그럼에도 '2등 칸의 1등 칸화'는 이른바 '진보'로 예찬되었는데, 그걸 도무지 이해할 수 없었던 강준만이란 사람은 그건 진보가 아니며 새빨간 거짓말일 뿐이라고 주장하고 나섰다. 그는 혁명가는 아니어서 감히 1호 차와 2호 차는 물론 2호 차 내 1, 2, 3등 칸 승객들이 모두 똑같은 음식을 똑같이 나눠 먹어야 한다고 주장하진 않았다. 그는 단지 각 칸과 서열을 인정하더라도 그에 따른 '음식 격차'를 줄여나가는 것이 진정한 진보라는 주장을 한 것뿐이었다. 그는 이 주장을 하기 위해 체계적으로 분석하는 깊이가 있어야 한다고 생각하진 않았다.

●

'의전 정치'와 '이벤트 정치'에 치중한 문 정권

2017년 5월 12일 문재인이 방문한 인천공항공사 현장으로 돌아가 보자. 조돈문은 당시 문재인의 '비정규직 제로 선언'에 대해 "그 순간은 감동적이었다"고 했다. 물론 나는 정반대로 쇼를 한다고 생각했다. 이후 어떤 일이 벌어졌는가? 조돈문은 『오마이뉴스』 인터뷰에서 그로부터 두 달 뒤에 나온 공공부문 비정규직 정규직 전환 가이드라인을 보고 나서 문 정부를 "수상하게 생각하기 시작했다"며 다음과 같이 말했다.

"가이드라인에서 자회사 방식을 정규직 전환을 정규직 전환의 한 유형으로 제시해놨더라. 이건 간접 고용 비정규직이다. 인천공항도 직접 고용 정규직으로 전환한 건 30%에 불과하고 70%는 자회사 방식으로 전환됐다. 인천공항의 직무들은 상시적 업무이고 생명과 관련된 업무이기 때문에 200% 정규직 전환 조건을 만족시킨다."[11]

그러나 조돈문의 의심은 곧 '실망'으로 바뀌었다. "문재인 대통령의 대선 공약을 다른 대통령 후보가 했다면 정치적 꼼수가 숨어 있다고 의심했을 거다. 하지만 '문재인'이지 않나. 누구도 '문재인'을 거짓말할 정치인으로 보지 않았다. 우리(비정규직 활동가들)는 이명박-박근혜 정부를 비판했지만 실망은 하지 않았다. 하지만 (기대를 걸었던) 문재인 정부에는 실망했다. 왜 파라다이스를 만들어줄 것처럼 약속했느냐는 것이다."[12]

순진해도 너무 순진하시다. 문재인은 임기 초부터 탁현민식의 '의전 정치'와 '이벤트 정치'에 탁월한 면모를 보여주었다. 조돈문은 문재인이 자신이 감동했던 수준만큼 제대로 된 정규직 전환을 할 수 있었음에도 하지 않았다고 생각하는 걸까? 그게 아니다. 할 수가 없었다! 적잖은 사람들을 울게끔 감동을 주면서 그런 자애로운 이미지가 널리 확산되게 하는 게 우선적인 목적이었을 뿐, 애초에 실현 불가능한 걸 꺼내들었기 때문이다. 정규직도 보호하고 일자리도 창출하면서 비정규직의 정규직화를 이루겠다는 건 삼각관계에 빠져 갈등을 빚는 세 명의 청춘남녀를 모두 만족시키겠다는 것처럼 불가능한 일이었다.

지난 2016년 1월 다보스포럼 이후 '제4차 산업혁명'이 고용에 미칠 영향이 세계적 관심사로 떠오른 가운데, 2017년에 나온 한국고용정보원의 「기술 변화에 따른 일자리 영향 연구 보고서」는 10년 안에 1,800만 개 일자리가 인공지능이나 로봇으로 대체될 수 있다고 보았다. 인공지능과 로봇 기술의 발전으로 2025년 취업자 2,561만 명 중 1,807만 명(71퍼센트)이 '일자리 대체 위험'에 직면할 수 있다는 것인데, 직업군별로 보면, 단순노무직의 위험 비율이 90퍼센트로 가장 높았으며, 전문직과 관리직도 각각 56퍼센트와 49퍼센트로 절반이 위험에 놓이게 된다고 했다.[13]

이 보고서를 그대로 믿을 필요는 없지만, 제4차 산업혁명이 일자리를 죽이게 되어 있다는 건 분명한 사실이 아닌가. 그래서 기본소득제에 대한 관심이 높아지는 것이겠지만, 노동정책도 앞을 내다보고 가야 할 게 아닌가. 이미 우리는 제4차 산업혁명으로 깊숙이 진입 중인데, 이런 변화와 비정규직 문제는 무관한 건가?

최저임금제도 마찬가지다. 무엇보다도 인상율의 추이에 주목해

보시라. 2018년 16.4퍼센트, 2019년 10.9퍼센트, 2020년 2.9퍼센트, 2021년 1.5퍼센트, 2022년 5.1퍼센트다. 이게 정책인가 장난인가? 정책의 생명은 신뢰다. 정책으로 인해 타격을 받을 사람들에게 예측가능성과 더불어 준비할 시간을 주면서 충격을 최소화해야 한다. 그러나 문 정권은 정반대로 갔다.

자영업자 대책은 있었나? "최저임금에 대한 보수 언론의 무차별적인 저주는 정당한가?"라고 비판하는 전 민주노총 위원장 김영훈마저 "다른 나라에 비해 월등히 높은 자영업자 비율을 포함해 임대료·카드수수료 부담, 프랜차이즈 갑질 등 불공정한 시장 질서를 바로잡는 경제민주화 정책을 선결하거나 최소한 동시에 진행해야 했다"고 말한다.[14]

도저히 최저임금을 감당할 수 없어 자동 주문 기계를 설치한 자영업자들, 사실상 노사 합동으로 최저임금을 지키지 못한 채 불법을 저지르고 있는 업체에 대한 통계는 있는가?[15] 이런 통계조차 없으면서 문재인은 2018년 5월 '최저임금 긍정 효과 90퍼센트'라고 큰소리를 치기까지 했으니, '엉터리'라는 말이 나온 게 아닌가.[16]

그리고 너무 비겁했다. 최저임금위원회를 내세워 정권이 통제할 수 없는 것처럼 쇼를 해놓고 그로 인한 문제를 도저히 감당할 수 없게 되자 이런저런 압력을 통해 1.5퍼센트라는 최저점을 찍도록 한 게 아닌가. "어려운 사람을 돕고 살자는 명분이 아름다우니 일단 저질러놓고 보자. 문제 생기면 그때 가서 땜질하면 될 거 아닌가"라는 생각이 문 정권의 기본적인 국정 운영 자세가 아니라고 말할 수 있 겠는가.

●

무조건 이명박·박근혜의 정반대로만 가면 진보인가?

"강 교수가 비정규직의 정규직화를 주장하는 이들을 두고 일자리를 창출하면서 비정규직 없는 세상을 만드는 것은 불가능하다며 '경제 의 도덕화'라고 칭하기도 했다. 어떻게 생각하나"라는 기자의 질문 에 조돈문은 "실망스럽다"고 했다.

이어 조돈문은 "강 교수는 '경제의 도덕화'라고 하는데.' 비정규 직 문제 자체가 사회적으로 중요한 문제다. 문재인 정부 출범할 때 『한겨레』가 여론조사를 하면서 '우리 사회 통합을 위해 제일 중요 한 핵심 과제가 뭐냐'고 물었다. 사람들이 첫 번째로 불평등을 꼽았 다. 그리고 '불평등 가운데 가장 시급하게 해결해야 할 과제가 뭐 냐'고 물었을 때 가장 많이 나온 답이 '비정규직 등 노동시장 불평 등 해결'이었다. 26.6%가 이것을 지적했다"며 다음과 같이 말한다.

"연령대별로 보면 20대가 가장 많이 찍었다. 40.2%다. 청년층이 비정규직 문제를 자기 문제로 봤던 것이다. 좋은 일자리가 없다는 문제의식은 청년층이 가장 심각하게 느꼈다. 비정규직 정규직화, 비정규직 노동조건 개선은 그 자체가 사회문제로서 해결해야 할 시대적 과제고, 경제정책 과제이기도 하다. 문재인 정부가 출범 초기 주창했던 경제정책인 소득주도성장 전략의 한 축은 '비정규직 정규직화'와 '최저임금 인상' 등 노동조건 개선이었다. 다른 한 축은 '중소영세기업 이윤율 제고'다. 이 두 개가 소득주도성장 전략의 핵심이었다. 이건 경제를 도덕화한 게 아니라 과학이고 경험적으로 검증된 정책이다."[17]

나는 문 정권이 불평등 해소나 완화에 역행하고 있다고 보기 때문에 분노하는 건데, 조돈문은 정반대로 불평등 문제를 들어 나의 주장이 "실망스럽다"고 하시니, 참으로 난감하다. 문제는 '어떻게'다. 선의가 아무리 좋아도 '어떻게'에 실패해 일을 그르치면 욕을 먹어 마땅하다. '어떻게'는 여론조사로 결정할 수 있는 게 아니며, 그래서도 안 된다. 기존 시스템을 전제로 한 답밖에 나올 수 없기 때문이다. 우리가 고민해야 할 것은 시스템이다.

시스템을 고민하기 위해 우리가 가장 경계해야 할 것은 보수 정권들이 했던 것과는 정반대로 가면 그게 곧 진보라고 믿는 발상이다. 조돈문은 2016년에 출간한 『노동시장의 유연성-안정성 균형을 위한 실험』에서 "이명박 정부에 이어 박근혜 정부도 기간제 사용 기간 연장과 파견 노동 허용 사유 확대 및 사용 기간 연장을 통해 전국민의 비정규직화를 넘어, 평생 비정규직 시대를 열고자 한다"고 비판했다.[18]

사실 비정규직 문제의 논의에서 가장 큰 장벽이 바로 그것이다. 성급한 사람들은 내 주장을 평생 비정규직 시대를 열고자 했던 이명박·박근혜의 정책과 무엇이 다르냐는 식으로 대응한다. 조돈문의 비판에서도 그런 기운이 좀 느껴져 아쉽다. 좀 조잡하긴 했지만, 앞서 말씀드린 설국열차 비유로 그런 오해를 풀어주시기 바란다.

●

'승자독식구조' 자체를 박살내야 한다

우리의 적은 도그마다. 이명박·박근혜의 도그마도 문제지만, 문재인의 도그마도 문제다. 죄송하지만, 소득주도성장 전략이 '과학이고 경험적으로 검증된 정책'이라는 주장 역시 도그마에 가깝다는 게 내 생각이다. 소득주도성장에 대한 종합적 평가는 나의 역량 밖의 주제다. 그러나 이것 한 가지는 자신 있게 말할 수 있다.

왜 소득주도성장을 역설하는 분들은 수없이 쏟아져 나오는 반론에 대해 답은 하지 않으면서 도덕적 뉘앙스를 강하게 풍기는 걸로 답을 대신하는가 하는 문제다. 아니 도덕의 문제를 넘어서 왜 자꾸 이념의 문제로 끌고 가느냐는 것이다. 검은 고양이든 흰 고양이든 쥐만 잘 잡으면 된다는 '흑묘백묘黑猫白猫'는 너무도 불경해 꿈도 꿀 수 없는 걸까?

국민의힘 의원 윤희숙은 소득주도성장을 "일부 남미 국가들의 국가 경제를 망가뜨린 대표적인 포퓰리즘 정책"이라고 했지만,[19] 3등 칸보다는 2등 칸을, 2등 칸보다는 1등 칸을 더 신경 써온 정책을 '포퓰리즘'이라고 부를 수 있을지는 의문이다. 포퓰리즘의 냄새는 풍길망정 순도 높은 포퓰리즘은 아니었다는 뜻이다. 문제가 심각하다는 뜻으로 이해하자.

야당 의원의 비판이라 믿을 수 없다면, 경제민주화의 대부인 김종인의 비판은 어떤가. 그는 소득주도성장을 '단세포적인 대응'이라고 일축했다.[20] 물론 소득주도성장의 신봉자들은 이런 비판에 눈하나 깜짝하지 않을 것이다. 그렇다면 문 정권의 경제부총리였던 김동연의 비판은 어떤가.

김동연은 최근 출간한 『대한민국 금기 깨기』에서 문 정권에 비해 훨씬 진보적인 경제적 비전을 제시하면서 '소득주도성장'에 대한 불편한 심기를 억누른 채 우회적으로 그 문제를 지적한다. 그는 "소득주도성장은 우선 네이밍naming부터 잘못됐다. '소득'만이 '주도' 해서는 '성장'이 이루어지지 않는다. '공급' 측면에서 혁신이 함께 이루어져야 한다"며 다음과 같이 말한다.

"시장의 수용성도 충분히 고려하지 못했다. 자영업자가 전체 취업자의 25%에 달하고 소상공인과 영세 상공업자가 750만 명인 경제구조에서 비용의 증가가 고용과 투자에 미치는 영향을 냉철하게 봐야 했다. 여기에 더해 시장과의 소통에서 실패했다. 최저임금의 급격한 인상이 곧 소득주도성장이라는 공식이 만들어졌다. 결과적으로는 우리 경제가 '가야 할 방향'임에도 많은 국민들이 '잘못된 방향'이라고 오인하고 말았다. 진보의 가치를 추구한다고 하면서 진보의 가치를 해치는 결과가 나온 것이다."[21]

나는 김동연이 나의 평소 지론인 '승자독식구조'의 박살을 주장한 걸 보고서 반가웠다. 그는 '비정규직의 정규직화'는 '승자의 숫자를 조금 더 늘릴 뿐' 판 자체를 바꾸지는 못한다고 역설한다.[22]내 말이 바로 그 말이다. 끊임없는 '의자 뺏기 게임'만 이루어질 뿐이다. 그럼에도 김동연이 "모든 비정규직을 정규직으로 전환해야 한다는 금기를 깨자"고 말하는 걸 보면,[23] 그 역시 그런 금기의 압박을 강하게 느꼈던가 보다.

아직도 그런 금기가 강하게 살아 있기에, 나는 조돈문의 비판에 대해선 아무런 불만이 없다. 노동자들 사이에 존재하는 지금과 같은 불평등에 반대하고 분노한다는 점에선 나는 조돈문의 생각과 실천을 존중하고 존경한다. 조돈문은 지식인이자 활동가로서 자신의 지론을 펴면 되는 것일 뿐, 전체적인 국정 운영까지 고려할 필요는 없을 것이다. 내 비판의 초점은 국정 운영의 책임을 진 문 정권이 지식인이나 활동가처럼 사고하고 행동했다는 데에 있다. 그것도 믿기지 않을 정도로 무책임하게.

●

'1대 99의 사회'와 '20대 80의 사회'

그럼에도 생산적인 논쟁을 위해 질문을 좀 바꿔보자. 기존 정규직의 '특권'을 그대로 두고 비정규직의 삶이 나아질 수 있을까? 바로 여기서 '1대 99'냐 '20대 80'이냐 하는 프레임이 문제가 된다. 『불평등의 세대』(2019)의 저자인 서강대학교 사회학과 교수 이철승은 "지금 우리 사회는 정규직 노조와 자본이 연대해서 하청과 비정규직을 착취하는 구조로, 1% 대 99%가 아니라 20%가 80%를, 또는 50%가 50%를 착취하는 사회"라고 주장한다.[24] 그는 "대기업 노조들은 대부분 임금 상위 20퍼센트에 속하는 최상층 임금노동자 집단이 되었다"며 "노조들은 불평등의 '치유자'가 아닌, 불평등 구조의 '생산자' 혹은 '수혜자'로 변모했다"고 개탄한다.[25]

하지만 이는 극소수파의 목소리일 뿐이다. 진보적인 언론, 지식인, 정치인들이 불평등 문제에 대해 하는 말을 들어보면 대부분 재벌만 문제 삼는다. 그런 프레임에 이의 제기를 하면 '친재벌'로 몰리기 쉽다. '노동귀족'이란 말은 프리드리히 엥겔스가 노동자계급 내부의 특권층을 지적하기 위해 쓴 말이지만, 한국에선 그 말을 쓰면 '반노조' 의식에 찌든 '수구꼴통'으로 간주되기 십상이다. 이게 바로 '1대 99의 사회' 프레임이다. '노동귀족'은 '1대 99의 사회', 즉 '재벌 대 노동자'의 구도라는 관점에서 보자면 언어폭력에 가까운 망발이지만, '20대 80의 사회'의 관점에서 보자면 재벌이 빠지는 대신 '정규직 대 비정규직'의 구도가 형성되면서 반드시 문제 삼아야 할 개혁 대상이 될 수 있다.

이렇듯 어떤 프레임으로 접근하느냐에 따라 세상은 전혀 다르게 보이는데, 진보 진영은 오직 '1대 99의 사회' 프레임에만 갇혀 있는 것으로 보인다. 진보 진영에서 '노동귀족'을 강하게 문제 삼은 이는 경제학자 김기원이 거의 유일했다. 그는 진보 진영의 '경직성'과 '도그마'를 경계하면서 쓴 소리를 마다하지 않았다.[26] 2014년에 타계한 그는 다음해에 출간된 유고집 『개혁적 진보의 메아리』에서 "박노자 교수는 현대자동차의 정규직 노동자들을 '귀족'이라고 부르는 것은 '어불성설'이라고 주장하고 있습니다"라면서 다음과 같이 반박했다.

"엥겔스의 정의에 기초할 때 현대차 정규직은 충분히 '노동귀족'에 해당한다고 생각합니다.……박 교수는 현대차 정규직이 한 달에 270~280만 원을 받는다고 썼는데, 이는 사실이 아닙니다.……현대차 정규직 생산직의 평균 연봉은 이것저것 다 합쳐서 약 1억 원입니다. 이건 언론뿐만 아니라 현대차 직원을 통해서도 확인할 수 있고, 또 노조 간부 입을 통해서도 확인된 사실입니다.……박 교수는 또한 비정규직은 한 달에 100~150만 원을 받는다고 썼습니다. 이것 역시 부정확한 사실입니다.……현대차 사내 하청 비정규직 노동자의 평균 연봉은 6천만 원이 넘습니다. 그러니 월 평균으로 따지면

100~150만 원이 아니라 월 500만 원가량입니다."[27]

2019년 11월 21일 서울에서 열린 '노동조합의 사회연대전략' 토론회에서 노조 내부의 양심선언이 나왔다. 현대차 노조 위원장 하부영이 현대차 노조에 대해 "대한민국 10% 기득권 세력이 돼 '부자 되기 운동'을 한 것"이라며 사실상 반성문 형태의 입장을 내놓은 것이다. 그는 "우리만 잘 먹고 잘사는 임금 인상 중심의 투쟁은 옳지 않다"며 "우리가 사회적 고립을 극복하지 못한 채 세상을 바꾸자고 하는 것은 사기에 가까운 일"이라고 했다.[28]

●

"대한민국이 이러다 망할 수도 있다"

하부영의 반성이 나온 지 10여 일 후인 12월 4일 한국산업은행 회장 이동걸은 기자 간담회에서 "생산직 노조에 있는 사람은 월급이 계속 오르는데 1인당 생산성은 계속 오르는 게 아니다"라며 "월급이 계속 오르다보니 젊은 직원과 오래 다닌 직원의 임금 차이가 3배까지 나는데 생산성은 그렇게 차이가 나지 않는다"고 지적했다. 그는 "대기업 생산직 중에 평균 임금이 1억 원이 넘는 곳이 많은데 그런 사람들이 못 살겠다고 투쟁하고 있다"며 "저는 엄청난 위기감을 느낍니다. 대한민국이 이러다 망할 수도 있습니다. 10년 뒤나 20년 뒤에는 정말 한국이 망할 수 있는 요소가 너무 많습니다"라고 개탄

했다.[29]

상황이 그러함에도 문 정권은 그런 문제는 외면한 채 대기업 노조를 정권의 든든한 우군으로 삼아 신성시하고 있으니, 이 노릇을 어찌할 것인가. 지난 대선 직전에 출간된 『그래요 문재인: 위기와 희망의 길목에서 문재인을 말하다』라는 책을 최근 다시 읽으면서 한 가지 아쉬워했던 기억이 있다. 이 책엔 문재인의 50년 친구인 부경대학교 교수 황호선(현 한국해양진흥공사 사장)이 2007년 2월 대통령 시민사회수석 비서관직을 사임하고 잠시 야인으로 있을 때의 문재인을 서울 혜화동 대학로 인근 주점에서 만난 이야기가 실려 있다.[30]

내가 주목한 건 김기원이 이 자리에 동석해 막걸리를 같이 마셨다는 사실이었다. 막걸리를 같이 마신 것에 큰 의미를 부여할 일은 아니지만, 김기원이 좀더 오래 살아 문 정권에 참여하거나 다른 방식으로 문 정권의 경제·노동 정책에 조금이나마 영향을 미칠 수 있었다면 얼마나 좋았을까 하는 생각을 떨치기 어려웠다. 문 정권은 경제·노동정책의 브레인들을 현실을 모르는 지식인이나 이미 정해진 모범답안을 향해서만 질주하는 운동가들로 채웠기 때문이다.

김기원은 모든 노동 문제에 대해 '신자유주의' 타령을 전가의 보도처럼 쓰는 진보파의 무능과 무책임에도 일침을 가한 경제학자였다. 그는 "대기업 노조는 노동을 대변하는 진보파인 것 같으면서 동시에 부당한 특권을 유지하려는 수구파로 변질해가고 있습니다. 대기업 노조는 이와 같이 특권을 누리고 있기 때문에 그 특권을 상실하게 되면 격렬하게 저항합니다. 1998년 현대차, 2000년 대우차, 2009년 쌍용차에서 대량 해고를 둘러싼 처절한 분규를 떠올려보십시오"라면서 다음과 같이 말한다.

"중소기업에서도 경영 상황에 따라 해고가 일상적으로 일어나지만 그로 인한 대립은 별로 치열하지 않습니다. 노동자의 힘이 미약하기도 하지만, 노동자가 다른 회사로 취직하면 되기 때문이기도 합니다. 잃을 게 크지 않지요. 이에 반해 대기업 노동자는 해고당하면 특권을 상실합니다. 다른 대기업에 들어가기는 하늘의 별따기이고, 중소기업에 취직하자니 예전과 처지가 크게 달라지지요. 그래서 격렬하게 저항합니다. 경영상 고용 조정이 불가피할 때도 막무가내입니다. 우리의 진보파는 이런 고용 조정에 대해 신자유주의 운운하면서 비판합니다. 하지만 경영 상황이 악화되었는데도 고용을 그대로 유지하라는 건 사회주의 기업처럼 이윤이나 손실 따위를 무시할 수 있을 때의 이야기입니다."[31]

●

기약 없는 '희망 고문'을 넘어서

1퍼센트 개혁론에만 집중하면 나머지 99퍼센트 내부의 격차와 불평등은 비교적 작은 문제로 여겨지고, 그마저 '1퍼센트 개혁'을 완수하는 그날까진 해결이 유예되어야 한다. 그 누구도 감히 '1퍼센트 개혁'을 언제까지 완수할 수 있다는 말은 하지 못한다. 죽을 때까지 99퍼센트 내부의 격차와 불평등 문제를 외면하자는 것이나 다를 바 없다. 1퍼센트 개혁과 20퍼센트 개혁은 상충되지 않으며 동시에 병행할 수 있다. 이와 관련, 김기원은 다음과 같이 말한다.

"노동자 사이의 부당한 격차 또는 노동귀족 문제가 제기되면 재벌이나 투기의 문제를 먼저 따져야 하지 않느냐고 하는 분들이 있습니다. 그 지적은 일단 올바릅니다.…그러나 노동귀족 문제를 바로잡는 것은 자본귀족 문제를 바로잡는 것과 상충하는 문제가 아닙니다. 제가 늘 강조해왔듯이, 우리 사회에서 진보(X축)의 과제가 개혁(Y축)의 과제와 이율배반적인 것이 아니라 상호보완적인 것과 마찬가지입니다. 그런데도 우리 사회에서는 많은 분들이 한쪽 과제만을 강조하고 다른 과제는 무시하고 있는 형편이지요."[32]

그럼에도 왜 1퍼센트 개혁을 이룬 후에 나머지 19퍼센트에 대한 개혁에 나서자는 걸까? 힘의 집중을 위해서? 아니다. 정반대다. 1퍼센트 개혁은 그 프레임 자체가 착각이나 위선에 기반하고 있기 때문에 성공할 수도 없다. 오히려 20퍼센트 개혁이 1퍼센트 개혁의 동력이 될 수 있다는 점이 중요하다. 20퍼센트에 속하는 계층의 '양보' 없이 불평등을 완화시키는 건 불가능하다. 19퍼센트가 스스로 양보하거나 양보를 강요당하는 변화가 있을 때에 비로소 1퍼센트 개혁도 가능해진다. 그래야 1퍼센트 개혁 정책도 시늉이나 제스처로 그치지 않고 실천 가능성이 높아진다.[33]

나는 '비정규직 없는 세상'을 역설하는 분들이 대기업과 공공부문 정규직이 누리는 특혜를 문제 삼는 걸 본 적이 없다. 비정규직들도 그들처럼 잘살아야 한다는 말만 할 뿐, 그게 언제까지 가능한 건지에 대해선 아무런 말이 없다. 16년 전으로 돌아가보자. 2005년 1월 22일 분신을 기도했던 현대 울산공장 비정규직 노동자 최남선은 "우리도 정규직 드나드는 정문 앞에서 데모 한 번 하고 싶다"고 외쳤고,[34] 2005년 2월 기아자동차의 한 부정 입사자는 검찰 조사를 받고 나오면서 고개를 떨군 채 "영혼이라도 팔아 취직하고 싶었다"고 절규했다.[35]

나는 지난 2010년에 출간한 『영혼이라도 팔아 취직하고 싶다: 한국 실업의 역사』에서 이런 참담한 기록을 정리했는데, 10년이 지난 지금도 달라진 건 없다. 아, 답답하다. 나는 이런 기약 없는 '희망 고문'을 중단하고 지금 당장 비정규직의 삶을 개선할 수 있는 좀더 현실적이고 구체적인 해법을 모색해보자는 취지에서 「'비정규직 없는 세상'은 거짓말이다」라는 글을 썼을 뿐이다.

그런 해법을 구체적인 정책의 수준에서 찾는 것은 이 분야를 전공한 전문가들이 해야 할 일이지 내가 감히 할 수 있는 일은 아니다. 다만 진보적 전문가들이 '비정규직의 정규직화'의 당위성을 부르짖는 연구와 주장만 하고 있는 것에 대해 그런 방향이 옳으냐에 관한 이의 제기를 한 것뿐이다. 또 10년 후에도 진보 진영은 도덕적 당위라는 무기를 앞세워 '비정규직의 정규직화'를 외칠 것이 분명하다고 보기 때문이다. 이건 전문가가 아닌 보통 사람들도 얼마든지 제기할 수 있는 문제가 아닌가. '희망 고문'도 자꾸 반복되면 죄악이다!

주

1 이어 이한상은 이렇게 말했다. "자칭 우파? 공정한 시장 경쟁을 통한 소비자의 후생 증가가 자본주의의 꿈이다. 그러나 이들은 실상 시장과 소비자는 안중에 없다. 그저 친기업 활동으로 곁불을 쬐려 할 뿐 선진국 도약의 필수 아이템인 자본시장과 기업 지배구조 선진화 논의에는 정작 정색한다. 이 둘은 가끔씩 뭉친다. 변화와 혁신, 구조조정의 필요에 한쪽은 기성 노동을, 다른 쪽은 기성 자본을 지키려는 이해가 일치할 때. 결국 새로운 기회는 사라진다." 이한상, 「성장을 위한 성찰」, 『서울신문』, 2019년 2월 25일.
2 최지용, 「첫 민생 행보는 '1만 명 정규직화' 문재인 등장에 인천공항 노동자들 '환호'」, 『오마이뉴스』, 2017년 5월 12일.
3 박준철, 「"장시간 노동에 저임금"…인천공항 노동자, 처우개선 외치며 청와대 도보 행진」, 『경향신문』, 2021년 6월 1일.
4 김기찬, 「인국공 논란에도 밀어붙였는데…정규직 전환 역대 최저」, 『중앙일보』, 2021년 2월 23일.
5 박종성, 「'좋은 일자리'의 함정」, 『경향신문』, 2019년 1월 3일.
6 김기식, 「우리 시대 진보란 무엇인가」, 『한겨레』, 2020년 11월 11일, 26면.
7 우석훈 외, 『리셋 대한민국: 우석훈 박용진 김세연의 대한민국 미래대담』(오픈하우스, 2021), 99쪽.
8 곽정수, 「"우린 신자유주의 아니다…시장 중시와 시장 만능은 전혀 달라"」, 『한겨레』, 2021년 6월 2일.
9 유지영, 「실천하는 학자 조돈문, 정년퇴임식에서 '막춤' 춘 사연: [조돈문 인터뷰 ①] 강단과 거리에서 27년…"실천 않는 연구자는 포주 같은 존재"」, 『오마이뉴스』, 2019년 9월 14일.

10 최용락·허환주, 「"문재인 정부, 집권 초와 달리 노동정책 유턴했다": [특집 인터뷰] 조돈문 노회찬재단 이사장 ①」, 『프레시안』, 2021년 7월 13일.

11 유지영, 「실천하는 학자 조돈문, 정년퇴임식에서 '막춤' 춘 사연: [조돈문 인터뷰 ①] 강단과 거리에서 27년…"실천 않는 연구자는 포주 같은 존재"」, 『오마이뉴스』, 2019년 9월 14일.

12 유지영, 「실천하는 학자 조돈문, 정년퇴임식에서 '막춤' 춘 사연: [조돈문 인터뷰 ①] 강단과 거리에서 27년…"실천 않는 연구자는 포주 같은 존재"」, 『오마이뉴스』, 2019년 9월 14일.

13 「[사설] 밀려오는 4차 산업혁명의 '일자리 충격'」, 『한겨레』, 2017년 1월 3일.

14 김영훈, 「최저임금에 대한 보수 언론 '저주'는 정당한가」, 『미디어오늘』, 2021년 7월 26일.

15 국민의힘 의원 윤희숙은 "문재인 정부가 2년간 최저임금을 30% 올렸는데 우리처럼 이미 성장한 나라에선 2년 30%는 도저히 소화할 수 없는 수준"이라면서 "민노총의 청구서를 그대로 받아준 것"이라고 했다. 그는 "최저임금이 너무 빨리 올라서 처벌한다고 해도 최저임금을 직원에게 못주는 사용자가 많다"면서 "그 때문에 지금 최저임금도 못 받는 근로자가 300만 명에 달한다"고 주장했다. 이어 "진짜 보호를 받아야 하는 사람들은 제도의 바깥으로 밀려나고 귀족노조만 최저임금 혜택을 다 누리며 혼자 뛰어올라갔다"고 했다. 또 그는 "지난 2년 동안 노량진의 조그만 분식집들도 다 자동 주문 기계를 넣었고 주인이 홀 서빙을 안 두고 혼자서 한다"며 "정부가 이렇게 폭력적으로 일자리 없애는 것은 말이 안 된다"고 했다. 배성규, 「윤희숙 "이재명은 포퓰리스트에 파시스트까지 결합…모골이 송연"」, 『조선일보』, 2021년 8월 10일.

16 임형섭, 「문 대통령 "최저임금 인상, 긍정적 효과 90%"…비판 정면 돌파」, 『연합뉴스』, 2018년 5월 31일. 이는 청와대가 통계청을 압박해 빼낸 자료로 만든 '엉터리 보고서'에 근거한 주장이라는 반론이 제기되었다. 김형원·김지섭, 「文 대통령 '최저임금 긍정 효과 90%' 발언 뒤엔…靑이 통계청 압박해 빼낸 자료로 '엉터리 보고서'」, 『조선일보』, 2019년 10월 11일.

17 최용락·허환주, 「"'비정규직의 정규직화'가 '경제의 도덕화'라는 강준만에 반박한다": [특집 인터뷰] 조돈문 노회찬재단 이사장 ②」, 『프레시안』, 2021년 7월 13일.

18 조돈문, 『노동시장의 유연성-안정성 균형을 위한 실험: 유럽연합의 유연안정성 모델과 비정규직 지침』(후마니타스, 2016), 12쪽.

19 윤희숙, 『정치의 배신』(쌤앤파커스, 2021), 164쪽.

20 김종인, 『김종인, 대화: 스물 효인 묻고, 여든 종인 답하다』(동아일보사, 2021), 276쪽.

21 김동연, 『대한민국 금기 깨기: 미래로 가는 길에는 금기가 없다』(쌤앤파커스, 2021), 36~37쪽.

22 김동연, 『대한민국 금기 깨기: 미래로 가는 길에는 금기가 없다』(쌤앤파커스, 2021), 112쪽.

23 김동연, 『대한민국 금기 깨기: 미래로 가는 길에는 금기가 없다』(쌤앤파커스, 2021), 169쪽.

24 김지훈, 「"권력 장악 '막강 386세대' 양보해야 자녀 세대가 산다"」, 『한겨레』, 2019년 8월 12일, 21면.

25 이철승, 『불평등의 세대: 누가 한국 사회를 불평등하게 만들었는가?』(문학과지성사, 2019), 59~60쪽.

26 곽정수, 「진보 경제학계 '큰 별' 지다…김기원 교수 별세」, 『한겨레』, 2014년 12월 9일.

27 김기원, 『개혁적 진보의 메아리: 경제학자 김기원 유고집』(창비, 2015), 109~111쪽.

28 지민구, 「"노조, 부자 되기 운동하다 사회적 고립"…현대車 노조위원장의 임금 투쟁 반성문」, 『동아일보』, 2019년 12월 2일.

29 이종현, 「이동걸 회장 '연봉 1억 생산직이 정년연장 요구…이러다 한국 망해'」, 『조선일보』, 2019년 12월 4일.

30 황호선, 「변호사 문재인, 그리고 정치인 문재인」, 고민정 외, 『그래요 문재인: 위기와 희망의 길목에서 문재인을 말하다』(은행나무, 2017), 159~168쪽.

31 김기원, 『개혁적 진보의 메아리: 경제학자 김기원 유고집』(창비, 2015), 103~104쪽.

32 김기원, 『개혁적 진보의 메아리: 경제학자 김기원 유고집』(창비, 2015), 167쪽.

33 강준만, 『강남좌파 2: 왜 정치는 불평등을 악화시킬까?』(인물과사상사, 2019), 30~35쪽.

34 「회사보다 정규직 노조가 더 밉다?」, 『한겨레21』, 2005년 2월 22일.

35 안형영·김회경, 「"영혼이라도 팔아 취직하고 싶었다"」, 『한국일보』, 2005년 2월 2일, 8면.

제7장

김용민은
국민의힘의
축복인가?

매몰 비용에 대한
집착의 저주

우리 인간은
스스로의 위선을 정당화하기 위해
대단히 놀라운 정신적 활동을 한다.[1]
●미국 심리학자 레온 페스팅거

●

'인지부조화 이론'과 '매몰 비용 효과'

1954년 미국에서 말세론을 믿는 어느 종교단체의 신도들은 교주의 예언에 따라 직장과 가족을 떠나 한자리에 모여 곧 다가올 말세에서 그들만을 구원해줄 비행접시의 출현을 기다리고 있었다. 물론 교주가 예언한 시간이 되어도 지구는 멸망하지 않았고 비행접시도 나타나지 않았다. 어떤 일이 벌어졌을까?

신도들이 몰려 있는 장소에 수많은 구경꾼들이 몰려들어 조롱 섞인 질문을 던지자 일부 신도들은 자신의 어리석음을 깨닫고 그곳을 떠났다. 그러나 교주의 곁을 떠나지 않은 신도들도 많았으며 그들의 말세론에 대한 믿음은 더욱 강해졌다고 한다. 교주의 예언이 들어맞지 않은 것은 그들의 신앙을 하나님이 시험하시는 것이라고 굳게 믿었다나.

1992년 한국에서도 기독교 일부 교파에 속하는 신자들이 '휴거 파동'을 일으킨 적이 있었다. 물론 그들이 휴거일이라고 굳게 믿었던 그날 아무 일도 일어나지 않았다. 그래서 그 믿음을 버린 사람들도 있었지만, 여전히 그 믿음을 버리지 않은 사람들도 많았다. 믿음을 버리지 않은 사람들은 왜 그랬을까? 그들은 휴거일이라고 믿었던 날 아무 일도 일어나지 않음에 따라 갖게 된 인지상의 부조화를 없애거나 줄이려는 쪽으로 기존의 믿음을 강화하려 들었기 때문이다. 예컨대, 휴거일 산정에 오류가 있었을 뿐이므로 더욱 열심히 기도해야 한다는 더욱 강한 믿음을 갖게 되었다는 것이다.[2]

이게 바로 '인지부조화認知不調和 이론theory of cognitive dissonance' 이다. 상반되는 두 인지 요소 사이의 부조화는 두 요소를 조화되게 만들기 위한 압력을 일으킨다는 이론이다. 미국 심리학자 레온 페스팅거가 1950년대에 제시한 이론이다.[3] 이 이론은 많은 사람들이 갖고 있는 편견 또는 고집을 설명하는데 매우 유용하다. 사람들은 한번 받아들인 믿음에 반하는 확실한 증거가 나타나면 그 믿음을 고쳐 심리적 조화를 이루려고 하기보다는 그 증거를 부인함으로써 부조화를 없애려고 한다.[4]

인지부조화 이론의 행동경제학적 버전은 '콩코드 효과'다. 1969년 프랑스와 영국이 합작 투자한 콩코드 비행기가 탄생해 1976년부터 상업 비행을 시작했다. 콩코드는 최고 속도가 마하 2.2로 마하 1에 못 미치는 기존 보잉기보다 2배 이상 빨라, 파리-뉴욕 간 비행 시간을 종전 7시간에서 3시간대로 단축시켰지만, 높은 생산비, 기체 결함, 소음과 대기 문제 등으로 전망은 매우 어두웠다. 가망이 없는데도 계속 투자하다가 총 190억 달러를 쏟아 부은 끝에 2003년 4월에서야 운행을 중지했다. 남은 건 '콩코드 효과'라는 말이다.

'콩코드 효과'는 학술적으론 '매몰 비용 효과sunk cost effect'라고 한다. 매몰 비용은 이미 매몰埋沒되어버려서 다시 되돌릴 수 없는 비용으로 함몰 비용이라고도 한다. 우리 인간에겐 돈이나 노력, 시간 등을 일단 투입하면 그것을 지속하려는 강한 성향이 있는데, 이를 가리켜 매몰 비용 효과라고 하는 것이다. 이는 낭비를 싫어하고 또 낭비하는 것으로 보여지는 걸 싫어하는 동시에 자신의 과오를 인정하기 싫어하는 자기 합리화 욕구 때문에 발생한다. 경제학적 인지 부조화 이론이라고 볼 수 있다.[5]

●

민주당 의원 김용민은 누구인가?

나는 지난 4·7 재보궐선거 패배 이후 민주당에서 벌어진 노선 갈등을 지켜보면서 인지부조화 이론과 매몰 비용 효과를 떠올리지 않을 수 없었다. 노선 갈등은 쇄신파와 개혁파, 즉 "달라져야 한다"파와 "그대로 더 세게 가야 한다"파 사이에서 벌어졌는데, 개혁파를 보면서 갖게 된 생각이다. '개혁파'라기보다는 '수구파'라는 작명이 더 어울리는 것 같지만, 언론에서 쓰는 일반적인 작명을 따르기로 하자. 여기서 다룰 인물은 개혁파의 리더로 부상한 민주당 의원 김용민인데, 나꼼수의 김용민과는 다른 인물이니 착오 없으시기 바란다. 가급적 나의 주관과 편향성을 통제하기 위해 그간 일어난 사건의 기록에 충실하고자 하니, 이 점을 이해해 주시기 바란다.

1976년생으로 45세인 김용민은 한양대학교 법대 출신으로 제45회 사법시험에 합격했다.(사법연수원 35기) 증권사 소속 변호사로 활동했고, 로펌으로 간 후에도 금융 부문을 전담했지만, 김어준을 비롯한 '나는 꼼수다' 팀의 공직선거법 위반 피소 당시 변호인으로 활동하면서 정치 사건 전문 변호사로 변신했다. 김용민은 국정원 간첩 조작 사건 시 간첩 혐의로 고소당했던 유우성의 무죄 변호와 국정원의 증거 조작 물증을 추적한 변호인으로 활동하면서 '김어준의 KFC' 첫 회에 출연해 큰 주목을 받았다. 조국 법무부 장관 재직 시절 법무·검찰 개혁위원회 위원으로 일하는 동시에 이른바 '조국 수호 열사'로 맹활약했다. 이런 활동들 덕분에 제21대 총선(2020년 4월 15일)에서 더불어민주당 후보로 경기도 남양주시 병 선거구의 전략 공천을 받아 당선되었다. 이후 법제사법위원회 소속으로 '조국 수호'에 앞장서게 된다.[6]

김용민은 2020년 6월 21일 밤 유튜브 채널 '시사발전소'에서 검찰총장 윤석열에 대해 "검찰 개혁의 필요성을 보여주는 상징적인 인물"이라며 "검찰 역사상 가장 최악의 검찰총장이 될 거란 생각이 든다"고 말했다. 이에 진중권은 "머리에 피도 안 마른 초선 의원이 감히 대통령의 인사를 정면으로 부정하고 나선다"며 "누가 조국

똘마니 아니랄까 봐, 사상 최악의 국회의원"이라고 반격했다. 진중
권은 "윤 총장이 사상 최악의 총장이라면, 인사 검증을 맡았던 조국
민정수석에게 엄중히 책임을 물어야 한다"며 "윤석열 옹호했던 너
희 당(민주당)이나 통렬히 꾸짖으라"고 했다.[7]

   이게 바로 그 유명한 '똘마니 사건'의 시작이다. 과장된 표현일망
정 "친조국 대 반조국 싸움 된 똘마니 전쟁"이란 말까지 나왔는데,[8]
그 정도로 제법 치열한 논쟁을 광범위하게 불러일으킨 사건이기에
이걸 집중적으로 살펴본 후에 다른 이야기를 해보도록 하자.

●

"친조국 대 반조국 싸움 된 똘마니 전쟁"

약 3개월여 후인 10월 7일 진중권은 페이스북을 통해 "적폐 청산
어쩌고 하는 단체에서 저를 형사고소한 데에 이어, 어제 민사소송
도 하나 들어왔다"며 "원고가 민주당의 김용민 의원"이라고 밝혔
다. 그는 "소장을 읽어 보니 황당했다"며 "이분 나한테 '조국 똘마
니' 소리 들은 게 분하고 원통해서 지금 의정 활동을 못하고 계신단
다. 그 대목에서 뿜었다"고 설명했다. 그는 "(고소는) 자신들이 저지
르는 비리에 대해서는 입도 벙긋하지 말라는 경고인 듯하다"며 "이
게 '민주'라는 이름을 가진 당에서 하는 짓"이라고 비판했다.[9]

   진중권의 글에 '좋아요'를 누르며 공감을 표시한 전 민주당 의원

금태섭은 "정말 무슨 말을 해야 할지 모르겠다"며 "그러라고 사람들이 촛불 든 게 아니다"라고 비판했다. 그는 "보수 정권 시절 표현의 자유를 지키기 위해서 정말 여러 사람들이 정말 힘들여 싸웠다"며 "대통령을 쥐나 닭에 비유한 글이나 그림도 있었고, 사실 관계가 구체적인 점에서 틀린 비판도 있었지만 그런 걸 금지하거나 처벌하면 공직자에 대한 건강한 비판이나 풍자가 불가능하다는 것이 우리의 주장이었다"고 했다. 그러면서 "탄핵이 되고 정권 교체가 되니 이제 민주당 국회의원이 명예훼손으로 인한 손해배상 청구 소송을 낸다"며 "그것도 표현의 자유 수호에 가장 앞장섰던 민변 출신 국회의원이 (소송을 제기했다)"고 밝혔다. 이어 "(김 의원이) 스스로는 아직도 자기가 진보라고 생각하고 있을까"라고 덧붙였다.[10]

이에 김용민은 "진중권은 매우 강력한 스피커를 가진 분으로 합리적 근거도 없이 모욕적 언행을 사용했다면 당연히 책임을 져야 한다"며 "말을 무기로 다른 사람에게 상처를 주고 있어 이를 문제 제기하는 것"이라고 했다. 이어 "어떤 근거로 저에 대한 모욕적인 언사를 사용하는지 진중권도 밝혀야겠지만 갑자기 참전한 금태섭 전 의원도 밝혀주시기 바란다"고 말했다. 그는 "이제라도 진중권이 진심으로 사과한다면 소를 취하할 의향도 있다"면서 "소 취하 우려 많이 하시는데, 사과하지 않으면 소는 끝까지 갈 것"이라고 덧붙였다.[11]

민주당 의원 이재정도 거들고 나섰다. 그는 자신의 페이스북에 올린 '이분, 요사이 이런 방식의 등장이 잦다. 안타깝다'는 제목의 글에서 금태섭을 향해 "정말 모르셨을까"라며 "사실 적시 명예훼손 등의 비형벌화를 통한 표현의 자유 확대 논의는 관련 책임을 전적으로 면제하자는 것이 아니다"며 "민사 영역으로, 민사책임으로 돌리자는 이야기"라고 했다. 이어 "국민 기본권 지킴이로 누구보다 노력해온 김변, 아니 김 의원이 나름의 고민 끝에 가치를 지키며 선택한 조치, 후배의 고민의 결을 그는 정말 몰랐을까"라며 김용민을 옹호했다.[12]

민주당 의원 김남국도 "금 전 의원의 판단은 많이 아쉽다"며 가세했다. 그는 "만약 김용민 의원이 평범한 일반 국민을 상대로 형사고소를 남발했다면 금 전 의원의 주장에 일부 동의할 수 있을 것 같다"며 "진 전 교수의 발언을 보면 그 영향력이 상당하고, 문제가 되는 표현의 경우 건전한 비판이라고 보기 어려운 조롱과 비아냥이다"라고 지적했다. 그러면서 "김용민 의원이 무차별적인 형사고소를 남발한 것도 아니다. 곧바로 형사고소를 하지 않고 민사소송을 통해 다투고자 하는 것인 만큼 오히려 표현의 자유 등을 고려한 조치"라고 적극적으로 두둔했다.[13]

●

민사소송에 대한 민주당의 내로남불

금태섭이 반론에 나섰다. 그는 "소송을 내는 것은 위법이 아니고 개인의 자유다. 그러나 자기를 비판하는 사람에게 소송으로 대응하는 정치인을 진보적이라고 평가할 수는 없다"며 "(전 정권에서) 글과 그림이 무더기 소송의 대상이 되고, 많은 사람들이 표현의 자유를 위해 애쓰던 게 불과 몇 년 전이다"라고 했다. 이어 "그때 수도 없이 했던 얘기들인데 아직도 궤변에 가까운 주장을 하시는 분들이 있다"며 여권의 공세를 조목조목 따졌다.

금태섭은 "진 전 교수가 '보통 국민'이 아니고 영향력이 큰 스피커라서 소송을 해도 된다는 주장에 대해 도대체 이게 무슨 뜻인지 이해가 잘 안 간다"며 "어쨌든 반박을 하자면 표현의 자유, 비판할 자유를 위축시키기 위해서 가장 자주 등장하는 무기가 '본보기 소송'이다"라고 했다. 이어 "'시끄럽게 떠드는 사람' 한 명을 겨냥해서 소송에 시달리게 함으로써 다른 사람들의 입을 닫는 효과를 노리는 것"이라며 "(김 의원이) '사과하면 소송을 취하하겠다'고 말하는 것은 정확히 이 효과를 노리고 있다는 것을 보여준다"고 지적한 후 이를 '칠링 이펙트Chiling Effect(사상과 표현의 자유가 규제나 압력으로 위축되는 현상)'라고 했다. 그는 또 "진 전 교수가 '보통 국민'이 아니라는 말은 진짜 웃겼다"며 "그럼 특별 국민이라는 건가 ㅋ. 변호사가 쓰는 용어가 참"이라고 덧붙였다.

금태섭은 "건전하지 못한 '비아냥'이라서 소송해도 된다는 주장에 대해, 나는 이명박 전 대통령을 '쥐박이'라고 부르고 박근혜 전 대통령을 '닭근혜'라고 불러도 소송 걱정하지 않는 나라에 살고 싶다"며 "문재인 대통령을 '문재앙'이라고 부르는 것도 마찬가지다. 잘 모르는 모양인데 그게 민주주의 국가"라고 했다. 또 "참고로 '건전한' 비판을 허용하지 않는다는 정권은 없다"며 "심지어 유신 때도 마찬가지였다. 건전한지 안 한지를 자기들이 결정해서 문제"라고 주장했다.

금태섭은 민사소송이라 괜찮다는 주장에 대해서도 반박했다. 그는 "민변 출신 변호사의 입에서 나왔다고 믿기 어려운 주장"이라며 "재벌이 노조 탄압할 때 손해배상 청구하는 거 잊어버렸나? 그것도 민사소송이라서 괜찮나?"라고 반문했다. 이어 "민사소송 당하면 변호사 선임하든지 직접 답변서 써야 하고 재판도 받아야 한다"며 "그게 부담 되어서 다들 입을 닫게 된다. 이게 바로 칠링 이펙트"라고 했다.[14]

『경향신문』도 「"민사소송, 표현의 자유에 무해"하다는 여당, 내로남불도 자유?」라는 제목의 기사에서 " '민사소송은 표현의 자유를 침해하지 않는다'는 논리는 궤변에 가깝다. 과거 국가기관이 정부 정책을 비판하는 개인을, 기업이 경영진을 비판하는 노동조합을 옥죌 때 꺼낸 주된 수단이 손해배상 청구인 경우가 많았기 때문이다"고 비판했다. 이재정이 변호사 시절 이명박 대통령을 비판했다가 기소당한 군인을 변호하며 "사회를 비판하는 과정에서 대통령 모욕·명예훼손으로 보이는 행위가 있더라도 표현의 자유를 보장하기 위해 대통령이 감수해야 한다"고 했던 걸 상기시키면서 '다른 잣

대'라고 지적했다.[15]

●

김용민, "더 이상의 관용은 없다"

진중권은 "이제라도 진중권이 진심으로 사과한다면 소를 취하할 의향도 있다"는 김용민의 말에 대해 "이제라도 김 의원이 이 반민주적 폭거에 사과하면 소 취하를 허락할지 진지하게 고려해보겠다"고 대응했다. 그는 열린민주당 대표 최강욱이 3개월 전인 7월 2일 윤석열이 전국 검사장 회의를 소집한 것과 관련 "일부 똘마니들을 규합해 추미애 법무부 장관을 성토할지 모른다"고 비판한 내용의 기사를 링크하고 "'똘마니'라는 표현은 의원님이 검사장들에게 써도 되지만, 일개 시민이 의원님에게 쓰면 안 된다"고 비꼬았다. 그러자 김용민은 "사과할 기회를 드렸음에도 불구하고 기대를 저버리지 않고 기회를 차 주신다"며 "무기가 되어버린 말의 대가를 잘 치르시기 바란다. 더 이상의 관용은 없다"고 했다.[16]

이에 진중권은 "나중에 소장과 저의 답변서를 공개하겠다. 완전히 코미디"라며 "저는 분명히 김용민 의원한테 소를 취하할 기회를 줬다"고 강조했다. 그는 "소장 내용은 웃음이 나오는 수준"이라며 "연산군이 자기 욕을 했다고 백성들이 한글 쓰는 걸 금지한 것과 본질은 하나도 다르지 않다"고 비판했다. 이어 "(소장 내용은) 내가 '김용민이 라임 비리에 연루됐다'고 주장했다는 내용"이라며 "당시 김 용민은 의원도 아니고 그냥 노바디nobody(아무도 아닌 사람)였는데, 라임에서 뭐하러 그 친구를 로비 대상으로 삼냐"고 조소했다.

진중권은 "요즘 정권 사람들이 '무관용'이라는 말을 자주 쓴다. 그것은 이들의 철학이 애초에 자유주의와는 거리가 멀다는 것을 의미한다. 자기들이 야당일 때는 볼테르를 인용해 가며 열심히 언론의 자유, 표현의 자유를 외치다가, 권력에 올라서면 생각이 확 달라지는 것"이라고 썼다. 그러면서 "결국 언론의 자유, 표현의 자유를 외쳤던 것은 철학의 표현이 아니라 전술적 기동에 불과했다는 얘기다. 이른바 '징벌적 손해배상제'로 언론의 입에 재갈을 물리고, 일반 시민들에게는 소송전을 남발하죠? 그것은 이미 특권과 비리를 정당화하는 기득권층이 됐으면서도 머릿속이 여전히 자신들이 정의의 사도라는 허위의식으로 가득 차 있기 때문"이라고 비판했다.[17]

전 정의당 의원 박원석은 10월 12일 YTN라디오 〈황보선의 출발 새아침〉에 나와 "공인으로서 사실은 직무 수행에 관한, 혹은 그 역할에 대한 그런 비판은 표현의 자유 차원에서 폭넓게 용인된다고 하는 것을 변호사 출신인, 그것도 민주적이고 진보적인 변호사 출신인 김 의원이 모르지 않았을 것"이라고 했다. 그는 "어떻게 보면 조금 격했던 것이 아닌가 하는 생각이 든다"며 "공인들이 명예훼손을 내세워서 형사적인 대응이든, 혹은 민사적인 대응이든, 그런 것들을 반복하는 게 우리 정치의 사법화라고 하는 굉장히 안 좋은 선

례를 남긴다"고 말했다.[18]

10월 13일 『경향신문』은 "이 소송은 '출신' 논란을 불러일으켰다. 김 의원이 그간 공직자를 향한 폭넓은 표현의 자유를 주장해온 '민주사회를 위한 변호사 모임' 소속이었다는 점에서다"며 민변 소속 30대~60대 변호사 7명과 전화통화를 해 의견을 물은 기사를 게재했다. 결과는 '적절' 2명, '부적절' 5명인 것으로 나타났다.[19]

●

김용민의 1심 패소, 항소 포기

5개월여 후인 2021년 3월 24일 의정부지법 남양주시법원 소액2단독 판사 조해근이 김용민이 진중권을 상대로 제기한 손해배상 청구를 기각함으로써 '똘마니 사건'이 재점화되었다. 재판부는 판결문에서 "사전적 의미로는 진 전 교수가 '똘마니'라는 말을 사용한 것이 적절하지 않다"고 전제하면서도 "그러나 사회 일반에서는 사용하는 경우가 있다"고 설명했다. 가치 체계를 공유하거나 같은 목표를 지향하는 사람 중 후속 참가자나 연소자, 하위 직급자 등을 선도자, 연장자, 상위 직급자 등과 대비, 희화해 지칭하거나 그들에 대한 부정적인 생각을 강조하기 위해 사용하는 경우가 있다고 판단한 것이다.

그러면서 재판부는 "진 전 교수는 김 의원이 사실상 조국 전 장관을 대리해 활동하는 자라고 판단하고 '똘마니'라는 용어를 사용한 것으로 인정된다"며 "김 의원의 정치 이력·활동에 대한 의견 표명으로 볼 수 있다"고 덧붙였다. 조국이 위촉한 '법무·검찰 개혁위원회' 제2기 위원으로 활동한 점, 김용민의 공천을 언론에서 조국의 비리 의혹을 폭로한 주광덕을 낙선시키기 위한 이른바 '자객 공천'이라고 평가한 점 등을 이유로 들었다. 재판부는 헌법상 '사상·의견을 표명·전달할 자유' 측면에서도 "진 전 교수의 '똘마니' 표현은 김 의원에 대한 정당한 비판이나 의견 표명 범위 안에 있다고 볼 수 있어 위법하지 않다"고 부연했다.[20]

진중권은 변호인을 따로 선임하지 않은 채 사실관계에 대한 답변서를 한 차례 제출하는 것으로 대응했음에도 패소한 김용민의 처지가 곤혹스러워졌다. 기각 판결 이후 "김용민 의원 똘마니 확정", "명색이 법률가 출신 국회의원이 자신을 비판했다고 소송을 걸고 패소하나"라고 조롱하는 반응에 직면해야 했으니 말이다.

이 판결에 대해 변호사 김가헌은 "일단 사실의 적시가 아니므로 명예훼손은 아니고, 감정적 표현이니 모욕죄를 검토해봐야 할 텐데 '조국 똘마니' 정도는 심한 욕설에 해당하지 않으므로 심각하게 인격적 가치가 침해되지 않았다고 판단한 듯하다"라고 했다. 형사정책연구원 연구위원 승재현은 "명예훼손은 사람의 명예를 실추시킬 수 있는 과거 또는 현재의 입증 가능한 사실의 적시 충분히 이루어져야 하는데 '똘마니'는 이러한 '사실 적시'로 볼 수 없다"고 설명했다.[21]

4월 25일 김용민이 항소를 포기한 것으로 확인되었다. 그는 나중에 "더 끌고 가서 논란을 키울 필요는 없겠다 싶어서 그냥 포기했던 것"이라며 "사실 승소할 자신은 있었다"고 주장했다.[22] 이에 진중권은 이렇게 비꼬았다. "소장訴狀에 나의 죄상(?)이라고 줄줄이 적어놓은 것을 보고 헛웃음이 나왔다. 법률적 지식 이전에 아예 정상적인 문해 능력을 의심하게 하는 수준의 궤변이었기 때문이다. 결국 두 명의 변호사를 쓰고도 일반인에게 패소를 하고는 '이길 수도 있지만 항소를 포기하겠다'고 아큐의 '정신승리법'을 시전했다."[23]

'똘마니 전쟁'의 경과는 이 정도로 끝내고 이제 시간을 다시 거슬러 문 정권과 윤석열의 갈등이 치열하게 벌어지던 2020년 10월로 돌아가보자.

●

"김용민은 검찰 제도에 대한 ABC도 잘 모르더라"

2020년 10월 16일 김용민이 이른바 '앵벌이성 후원금 모집 글'을 올려 논란이 일었다. 그는 김어준의 『딴지일보』 등 친여 매체에 올린 글에서 "검찰의 악랄한 짓거리가 연일 터지고 있다"며 "(국정감사 준비를 위한) 군자금이 부족하다. 저랑 의원실 보좌진이 밥을 굶고 있다. 매일 김밥이 지겹다"며 "염치없지만 후원금 팍팍 부탁드린다. 저에게 밥 한 끼 사주시고 검찰 개혁 맡긴다 생각하시고 후원 부탁

드린다"며 지지자들에게 호소했다.

이 글을 본 지지자들은 "의원님, '윤짜장(윤석열 검찰총장을 지칭)' 꼭 혼내주세요" 등의 댓글을 달고 소액 후원금을 보냈다고 썼다. 법사위원으로서 중립적인 입장으로 피감기관을 상대해야 하는 의원이 직접 검찰을 저격하는 글을 지지자 사이트에 쓰고, 이를 통해 후원금 모집을 시도한 것은 문제가 있다는 비판이 제기되었다.[24]

10월 22일 국회 법제사법위원회 국정감사에서 김용민은 윤석열 비판의 선두에 섰다. 김용민이 '검찰권 남용' 사례를 나열한 뒤 검찰 개혁 입장을 묻자 윤석열은 "전혀 동의할 수 없다", "어이가 없다" 등 강하게 반박했다. 사례 자체를 검찰권 남용으로 받아들일 수 없다는 취지였다. 김용민이 "어이없는 철없는 소리인 것처럼 답하는 건 해명해야 한다"며 사과를 요구했지만 윤석열은 "사과 못 한다. 사과할 거 같으면 그런 말씀도 안 드렸다"고 말했다.[25]

"검찰총장은 법무부 장관의 부하가 아니다"라는 윤석열의 발언을 두고서도 논쟁이 벌어졌다. 김용민은 "그럼 검찰총장이 법무부 장관과 친구냐, 대통령과도 친구냐"라며 "(장관의 총장에 대한) 업무 지시와 감독권이 법에 규정돼 있는데 부하가 아니라고 말하는 것은 공무원으로 잘못된 생각"이라고 목소리를 높였다.

이와 관련, 문재인 정부 초기 대검찰청 검찰개혁위원 출신 변호사인 김종민은 "검찰은 법무부 소속이지만 준사법기관이기 때문에 행정부인 법무부가 직속 상급 기관이 될 수 없다"며 "형사소송법에

'사법司法'경찰police judiciaire이라는 용어를 쓰는 것도 수사권이 사법
권이기 때문"이라고 강조했다. 그러면서 김용민에 대한 비판도 내
놨다. 김종민은 "김용민 의원은 대검 검찰개혁위원회에서 1년간 함
께 일한 적이 있다. 검찰 제도에 대한 ABC도 잘 몰라 답답한 적이
한두 번이 아니었다"고 말했다.[26]

　10월 27일 민주당 의원 정청래가 김용민에 이어 자신의 페이스
북에 "통장이 텅 비어 있으니 마음마저 쓸쓸합니다. 앞으로 더 열심
히 할 테니……한 푼 줍쇼"라고 쓰며 후원 계좌 번호를 적어 올려
화제가 되었다. 그는 "정청래는 도대체 어디서 놀고 있느냐? 문재
인 정부의 성공을 위해서 무보직 무보수 청와대 대변인으로서 TBS
〈김어준의 뉴스공장〉, MBN 〈판도라〉, KBS 〈사사건건〉, YTN 〈알
고리즘〉 등 고정 프로그램에서 말 같지도 않은 말을 들으며 상대하
느라 생고생하고 있다"며 이같이 호소했다.[27]

●

'윤석열 탄핵'을 주장한 김용민의 '감정싸움'

11월 3일 윤석열은 초임 부장검사 대상으로 "살아 있는 권력의 비
리를 눈치 보지 않고 공정하게 수사하는 게 진짜 검찰 개혁"이라는
취지의 강연을 했다. 이에 김용민은 페이스북에 "검찰 개혁을 논할
때 검찰은 항상 살아 있는 권력을 수사할 수 있어야 한다거나 하명

수사를 거부해야 한다는 주장을 한다"며 "마지막에는 검찰 인사권을 총장에게 줘야 한다는 결론으로 나아간다. 최종적으로 검찰 파쇼를 주장하는 것"이라고 주장했다.[28]

11월 5일 김용민은 국회에서 열린 정책조정회의에서 "검찰이 그토록 준사법기관이라고 주장하며 정치적 중립성을 확보하려고 한 일이 검찰총장의 정치 발언과 정치 행보로 인해 준정치기관, 준정당이 되고 있다"고 윤석열을 비난했다. 그는 "살아 있는 권력 수사가 검찰 개혁의 본질이 아니다"라며 "수사를 통해 (검찰의) 정치 행위를 뿌리 뽑는 게 검찰 개혁"이라고 주장했다.[29]

11월 24일 법무부 장관 추미애가 윤석열 직무 배제라는 무리수를 두었지만, 이에 장단을 맞추겠다는 듯 여당의 윤석열 공격은 더욱 거세졌다. 12월 1일 김용민은 페이스북에서 '추미애식 징계는 위법하다'는 윤석열의 입장에 대해 "윤 총장이 대한민국의 트럼프가 되려고 하나 보다"라며 "한국에서 이런 주장은 안 통하니 조용히 미국으로 가 트럼프와 상의하라"고 주장했다.[30]

그러나 바로 그날 오후 4시 30분경 서울행정법원의 효력 중단 결정이 내려지면서 문 정권은 위기에 처하고 말았다. 그렇다고 기가 죽을 민주당은 아니었다. 민주당은 윤석열을 향해 온갖 비난을 퍼붓는 동시에 그의 가족에 대한 특검 수사까지 거론하며 압박했다. 김용민은 "검사들이 윤 총장 및 장모 사건 수사에 부담을 느낀다면 특검을 적극 고려해야 한다"고 주장했다.[31]

이런 상황에서 "'경찰청장은 장관급, 검찰총장은 그 아래인 차관급"이라는 시나리오도 주목을 받았다. 여당이 국회에 발의해놓은 법안 두 개가 동시에 통과되면 이런 일이 벌어진다는 것이었다. '장관급 경찰청장' 법안은 민주당 의원 정청래가 6개월 전인 6월에 대표 발의했으며, 검찰총장을 차관급으로 끌어내리는 법안은 김용민이 7월에 대표 발의한 것이었다. "검찰총장이 경찰청장보다 높은 지위를 인정받을 이유가 없다"는 것이 제안 이유였다. 이에 대해 동국대학교 법학과 교수 김상겸은 "수사권 조정으로 인한 경찰의 위상 변화를 경찰청장의 직급에 반영하자는 논의는 충분히 할 수 있지만, 검찰총장의 직급을 낮추자는 주장은 국회의원들이 진지한 논의보다 검찰과의 '감정싸움'에 치중하고 있다는 방증"이라고 말했다.[32]

그런 '감정싸움'은 12월 23일 조국 부인 정경심이 1심 재판에서 징역 4년을 선고받고 법정 구속되면서 극에 이르렀다. 김용민은 "법원이 위법 수사와 기소를 통제해야 하는데 오늘은 그 역할을 포기한 것 같다. 윤석열 검찰총장이 판사 사찰을 노린 것이 바로 이런 거였다"며 판사 실명까지 거론하며 '좌표'를 찍었다. 김용민을 비롯한 여권이 일제히 재판부를 규탄하고 나서자 진중권은 "단체로 실성했다"며 "(민주당의) 이 광기는 대체 언제까지 이어질까"라고 했다.[33]

김용민은 25일에도 "지고 있는 것 같지만, 결코 지지 않는다. 전투에 져도 전쟁에서는 이길 수 있다"며 "입법을 통해 검찰, 법원이 국민에게 충성하도록 만들겠다. 시간도 의석도 충분하다"고 밝혔다.[34] 29일엔 김용민이 포함된 친조국 성향 초선 의원 16명이 모인 '행동하는 의원 모임 처럼회'가 국회에서 기자회견을 열고, 현재의 검찰청을 폐지하고 기소권과 공소 유지권만 갖는 '공소청'을 새로 신설하는 내용의 법안을 발의하겠다고 밝혔다.[35] 전 국회 사무총장 유인태는 "김남국·김용민·최강욱 등이 주축인 '처럼회'가 검찰 개혁 기자회견을 했다"는 기자의 질문에 "처럼회라는 말 처음 들었다. (의미상으로) 철없는 모임이 딱 맞다"고 했다.[36]

김용민은 30일엔 YTN라디오 〈황보선 출발 새아침〉 인터뷰에 출연해 "징계 집행 정지가 인용이 되긴 했지만 법원 결정문을 보면 윤석열 검찰총장의 위법한 행위들이 인정되고 있다. 원칙적으로 탄핵에 대한 요건은 갖추고 있다고 평가할 수 있다"며 "긍정적, 적극적으로 검토할 필요가 있다"고 주장했다.[37]

●

'문빠'에게 '검수완박 서약서'를 제출한 의원들

2021년 1월 4일 JTBC 신년특집 대토론에서 진중권은 "(정부·여당이) 급한 것 같다"며 "(윤 총장 탄핵론은) 공교롭게도 다 정권 비리를 향한 검찰 수사가 나올 때마다 나온다"고 했다. 이에 대해 김용민은 "검찰 개혁 과정에서 윤 총장 잘못된 게 밝혀지는데 어떻게 책임을 묻지 않을 수 있느냐"라고 반박했다. 진중권은 "추 장관이 저렇게 폭주할 수 있었던 것은 개인의 권한을 갖고 폭주한 것이 아니다. 그렇게 폭주하도록 문 대통령이 방관한 것"이라며 "법무부에서 (윤 총장에게) 무리한 징계를 추진하면 대통령이 장관을 지휘하는 입장인데 거기서부터 제동을 걸었어야 한다"고 지적했다. 그러자 김용민은 "윤 총장과 추 장관 간 갈등이라고 보는 것은 언론의 잘못된 표현이라고 본다"며 "상급자와 하급자 간 충돌은 복종의 관계이기 때문에 갈등이라고 보지 않는다. 언론에서 잘못 가져가는 것"이라고 주장했다.[38]

이 대토론에서 윤석열에 대한 '정직 2개월' 징계를 결정한 징계위에 위원장 대행으로 참여했던 한국외국어대학교 법학과 교수 정한중은 문 정권의 검찰 수사·기소권 분리 형태의 검찰 개혁이 검찰에 대한 보복성을 띠는 것 아니냐는 주장에 동의하며 "고위 공직자 범죄 수사처(공수처) 설치를 반대한다"고 말했다. 이에 김용민이 당황한 기색을 보이며 "이게 (검찰) 수사권을 박탈하자는 의미"라고 정리하려 하자 진행자인 손석희는 "옆에 앉았다고 같은 주장을 해야 하는 것은 아니다"라고 말했다.[39]

며칠 후 강성 친문 네티즌들의 요구로 '문재인 정부 임기 내 검찰 수사권 완전 폐지' 서약에 참여한 의원들이 김용민·김남국을 비롯 더불어민주당 이수진·장경태·황운하와 열린민주당 최강욱·김진애·강민정 등 10명 안팎에 이르는 것으로 밝혀져 논란이 일었다. '검수완박(검찰 수사권 완전 박탈)'이란 말은 나중에 널리 쓰이게 되지만, 이 '검수완박 서약서' 사건은 문 정권의 검찰 개혁이 이성보다는 감성에 의존하고 있음을 잘 보여주었다. 여기저기서 혀를 끌끌 차는 소리가 들리자 민주당 의원들은 잇달아 서약서를 SNS에서 삭제했지만,[40] 『조선일보』는 사설을 통해 "우리 사회에서 지금 이런 황당한 일이 벌어지고 있다"며 다음과 같이 주장했다.

"친문 단체는 서약서를 안 낸 의원들에겐 문자 폭탄을 보낸 것으로 알려졌다. 이른바 '문빠'라는 문재인 팬덤 집단이 여당 의원들에게 이런 식으로 갑질하며 쥐락펴락하는 것은 이 뿐만이 아니다.……문 대통령은 문빠를 이용했다. 문빠의 극렬 행태를 '양념'이라고 비호했다. 이낙연 대표도 '당의 에너지원'이라고 감쌌다. 이후 문빠는 누구도 건드릴 수 없는 권력의 홍위병이 됐다."[41]

2월 9일 김용민이 포함된 '처럼회'는 '중대범죄수사청 설치 및 운영에 관한 법률안(중대범죄수사청 설치법 제정안)' 발의 기자회견을 열었다. 이들은 "검찰권 남용의 핵심인 직접수사권을 검찰로부터 완전히 분리, 신설되는 중대범죄수사청으로 이관해 수사-기소의 완전 분리를 제도적으로 구현하겠다"고 밝혔다.[42] 문재인이 검찰 개혁 속도 조절론을 주문한 지 하루 만인 2월 23일에도 '처럼회'는 공청회를 열고 중대범죄수사청(이하 중수청) 설치 등 이른바 '검찰 개혁'과 관련해 강경 목소리를 쏟아냈다.[43]

●
문재인 정권의 수사지휘권 오남용

2021년 3월 4일 윤석열이 사의를 전격 표명하고, 문재인이 1시간 15분 만에 사의를 전격 수용했다. 법무장관 박범계는 3월 17일 검찰총장 직무 대행 조남관을 상대로 '한명숙 사건 위증 교사 의혹' 수사에 대해 수사 지휘권을 발동하면서 '대검의 무혐의 처분을 재심의하라'고 지시했다. 검찰 안팎에서는 "아주 교묘한 여권의 한명숙 구하기"라는 비판 여론이 들끓었지만, 조남관은 "일선 고검장도 회의에 참여시키겠다"는 묘수로 대응했다.[44]

이에 김용민은 조남관의 교체를 주장하고 나섰다. 그는 "정치 검사 윤석열은 물러났으나 그 자리를 새롭게 조남관이라는 정치 검사가 채웠다"며 "박 장관은 조 대행의 행태에 단호한 입장을 취해야 한다"고 했다. 친親정권 성향 검사장이 다수 포진된 대검 부장 회의에 고검장들이 참여하면, 여권이 원하는 '기소 의견' 결론이 나오지 않을 가능성을 우려한 것이란 해석이 나왔다.[45]

결국 19일 대검 간부 회의가 압도적 다수로 해당 의혹에 대해 '불기소' 표결을 했고 대검은 20일 법무부에 불기소 방침을 보고했다. 회의엔 현 정부 들어 발탁된 검찰 고위 간부가 대거 참석했는데도 14명 중 두 명만 기소 의견을 냈다. 이에 김용민은 "검찰의 한심한 결론이자, 검찰 개혁이 필요한 이유가 확인된 것"이라며 "검찰의

진실 비틀기와 제 식구 감싸기가 역사에서 사라질 제도를 만들어내겠다"고 맹비난했다.[46]

그러나 문 정권의 수사 지휘권 오남용은 "검찰 개혁의 타락상이 확인된 것"으로 볼 수 있는 소지도 다분했다. 『중앙일보』는 사설을 통해 "검찰청법 8조가 장관의 지휘와 관련해 '구체적 사건에 대하여는 검찰총장만을 지휘·감독한다'고 규정한 것은 검찰의 독립성을 존중하려는 취지다. 역대 장관들이 검찰총장에 대한 수사 지휘를 극도로 자제한 배경엔 이런 고민이 담겨 있다. 지금까지 68명의 법무부 장관 가운데 65명이 단 한 번도 지휘권을 행사하지 않았다. 장관의 수사 지휘권 행사 네 번 중 세 번이 문재인 정부에서 이뤄졌다"며 다음과 같이 주장했다.

"특히 이번 지휘권 행사는 박 장관과 같은 정당에서 활동한 한 전 총리 관련 사건이어서 정치적 의도를 의심받을 만하다. 박 장관 주장대로 수사 관행을 바로잡고자 했다면 정치적 배경에 의혹이 제기되지 않을 만한 사건은 얼마든지 있다. 대법관 전원이 한 전 총리에게 최소 3억 원 이상이 제공됐다고 판단한 사안을 대상으로 수사 지휘권을 발동해야 했나. 검찰 결정에 이의를 제기할 수 있는 공식 루트는 다양하다. 항고와 재정신청을 할 수 있고 헌법 소원도 가능하다. 당사자인 한 전 총리가 직접 나서는 길은 얼마든지 열려 있다. 이런 법적 절차를 무시하고 정치인 장관이 개별 사건에 계속 영향력을 행사하려 한다면 이는 검찰 개혁이 아니라 검찰 장악 시도일 뿐이다."[47]

●

초선 의원 대상 '문자 폭탄'을 권장한 김용민

4·7 재보궐선거는 서울과 부산에서 모두 국민의힘의 압승으로 끝났다. 오세훈은 57.5퍼센트를 득표해 39.2퍼센트에 그친 박영선을 18.3퍼센트포인트 격차로, 박형준은 62.7퍼센트 득표로, 34.4퍼센트에 그친 김영춘을 28.3퍼센트포인트 격차로 이겼다. 충격을 받은 민주당은 변화를 위해 애써보려는 시도를 했지만, '닥치고 공격'을 외치는 이들도 있었다. 김용민이 그런 '닥공파'를 이끌었다.

4월 8일 김용민은 "검찰 개혁 때문에 선거에 진 것이라는 얘기도 들리지만 지지자들과 국민은 검찰 개혁 때문에 지치지 않았다"며 "검찰 개혁은 문재인 정부 출범 이후 현재까지 진행형이다. LH(한국 토지주택공사 투기 의혹) 사태가 터지면서 지지율 하락이 촉발된 것이지 검찰 개혁에 대한 반발로 지지율이 하락한 것이 아니다"라고 주장했다. 그는 "검찰이 우리 사회에서 가장 불공정한 기관", "가장 부패한 집단"이라면서 "따라서 검찰을 개혁해야 한다. 중단 없이 검찰을 개혁해 우리 사회의 공정성 회복의 틀을 복원해야 한다. 그리고 불공정을 확산시키는 언론도 제자리로 돌려놓아야 한다"고 했다.[48]

민주당이 4·7 재보궐선거에서 패배한 직후 민주당 초선 의원 5

명이 이른바 '조국 사태'에 대해 반성하는 성명을 냈다가 일부 강성 지지층들로부터 '초선 5적'이라 불리며 문자 폭탄을 받은 것에 대해 비주류 중진 의원 6명이 "문자 폭탄 등 일부 당원의 과도한 행위에 제동을 걸 필요가 있다"고 밝혔다. 그러나 민주당 최고위원 경선 출마 선언을 한 김용민은 "(그들은) 의사를 적극적으로 표현하는 당원들이다. 당원 설득부터 해야 그다음에 국민을 설득할 수 있다"고 주장했다.[49]

김용민은 4월 27일 BBS라디오 〈박경수의 아침저널〉과의 인터뷰에서 서울중앙지검장 이성윤이 검찰총장 후보군에 오른 데 대해 "개인적인 역량, 혹은 평판 등을 고려해서 충분히 가능성이 있고 좋은 분이라고 생각한다"면서도 "이런 구도 하에서는 또 여러 가지 혼란을 낳을 수도 있지 않을까, 이런 우려도 좀 있다"고 밝혔다.[50]

이건 김용민답지 않은 뜻밖의 융통성이었지만, 김용민은 이런 융통성을 '문자 폭탄'엔 적용하지 않았다. 4·7 재보궐선거가 끝난 지 20일 가까이 지난 시점까지도 '초선 5적' 의원들에게는 하루 수천 통의 항의성 문자가 쇄도하고 있었지만, 김용민은 여전히 강경 일변도였다. 그는 5·2 전당대회를 나흘 앞둔 28일 KBS라디오에서 일부 강성 권리당원들의 '문자 폭탄' 사태에 대해 "저는 적극적으로 의사를 표시하는 지지자들이라고 생각한다"라며 "당연히 민주주의 사회에서는 그런 적극적인 의사 표시는 권장돼야 한다고 생각한다"라고 말했다.[51]

최고위원 후보 강병원도 문자 폭탄에 대해 "정치인이 당원들의 쓴소리를 듣는 것은 기본이고 숙명이다. 소통하고 설득할 문제"라는 입장을 내놓았다. 그러면서 "문자 폭탄 자체가 건강성을 해친다고 하는 것은 맞지 않는다. 태극기 부대와 다르다"고 강조했다. 문재인 정부 청와대 비서관 출신 후보인 김영배 역시 "일부 언론사의 오보나 가짜뉴스 등에 대해서는 아무런 지적을 하지 않으면서 민주당 내 특정 현상을 그렇게 지칭하는 것에 대해서는 동의할 수 없다"며 '문자 폭탄'에 대해 "표현 자체가 잘못됐다"고 주장했다.[52]

●

최고위원 1위를 차지한 김용민의 '성공 방정식'

이런 문자 폭탄 옹호론에 대해 투표 결과에 40퍼센트가 반영되는 권리당원 표심을 겨냥한 것으로 "눈앞의 표만 보고 소탐대실하는 것"이란 지적이 당내 일각에서도 나오고 있었다. 민주당의 집단사고에 휩쓸리지 않는 소신파 의원 조응천은 페이스북을 통해 "(문파 당원) 여러분들이 문자 행동을 하면 할수록, 그리고 여러분들의 강력한 힘에 위축되는 의원들이 많으면 많을수록 재집권의 꿈은 점점 멀어져간다"며 "의원들이 '문파'가 아닌 국민들께도 다가가서 마음을 얻을 수 있도록 좀 놓아달라"라고 호소했다.

조응천은 "전당대회에 나선 후보들께 묻고 싶다. 왜 문파들만 과도하게 신경을 쓰시나"라며 "국민들은 지금 이 순간에도 우리 언행을 다 보고 있다. 한번 내뱉은 말이 머지않은 장래에 날카로운 비수가 되어 뒷목을 향해 되돌아오는 것을 정녕 모르시냐"고 말했다. 그는 이어 "그렇다면 전당대회가 끝나고 똑같은 질문을 받을 사람들은 우리 당 대권 주자들일 것"이라고 덧붙였다.[53]

조응천은 4월 29일 CBS라디오 〈김현정의 뉴스쇼〉 인터뷰에서 "70만 권리당원 목소리가 2,000명 강성 지지층에 다 묻혀버리고 있다"며 "비주류 쇄신파가 (당내에) 생겨야 내년 대선에 우리가 희망이 생길 수 있다"고 밝혔다. 그는 김용민의 주장에 대해 "김 의원이 박주민·김종민 의원 등 그동안 전당대회에서 1위했던 성공한 방정식을 따라가는 것"이라고 꼬집었다.[54]

『CBS노컷뉴스』는 "김용민 의원은 중대범죄수사청 설치와 검수완박(검찰 수사권 완전 박탈) 등을 주도하며 강성 당원들의 인기를 독차지하다시피 했다"고 진단했다. 김용민은 『CBS노컷뉴스』 인터뷰에서 "열성 당원들의 문자 폭탄 등으로 4·7 재보궐선거 이후 잠깐 나왔던 쇄신 목소리가 오히려 잦아든 것 같기도 하다"는 질문에 대해 이렇게 답했다. "그건 아닌 거 같다. 당원 탓하는 건 가장 바보 같다. 자기가 옳다고 생각하고 자기가 신념이라 생각하면 눈치 볼 것 없이 얘기해야 한다."[55]

조응천이 개탄한 '성공 방정식'은 5·2 전당대회에서 어김없이 확인되었다. 당 대표엔 쇄신과 변화를 외쳤던 송영길이 35.60퍼센트를 득표해 친문 핵심 홍영표(35.01퍼센트)를 간발의 차(0.59퍼센트)로 따돌리고 당선되었지만, 최고위원 5명은 김용민, 강병원, 백혜련, 김영배, 전혜숙 의원(득표율 순) 등 '친문 일색'이었다. 앞서 보았듯이, 문자 폭탄을 적극 옹호한 김용민, 강병원, 김영배가 각각 1, 2, 4위를 차지했다.

김용민이 1위를 차지한 것은 권리당원(배점 비율 40퍼센트) 득표율이 결정적이었다. 대의원(배점 비율 45퍼센트) 득표율은 12.42퍼센트로 후보 7명 가운데 꼴찌였지만, 권리당원 득표율(21.59퍼센트)에서 1위를 차지하면서 경쟁 후보들을 눌렀다. 강병원(20.24퍼센트)·백혜련(17.44퍼센트)을 제외하곤 권리당원 득표율에서 김용민은 나머지 후보들과 두 배 가까이 격차를 벌렸다. 당 핵심 관계자는 "민감한 국면에서도 강경 주장으로 일관해온 김 의원이 친문 당원들의 지지에 힘입어 수석 최고위원이 된 셈"이라며 "당내에서도 논란이 될 만한 발언들이 더 많이 나올 수도 있다"고 했다.[56]

김용민은 다음 날 KBS·CBS라디오 인터뷰에서 열성 지지층의 '문자 폭탄' 논란에 대해 "적극적인 의사 표시가 당연히 권장돼야 한다. 당원과 국회의원이 소통할 수 있는 통로나 창구가 많지 않다"며 "적극적으로 권장될 일이고, 정치인으로서는 감내해야 할 일들"이라고 재차 주장했다. 그는 "국민이 정치인에 대한 소통에 너무 목말라서, 이렇게라도 소통하고 싶은 것"이라며 "문자를 보내는 일 자체가 피곤한 일이고 여러 가지 보내는 것도 쉬운 일이 아니다. 정치

인들은 귀를 기울여야 한다"고 거듭 강조했다.[57]

●

"회초리 맞아도 민주당은 왜 아파하지 않을까?"

검찰 개혁과 언론 개혁을 외치는 강경파들과는 달리 신임 더불어민주당 대표 송영길은 민생 최대의 현안인 부동산 문제에 집중하기로 했다. 그는 경남 김해 봉하마을과 광주 5·18민주묘지 방문을 이틀 뒤로 미루면서까지 4일 당 부동산특위의 보고를 받기로 했다. 언론이 송영길과 친문 최고위원들과의 갈등을 우려하는 가운데 김용민은 3일 홀로 경남 봉하마을 노무현 전 대통령 묘역을 참배하면서 "개혁 저항 세력에 좌초되지 않도록 끝까지 지켜봐달라"고 말했다.[58]

김용민은 첫 최고위원 회의에서 "당심과 민심이 다르다는 이분법적 논리는 근거 없음이 확인됐다"며 "검찰 개혁, 언론 개혁, 부동산 개혁을 과감하고 속도 있게 추진하겠다"고 밝혔다. 『한겨레』 정치팀 기자 송채경화는 「회초리 맞아도 민주당은 왜 아파하지 않을까?」라는 제목의 칼럼에서 "이러한 주장은 그동안 민주당이 추진해온 검찰 개혁에 국민들이 피로감을 느꼈다는 대다수 초선 의원들의 의견과도 배치된다"며 다음과 같이 말했다.

"이처럼 과대대표되고 있는 일부 강성 지지자의 의견과 다른 의견들 사이에서 균형을 잡는 과제가 송 대표의 어깨에 놓여 있다. 전문가들은 '목소리를 내지 않는' 더 많은 지지자들의 의견에 귀를 기울일 것을 조언한다. '강성 친문'의 말을 무시하라는 게 아니라, 그들을 설득할 수 있는 시스템을 마련해 민주당 안에서 그동안 반영되지 못했던 다른 의견들과 좀더 가까워지도록 하라는 것이다."[59]

그러나 김용민의 주요 관심은 시종일관 그간 해오던 대로의 검찰 개혁이었다. 5월 3일 서울서부지검이 "검찰이 노무현재단 은행 계좌를 들여다봤다"고 주장했던 노무현재단 이사장 유시민을 검사장 한동훈의 명예를 훼손한 혐의로 기소했다. 이에 김용민은 "검찰권 남용"이라며 "유 이사장에 대한 대선 출마가 언급되고 있는 현 시점에서 기소가 이뤄졌다는 사실에서 검찰의 정치적인 의도가 의심된다. 하루빨리 검찰 개혁이 이루어져야 하는 이유다"라고 주장했다.[60]

이에 민주당 의원 박주민은 6일 CBS라디오 〈김현정의 뉴스쇼〉와의 인터뷰에서 유시민이 한동훈에 대한 명예훼손 혐의로 기소된 것에 대해선 "(검찰이) 좀 나간 것처럼 보이기도 한다"면서도 김용민의 창의적 주장엔 선을 그었다. 그는 "유시민 이사장에 대한 기소가 정권에 대한 공격이다. 이렇게 보는 것 자체가 안 맞다"고 했다. 그는 "유 이사장이 현 정부의 사람이거나 현 정부에 관여하는 사람이 아니지 않나"라며 "이 사건 때문에 검찰에 대한 통제를 강화해야 되겠다는 판단, 이 사건을 어떻게 잘 마무리하기 위해서 검찰에 대한 통제를 강화하겠다는 판단도 좀 안 맞는 것 같다"고 지적했다.[61]

진중권은 김용민이 유시민을 옹호하면서 "정부와 국가기관은 업무 수행과 관련해 항상 국민의 감시와 비판의 대상이 돼야 하고, 명예훼손죄의 피해자가 될 수 없다"고 말한 것에 대해 "어이가 없다"며 이렇게 말했다. "그러는 본인은 자기를 좀 비판했다고 시민 진중권을 '명예훼손'으로 고소하지 않았던가. 국회의원 개개인은 국가의 입법기관 아닌가?"[62]

●

"김어준 한마디에 추미애-김용민-김남국 '개혁, 개혁'"

5월 7일 김용민은 김어준의 유튜브 '다스뵈이다'에 출연해 "수석(최고위원) 만들어주셔서 감사합니다"라고 인사했다. 이에 김어준은 "보궐선거 직후에 (남들은) 무작정 반성하고 있을 때, 김 의원은 검찰 개혁 완수해야 한다, 언론 개혁 시급하다 이런 주장을 해서 당원들의 마음에 닿았다"고 했다. 김용민은 "저는 선거 기간 내내 개혁만 얘기했다"고 화답했다. 김어준은 "맞다. 『조선일보』가 써준 반성문을 읽으면 (지지자들 때문에 졌다고) 하게 되는데, 김 최고위원은 그게 아니었다"고 칭찬했다.

김용민은 "검찰 개혁을 여기서 멈추면 윤석열의 프레임에 주장에 동조하는 꼴이 돼버린다"며 "검찰 개혁을 안 해놓으면 대선 기간 내내 후보자가 힘들어진다. 시간이 얼마 없다"고 호소했다. 김어준이 "이런 모멘텀은 또 다시 만들어질 수 없는 동력"이라며 "그래서 조국 날아가고, 추미애 날아가고 그런 거거든. (검찰 개혁 관련) 이때 타이밍 놓치면 그 이전 70년 못했듯이 언제 기회가 올지 모른다"고 하자, 이번엔 김용민이 화답했다. "맞다. 동력이 사라지기 전에 끝내야 하고, 지금 놓치면 이번 정부에는 못하고 다음 정부도 할 수 없다고 생각한다."[63]

친문 지지자들이 보기엔 너무도 흐뭇하고 아름다운 광경이었을 게다. 김어준, 정말 대단하다. 어느 언론의 기사 제목 그대로 "김어준 한마디에 추미애-김용민-김남국 '개혁, 개혁'"이라고 외치는 일이 벌어지고 있었으니 말이다.[64] 그러나 내 귀엔 '매몰 비용, 매몰 비용'이라고 외치는 것처럼 들리니, 내가 성격이 너무 비뚤어진 것일까? 그럴 수도 있겠지만, 원래 강경파는 집단의 변화가 꼭 필요한 상황에서도 자기정당화와 집단 내에서의 자기 위치를 지키기 위해 변화를 거부하고 비난하는 행태를 보인다는 건 거의 일반적인 법칙으로 통용되고 있다는 걸 무시할 순 없을 게다.

모멘텀을 얻은 김에 문 정권의 지지자 관리를 위한 수단 중의 하나인 '반일 프레임'을 강화하는 일도 필요했을 게다. 문 정권의 오랜 목표 중의 하나인 '토착왜구 타도'를 위해 무엇을 망설이랴. 김용민은 5월 15일 일본 제국주의를 찬양하거나 3·1 운동 정신을 왜곡하는 경우 최대 10년 이하의 징역이나 2억 원 이하의 벌금형을 내릴 수 있도록 하는 법안(역사왜곡방지법 제정안)을 대표 발의했다. 이 법안 발의에는 김용민을 비롯해 김남국, 김승원, 민형배, 유정주, 이소영, 이재정, 장경태, 최혜영, 한준호, 홍정민 등 민주당 의원 12명이 참여했다.

서강대학교 사학과 교수 임지현은 "민주당식 국가보안법을 만들겠다는 것"이라고 규정했다. 그러면서 "만약 반대로 야권이 '6·25 왜곡방지법'을 발의하고 '6·25가 남침이 아닌 북침'이라는 주장을 처벌한다고 하면 어떻겠나. 누가 정권을 잡느냐에 따라 역사적 진실이 바뀔 것"이라며 "역사 왜곡을 방지하기 위해선 국회에서 역사를 논의하지 않는 게 맞다"고 강조했다. 2017년 대선 당시 문재인이 '반국가단체 활동을 찬양·고무·선전하는 행위'를 처벌토록 한 국가보안법에 대해 "악법 요소가 있다. 개정해야 한다"고 주장한 것과 관련, 고려대학교 로스쿨 교수 장영수는 "북한에 대한 찬양·고무는 괜찮고, 일본 제국주의는 처벌하는 건 이중 잣대"라고 했다.[65]

김용민은 5월 26일 김오수 검찰총장 후보자 인사청문회에선 국민의힘 의원 조수진을 향해 "눈 그렇게 크게 뜬다고 똑똑해 보이지 않으니까 발언권 얻고 말씀해달라"고 발언함으로써 청문회를 파행시키는 논란을 빚었다. 조수진은 김용민이 자신과 더불어 국민의힘 의원 유상범을 "인신공격한 것은 의도적"이라며 "일부러 도발해 인사청문회를 무산시키려는 정략이라고밖엔 볼 수 없다. 사과 한마디 하고 인사청문회를 진행해도 되는데, 끝까지 사과를 거부하고 결국 인사청문회를 무산시켰다"고 말했다.[66] 꼭 그렇게까지 해야 했던 걸까?

•

'검찰 개혁'에 이어 '언론 개혁'에 앞장선 열정

앞으로도 그런 종류의 에피소드는 계속될 것이다. 나는 그간 김용민의 활약상을 큰 사건 위주로 기록하면서 그가 언제부터 검찰 개혁에 자신의 모든 걸 다 바치려는 듯한 지대한 관심을 가졌는지 그게 의문이었다. 김용민은 지난 4월 언론 인터뷰에서 기자가 별명을 묻자 "선거 캠프에서는 진돗개라고 불렀다"며 "한번 과제를 잡으면 집요하게 밀어붙이는 추진력이 있다는 의미인 것 같은데, 개에 비교해서 마음에 들지는 않는다"고 웃었다. '개혁 요정'이라는 별명도 있다고 수줍게 말하면서 한 말이라고 한다.[67] '개혁 요정'엔 동의하기 어렵지만, '진돗개'는 가슴에 와 닿는다. 하지만 언제부터 '진돗개'가 되었는지 그게 궁금하다는 것이다.

앞서 변호사 김종민이 "김용민 의원은 대검 검찰개혁위원회에서 1년간 함께 일한 적이 있다. 검찰 제도에 대한 ABC도 잘 몰라 답답한 적이 한두 번이 아니었다"고 말한 걸 상기할 필요가 있겠다.[68] 의미심장한 말씀이다. 김용민은 원래 금융 전문 변호사였으니 검찰 제도에 대한 ABC도 잘 모르는 건 놀라운 일은 아니지만, 그렇게 공부가 덜 된 상황에서 검찰 개혁을 신앙처럼 여기는 건 이상하지 않느냐는 의문이 제기될 수 있기 때문이다.

김종민이 괜한 말을 한 것 같진 않다. 그는 문 정권의 정략적 검찰 개혁을 비판해왔지만, 나중에 윤석열의 사실상 '정계 입문' 선언에 대해 강한 비판을 퍼부을 정도로 독립적 소신이 강한 인물이니까 말이다.[69] 일반 시민이야 검찰 제도에 대한 ABC도 잘 모르는 상황에서도 얼마든지 검찰 개혁을 외칠 순 있겠지만, 부작용이 없는 정교한 입법을 통한 제도 개혁에 임해야 할 의원이, 게다가 그런 시민들의 지도자 노릇을 하는 의원이 벼락치기 공부로 갖게 된 신앙이라면 이상하지 않은가.

검찰 개혁 이슈가 잦아들자 김용민이 이른바 '언론징벌법'으로 불리는 언론중재법 개정안 밀어붙이기에 앞장선 것도 이상하다. 이 개정안은 잘못된 보도로 인한 피해액의 최대 5배까지 언론사에 징벌적 손해 배상을 물릴 수 있고, 소송에서 피해 입증을 피해자가 아닌 언론사가 부담하도록 하면서, 해당 언론사 매출의 1만 분의 1 수준으로 배상 기준 금액의 하한을 설정하도록 했다.

그는 민주당내 미디어특위 위원장을 맡더니만 "지금 당장 개혁의 고삐를 당겨야 한다"며 속도전을 강조하면서 직접 법안도 발의했다. 여당 내에서도 "김용민 의원이 검찰 개혁이 뜻대로 되지 않자 언론 개혁 선봉에 나선 분위기"라는 말이 나왔다는데,[70] 문제는 그가 언론을 몰라도 너무 모른다는 점이었다.

김용민은 8월 4일 국회 당 대표 회의실에서 열린 최고위원회의에서 "법 개정으로 인해 기자 개인의 자유는 더 보장될 수 있다. 그 동안 기자 개인은 언론 보도로 인한 민형사상 책임을 직접 져야만 했다"며 "언론사는 사실상 보도의 주체임에도 사실상 책임을 회피해온 것이 현실"이라고 주장했다. 그는 "법이 통과되면 기자 개인은 잘못된 보도에 대한 경한 과실이 있더라도 면책될 수 있다"고 했다.

이에 대해 방송기자연합회장 성재호는 "말이 안 되는 주장"이라며 "회사 상대로 소송을 내면 조직에 묶인 사람이 영향을 안 받겠느냐. 기자 자기한테만 안 걸린다고 맘대로 기사 써도 된다는 말이냐"고 반박했다. 그는 "이런 식으로 주장하는 것 자체가 앞뒤가 맞는 말인지 모르겠다"며 "말장난도 아니고 국민을 우롱하는 것"이라고 비판했다.[71] 그 이유야 어찌 되었건 김용민의 뜨거운 열정이 놀라울 뿐이다.

국회 법사위는 8월 25일 새벽 전체회의에서 야당 의원들의 불참 속에 언론중재법 개정안을 수정 의결했는데, 이 자리에서 나온 김용민의 발언은 더욱 놀라웠다. 그는 과도한 취재 경쟁이 벌어졌던 2012년 8월 나주 초등생 성폭행 사건과 2014년 불거진 서울시 간첩 조작 사건을 언급하며 "이런 거 징벌적 손해배상 해야 하지 않냐"고 말했다. 그러나 법사위의 '쌍둥이 강경파'라고 해도 좋을 김남국마저 어이가 없었던지 "간첩 조작 사건은 사실 검찰이 조작한 것이지 않나. 사실 징벌적 손해배상을 언론에 넣는 게 아니라 정부나 검찰에 (넣는 게 맞다)"고 점잖게 반박했다. 아, 물불 안 가리는 김용민의 뜨거운 열정을 어찌할 것인가!

　문 정권이 온갖 무리를 범했던 '검찰 개혁'보다 더 악성惡性이라고 해도 좋을 정도로 정략적인 '언론 개혁'은 문 정권에게 치명타를 가할 수 있는 자해自害이건만 김용민과 민주당의 눈엔 정말 뵈는 게 없는 것 같다. 도대체 왜 그러는 걸까? 이유는 간단하다. 문자 폭탄에 능한 강성 지지자들이 열렬히 원하는 것이기 때문이다.[72]

●

그간 쏟은 노력과 정열이 그리도 아깝고 억울한가?

김용민이 언제부터 언론 전문가였는지 물을 필요는 없을 것 같다. 검찰 개혁이건, 역사 왜곡 방지건, 언론 개혁이건, 그 무엇이건 간에 강성 지지자들이 원한다면 '닥치고 공격'을 하는 '닥공파'의 선두에 서는 것 자체가 그의 전공일지도 모르니까 말이다. 그렇다고 해서 김용민이 1년 365일 내내 '닥공파'의 선두에 서는 건 아니다. 그때그때 상황에 따라 다른 것 같다.

　2020년 8월 13일 부동산 정책 논란과 잇단 성 추문 등으로 여론이 악화되면서 더불어민주당 지지율이 미래통합당에 역전되었다는 여론조사 결과가 나왔을 땐, 그는 지금의 쇄신파와 가까운 주장을 하지 않았던가. 그는 "민주당과 통합당 지지율 역전에 대해 무겁게 받아들인다"며 "국민의 준엄한 목소리와 경고에 당이 나아가야 할 방향을 진지하게 고민해야 할 때"라고 했는데,[73] 그게 '닥치고 공격'을 해야 한다는 의미는 아니었잖은가.

김용민이라고 해서 인지부조화로 인한 고민의 시간을 갖지 않았을 리는 없다. 그래서 한 가지 궁금한 게 있다. 왜 사람마다 인지부조화에 대응하는 방식이 다른가? 왜 어떤 사람은 전혀 다른 사태가 벌어졌을 때 이성적으로 발을 빼는 데, 어떤 사람은 계속 매달리는가? 페스팅거의 제자인 심리학자 엘리엇 애런슨은 그 이유를 이렇게 설명한다. "저는 정직한 성찰을 통해 부조화 문제에 대응하는 사람은 성격이 원만하고 높은 자기존중감self-esteem을 가지고 있거나, 아니면 반대로 아주 낮은 자기존중감을 가지고 있다고 생각합니다. 지금까지 자신이 투자한 것이 별것 아니라 여기고 스스로 바보라고 생각하는 거죠."[74]

이 설명에 따른다면, 정치사회적 이슈에 대한 신념을 종교화하는 신도들은 아주 높은 자기존중감을 갖고 있는 사람들이라고 말할 수 있다. 지금까지 자신이 투자한 것이 별것 아니라 여기고 스스로 바보라고 생각하는 걸 상상할 수조차 없는 것이다. 그건 자신에 대한 씻을 수 없는 모욕이 된다. 집단의 경우엔 더욱 그렇다. 심리학계의 연구에선 개인보다는 집단이 매몰 비용에 더 집착하는 경향이 있다는 사실이 밝혀졌다.[75]

진중권은 김용민의 '문자 폭탄 권장' 발언에 대해 "잘하고 있다. 국민의힘은 얘만 믿고 가면 된다"고 했는데,[76] 사실 문 정권과 문빠가 일심동체였던 그간의 방식이 파탄에 이르렀다는 점을 감안하면 꼭 설득력 있는 주장이었다. 국민의힘이 김용민을 자기들에게 도움이 되는 '축복'으로 여긴다면, 이는 매몰 비용에 대한 집착의 저주로 볼 수 있을 게다.

문제는 이게 개인적인 문제로만 끝나지 않는다는 데에 있다. 남녀 관계도 그렇지만, 정치적 지지도 감정이 투자되는 일이기 때문에 열성 지지자들은 지지를 철회해야 마땅한 사태가 전개된다 해도 지지를 철회하기는커녕 더욱 광신적인 지지를 보낼 수 있다. 그간 쏟은 노력과 정열이 아깝고 억울해서다. 김용민이 이런 사람들을 위로하면서 이끌기 위해 계속 그들이 원하는 '개혁 요정'을 하는 건 아니겠지만, 자신의 오판 또는 이기적 욕망으로 인해 그들에게 훨씬 더 큰 상처와 환멸을 안겨줄 수 있다는 걸 두렵게 생각해야 하지 않을까? 물론 내가 잘못 생각한 것일 수도 있다. 피차 성찰의 시간을 더 많이 갖도록 애써보자.

1   로렌 슬레이터(Lauren Slater), 조증열 옮김, 『스키너의 심리상자 열기』(에코의서재, 2004/2005), 154~157쪽.
2   한규석, 『사회심리학의 이해』(학지사, 1995), 186쪽.
3   Leon Festinger, 『A Theory of Cognitive Dissonance』(Stanford, CA: Stanford

University Press, 1957), pp.2~3.

4   강준만, 「왜 우리는 누군가를 한번 믿게 보면 끝까지 믿게 보나?: 인지부조화 이론」, 『감정 독재: 세상을 꿰뚫는 50가지 이론1』(인물과사상사, 2013), 61~66쪽 참고.

5   황순영, 『우리만 모르고 있는 마케팅의 비밀』(범문사, 2003), 221쪽; 오형규, 『자장면 경제학』(좋은책만들기, 2010), 98~99쪽. 강준만, 「왜 헤어져야 할 커플이 계속 관계를 유지하는가?: 매몰비용」, 『감정 독재: 세상을 꿰뚫는 50가지 이론 1』(인물과사상사, 2013), 95~100쪽 참고.

6   「김용민(1976)」, 『나무위키』; 김아진, 「범여 비례 후보 황희석 "조국은 조광조, 윤석열 간신"」, 『조선일보』, 2020년 3월 23일, A1면.

7   박상기, 「진중권, '윤석열 비판' 김용민에 "똘마니, 사상 최악 국회의원"」, 『조선일보』, 2020년 6월 22일.

8   김동하, 「"누가 나보고 똘마니래?" 친조국 vs 반조국 싸움 된 똘마니 전쟁」, 『조선일보』, 2020년 10월 8일.

9   서한길, 「진중권 "김용민, '조국 똘마니' 소리 원통하다고 소송"」, 『동아닷컴』, 2020년 10월 7일; 고석현, 「진중권 "민주당, 자신들 비리 입 막으려 고소"…금태섭 '좋아요'」, 『중앙일보』, 2020년 10월 7일.

10   고석현, 「與 '진중권 소송'에…금태섭 "그러라고 촛불 든 게 아니다"」, 『중앙일보』, 2020년 10월 7일.

11   함민정, 「김용민 "진중권 사과하면 소 취하…금태섭은 언제 진보였나?"」, 『중앙일보』, 2020년 10월 7일.

12   함민정, 「금태섭 저격한 이재정 "소신 있는 정치인 느낌 사라져…안타깝다"」, 『중앙일보』, 2020년 10월 7일.

13   전혼잎, 「진중권에 '최후통첩' 김용민 "더 이상 관용 없어…대가 치르라"」, 『한국일보』, 2020년 10월 8일.

14   고석현, 「'조국 똘마니' 후폭풍…금태섭 "문재앙 조롱도 소송 걱정 없어야"」, 『중앙일보』, 2020년 10월 8일.

15   조형국, 「"민사소송, 표현의 자유에 무해"하다는 여당, 내로남불도 자유?」, 『경향신문』, 2020년 10월 9일, 6면.

16   전혼잎, 「진중권에 '최후통첩' 김용민 "더 이상 관용 없어…대가 치르라"」, 『한국일보』, 2020년 10월 8일; 서한길, 「'똘마니' 설전…김용민 "사과 안 해?" 진중권 "최강욱도 썼잖아"」, 『동아일보』, 2020년 10월 8일.

17   이병준, 「진중권 "김용민 소장, 완전 코미디…취하 기회 분명히 줬다"」, 『중앙일보』, 2020년 10월 9일.

18   김경훈, 「김용민 "관용은 없다" 진중권 고소에 박원석 "대응 아쉬워, 수용하는 태도 필요"」, 『서울경제』, 2020년 10월 13일.

19   윤지원, 「"똘마니" 표현한 진중권 상대 김용민의 소송, 민변 변호사들의 생각은?」, 『경향신문』, 2020년 10월 13일.

20 김도윤, 「김용민, 진중권 상대 '조국 똘마니' 손배소 항소 포기」, 『연합뉴스』, 2021년 4월 25일.

21 이미나, 「[법알못] "김용민은 조국 똘마니"…진중권 왜 명예훼손 아닐까」, 『한경닷컴』, 2021년 3월 24일.

22 이보희, 「김용민 "진중권 '조국 똘마니' 소송 패소? 논란 키우기 싫어 포기」, 『서울신문』, 2021년 5월 3일; 김동호, 「김용민, 문자 폭탄 논란에 "소통에 목마른 탓… 권장될 일」, 『연합뉴스』, 2021년 5월 3일.

23 진중권, 「"유시민의 거짓말을 절대 용서해선 안 되는 이유"」, 『신동아』, 2021년 5월 6일.

24 김유진, 「김용민, '앵벌이성' 후원 요청글 논란」, 『문화일보』, 2020년 10월 22일.

25 김형규·박순봉, 「"어이없다" "사과할 거면 말 안 했다" "묻지 말라"…윤 총장, 여당 의원들 집중 공격에 거침없는 답변」, 『경향신문』, 2020년 10월 23일, 3면.

26 이동우, 「윤석열 발언 후폭풍…검찰총장은 법무부 장관의 부하일까, 아닐까」, 『머니투데이』, 2020년 10월 23일.

27 박태근, 「"김밥 지겹다" 김용민 이어 정청래도 "한 푼 줍쇼"」, 『동아닷컴』, 2020년 10월 27일.

28 고동욱, 「與, 윤석열 '살아 있는 권력' 발언 맹공…"검찰 파쇼 주장"」, 『연합뉴스』, 2020년 11월 4일.

29 정진형, 「김용민 "윤석열, 전국 돌며 검찰 정치로 내몰아…檢, 준정당 돼"」, 『뉴시스』, 2020년 11월 5일.

30 선정민, 「"윤석열, 한국의 트럼프…하나회 척결하듯" 막 던지는 여권 인사들」, 『조선일보』, 2020년 12월 1일..

31 송혜진·박상기, 「與 강경파 "윤석열 특검 가자"」, 『조선일보』, 2020년 12월 4일, A5면.

32 권순완, 「경찰청장은 장관급, 검찰총장은 차관급?」, 『조선일보』, 2020년 12월 7일, A12면.

33 이세영, 「진중권, 정경심 판결 규탄한 여권에 "단체로 실성"」, 『조선일보』, 2020년 12월 23일; 박상기·주형식, 「'조국 수사는 검찰 쿠데타'라던 與…유죄에 당혹」, 『조선일보』, 2020년 12월 24일, A2면.

34 김동호, 「與 친문계 "검찰·법원이 국민에 충성하게 만들자…촛불 들어야"」, 『연합뉴스』, 2020년 12월 25일.

35 주희연, 「이낙연 대표의 자제령도 안 먹혀…與 초선들 "윤석열 탄핵"」, 『조선일보』, 2020년 12월 30일, A6면.

36 김홍범, 「유인태 "추미애 소설 쓰시네 할 때부터 불길했다"」, 『중앙일보』, 2020년 12월 30일, 16면.

37 윤해리, 「김용민 "윤석열 원칙적으로 탄핵 요건 갖춰…적극 검토해야"」, 『뉴시스』, 2020년 12월 30일.

38 김동하, 「진중권 "정권 비리 향할 때마다 尹 탄핵 주장…여당 급한 듯"」, 『조선일

보』, 2021년 1월 4일; 홍수민, 「토론 나온 진중권 "秋 폭주하도록 문 대통령이 방관한 것"」, 『중앙일보』, 2021년 1월 5일.

39 김승현, 「윤 총장 징계위원장 정한중 "나도 공수처 반대한다"」, 『조선일보』, 2021년 1월 5일.

40 한영혜, 「'檢 개혁 서약서' 올렸다가…슬그머니 내린 김용민·김남국」, 『중앙일보』, 2021년 1월 12일; 주형식, 「"검찰 수사권 폐지" 친문 단체에 서약 의원들, SNS서 돌연 삭제」, 『조선일보』, 2021년 1월 12일.

41 「[사설] '문빠' 압박에 與 의원들 서약서까지 제출, 정권의 실상」, 『조선일보』, 2021년 1월 13일, A35면.

42 심새롬, 「법관 탄핵 주도한 황운하·김남국 등 여당 강경파, 이번엔 검찰 해체 법안」, 『중앙일보』, 2021년 2월 10일.

43 심새롬, 「대통령 영도 안 통한다, 여권 초선 강경파」, 『중앙일보』, 2021년 2월 24일.

44 이민석·안준용, 「秋 이어 박범계도 '한명숙 사건' 지휘권 발동」, 『조선일보』, 2021년 3월 18일; 김수민·김민중·강광우, 「박범계, 윤석열 떠난 檢에 수사 지휘…"교묘한 한명숙 구하기"」, 『중앙일보』, 2021년 3월 18일; 이정구·표태준, 「조남관 "한명숙 사건 재심의, 고검장들도 참여"…박범계에 반기」, 『조선일보』, 2021년 3월 19일; 김아사·이민석, 「한명숙 구하려다…코너에 몰린 박범계」, 『조선일보』, 2021년 3월 21일.

45 주희연, 「與 강경파 "조남관 검찰총장 대행도 정치검사, 교체하라"」, 『조선일보』, 2021년 3월 20일.

46 김아사·이민석, 「한명숙 구하려다…코너에 몰린 박범계」, 『조선일보』, 2021년 3월 21일.

47 「[사설] 박범계, 한명숙 사건 교훈 삼아 지휘권 자제해야」, 『중앙일보』, 2021년 3월 22일.

48 박홍두, 「김용민 "검찰 개혁 때문에 진 게 아니다…검찰·언론 개혁 중단 없이 할 것"」, 『경향신문』, 2021년 4월 9일; 김이현, 「선거 지고도 '남 탓만' 하는 與…김용민 "檢이 제일 불공정"」, 『국민일보』, 2021년 4월 9일.

49 「[사설] 강성 댓글 부대에 휘둘리는 정치 그만하자」, 『중앙일보』, 2021년 4월 22일.

50 정진형, 「김용민 "이성윤 검찰총장 역량 충분하지만 이 구도에선…"」, 『뉴시스』, 2021년 4월 27일.

51 김상범, 「민주당원 '문자 폭탄'에…김용민 "오히려 적극 권장해야"」, 『경향신문』, 2021년 4월 27일.

52 오현석, 「與 전대 막판 문자 폭탄 논쟁 "권장돼야" vs "재집권 멀어져"」, 『중앙일보』, 2021년 4월 28일; 김상범, 「민심 얻겠다면서…끝까지 '당심 잡기'만 열중」, 『경향신문』, 2021년 4월 29일.

53 오현석, 「與 전대 막판 문자 폭탄 논쟁 "권장돼야" vs "재집권 멀어져"」, 『중앙일보』, 2021년 4월 28일; 김상범, 「민심 얻겠다면서…끝까지 '당심 잡기'만 열중」, 『경향신문』, 2021년 4월 29일.

54 박홍두, 「조응천, 또 '문파 직격' "70만 권리당원 목소리, 2,000명 강성 지지층에 다 묻혀"」, 『경향신문』, 2021년 4월 29일.

55 박희원, 「김용민 "'당원 탓' 가장 바보 같다···깔끔하게 끝낸 개혁도 없다"」, 『CBS노 컷뉴스』, 2021년 4월 29일.

56 주희연, 「與 최고위원 5명 친문 일색···'검수완박' 김용민이 1위」, 『조선일보』, 2021년 5월 3일; 배재성, 「최하위 김용민의 반전···與 최고위원 5명 중 3명 친문 일색」, 『중 앙일보』, 2021년 5월 3일; 한영익, 「김용민 1위···'문파 성공 방정식' 확인된 최고 위원 진용 "검수완박 go"」, 『중앙일보』, 2021년 5월 3일

57 김동호, 「김용민, 문자 폭탄 논란에 "소통에 목마른 탓···권장될 일"」, 『연합뉴스』, 2021년 5월 3일.; 오원석, 「與 김용민 "문자 폭탄, 당연히 권장돼야 할 일···감내해 야"」, 『중앙일보』, 2021년 5월 3일.

58 박홍두, 「홀로 봉하마을 찾아간 김용민 "개혁 저항 세력에 좌초되지 않도록"」, 『경 향신문』, 2021년 5월 4일.

59 송채경화, 「회초리 맞아도 민주당은 왜 아파하지 않을까?」, 『한겨레』, 2021년 5월 8일.

60 박홍두, 「김용민 "유시민 대선 출마 언급되고 있는데 검찰이 기소를?···檢 의도 의 심된다"」, 『경향신문』, 2021년 5월 5일.

61 김민정, 「박주민, 김용민 의견에 반박···"유시민 기소, 정권 공격 아냐"」, 『이데일 리』, 2021년 5월 6일.

62 진중권, 「"유시민의 거짓말을 절대 용서해선 안 되는 이유"」, 『신동아』, 2021년 5월 6일.

63 이슬비, 「與 김용민, 김어준에 "수석 최고위원 만들어줘서 감사"」, 『조선일보』, 2021년 5월 9일; 권준영, 「김어준 방송 출연한 김용민···"검찰 개혁 안 해놓으면 대 선 후보 힘들어져"」, 『디지털타임스』, 2021년 5월 9일.

64 강주희, 「김어준 한마디에 추미애-김용민-김남국 "개혁, 개혁"」, 『뉴스앤뉴스』, 2021년 5월 10일.

65 성지원, 「역사에 정답 없다던 민주당, 여당 되니 툭하면 "왜곡 처벌"」, 『중앙일보』, 2021년 5월 17일; 최민지, 「욱일기 쓰면 징역 10년? "너무나도 박정희적인 법 안"」, 『경향신문』, 2021년 5월 17일.

66 맹성규, 「與 김용민, 조수진에 "눈 크게 뜬다고 안 똑똑해 보여"」, 『매경닷컴』, 2021년 5월 27일.

67 서혜림, 「[최고위원 선거] ⑤ 김용민 "여의도 문법 때문 180석 힘 못써···기득권 맞 서겠다"」, 『뉴스1』, 2021년 4월 22일.

68 이동우, 「윤석열 발언 후폭풍···검찰총장은 법무부 장관의 부하일까, 아닐까」, 『머니 투데이』, 2020년 10월 23일.

69 김아진 외, 「윤석열, 정권 비판하며 정치 참여 첫 발」, 『조선일보』, 2021년 3월 5일; 김수민·정유진·강광우·김민중, 「검찰 내 "방패막이 사라졌다···권력 수사 올스톱 위험"」, 『중앙일보』, 2021년 3월 5일; 고성표, 「윤 "난 밖에서 싸울 테니, 안에서

싸워라" 측근들에게 당부」, 『중앙선데이』, 2021년 3월 6일.

70 김동하, 「이상직, 비리 보도 쏟아지자 언론징벌제 주장」, 『조선일보』, 2021년 7월 17일.

71 조현호, 「징벌배상제 충돌 "기자 자유 보장" vs "말장난, 소송 천국 될 것"」, 『미디어오늘』, 2021년 8월 4일.

72 이슬비, 「"언론중재법, 신중한 논의 필요" "단독 처리 땐 역풍"」, 『조선일보』, 2021년 8월 14일; 오현석, 〈'언론징벌법' 독소조항 더 늘린 與, 보다 못한 장관이 말렸다〉, 『중앙일보』, 2021년 8월 26일; 박재현, 「언론중재법, 공익을 빙자한 사익 추구 아닌가」, 『경향신문』, 2021년 8월 27일.

73 주희연, 「"오만했다" "야당 복 끝났다"…與 대선 주자·친문들까지 위기감」, 『조선일보』, 2020년 8월 14일, A3면.

74 로렌 슬레이터(Lauren Slater), 조증열 옮김, 『스키너의 심리상자 열기』(에코의서재, 2004/2005), 164쪽.

75 남윤호, 「매몰비용」, 『중앙일보』, 2004년 10월 25일, 35면.

76 김지영, 「김용민 "문자 폭탄 적극 권장"에 진중권 "국민의힘은 얘만 믿자"」, 『머니투데이』, 2021년 4월 28일.

THE
인물과사상 02

© 강준만, 2021

초판 1쇄 2021년 9월 14일 찍음
초판 1쇄 2021년 9월 24일 펴냄

지은이 | 강준만
펴낸이 | 강준우
기획·편집 | 박상문, 고여림
디자인 | 최진영
마케팅 | 이태준
관리 | 최수향
인쇄·제본 | ㈜삼신문화

펴낸곳 | 인물과사상사
출판등록 | 제17-204호 1998년 3월 11일

주소 | (04037) 서울시 마포구 양화로7길 6-16 서교제일빌딩 3층
전화 | 02-325-6364
팩스 | 02-474-1413

www.inmul.co.kr | insa@inmul.co.kr

ISBN 978-89-5906-613-1 03300

값 16,000원

이 저작물의 내용을 쓰고자 할 때는 저작자와 인물과사상사의 허락을 받아야 합니다.
파손된 책은 바꾸어 드립니다.